国家自然科学基金重大项目

我国重大基础设施工程管理的理论、
方法与应用创新研究系列专著

重大工程现场资源供应的
协调与优化

王红卫　谢勇　曾伟　李迁/著

科学出版社

北　京

内 容 简 介

重大工程现场资源供应涉及的主体和面临的不确定因素较多，其组织与协调的空间更广、影响更深和协调难度更大。本书针对重大工程现场的大宗资源、关键设备资源、预制件资源、空间资源的供应特点，从不同主体的利益出发，综合考虑工程进度、工程成本、供应时间及数量等因素，研究重大工程现场资源供应的协调与优化。本书主要讨论了集中供应模式下的大宗材料安全库存设置与分拨策略、预制件供应商培育与生产的激励机制以及预制件生产与装配协同调度、关键设备资源共享与配置优化和考虑空间资源约束的工程调度优化等问题，提出了相应的资源协调和配置优化方法，以实现重大工程现场精益化管理，提高重大工程建设效率和降低建设成本。

本书可作为从事工程管理和管理科学与工程等专业领域的研究人员的研究用书，也可作为工程管理从业人员的参考用书。

图书在版编目（CIP）数据

重大工程现场资源供应的协调与优化 / 王红卫等著. —北京：科学出版社，2018.8

（我国重大基础设施工程管理的理论、方法与应用创新研究系列专著）

ISBN 978-7-03-056266-1

Ⅰ.①重… Ⅱ.①王… Ⅲ.①重大建设项目–资源配置–资源管理–研究 Ⅳ.①F282

中国版本图书馆 CIP 数据核字（2018）第 003197 号

责任编辑：徐 倩 / 责任校对：贾娜娜
责任印制：霍 兵 / 封面设计：无极书装

科学出版社 出版

北京东黄城根北街 16 号
邮政编码：100717
http://www.sciencep.com

中国科学院印刷厂 印刷

科学出版社发行 各地新华书店经销

*

2018 年 8 月第 一 版 开本：720×1000 1/16
2018 年 8 月第一次印刷 印张：11 1/2
字数：231 000

定价：**106.00 元**

（如有印装质量问题，我社负责调换）

序　一

　　"水之积也不厚，则其负大舟也无力；风之积也不厚，则其负大翼也无力。"重大基础设施工程（以下简称重大工程）是国家强盛必不可少的物质基础，也是现代社会赖以发展的重要支柱。

　　近年来，我国重大工程建设取得了举世瞩目的成就。从三峡工程到南水北调，从青藏铁路到港珠澳大桥，从"五纵七横"国道主干线到令全世界羡慕的高速铁路网，重大工程建设者创造了一个又一个"世界奇迹"，彰显着"领跑"之志、印证着大国实力、承载着民族希望。重大工程跨域式发展的硕果实现了从量的积累，到质的飞跃，从点的突破，到系统能力的提升，为经济建设、社会发展、民生改善提供了强大保障。然而，重大工程的大规模、开放性、多元化，以及新技术运用等，使得工程复杂性越来越突出，延伸性影响越来越显著，急需我国重大工程管理的科学研究产出创新性成果。在国际化、信息化和可持续发展时代背景下，传统的以项目管理知识体系为核心的工程管理理念、方法与技术驾驭重大工程管理复杂性的能力日渐式微，管理科学界迫切需要重新审视重大工程管理的本质内涵，激发学术创新，以促进工程管理的科学发展、推动工程行业的整体进步。

　　欣喜的是，由南京大学、哈尔滨工业大学、同济大学、华中科技大学和上海交通大学学者组成的团队在国家自然科学基金重大项目"我国重大基础设施工程管理的理论、方法与应用创新研究"的支持下，在重大工程管理的基础理论、决策分析与管理、组织行为与模式创新、现场综合协调与控制以及社会责任、产业竞争力与可持续发展方面开展了深入的研究，取得了一系列有价值的成果。

　　这套系列专著汇集了该团队近五年来的相关研究，作者立足于我国重大工程的管理实践，运用创新的学术话语体系对我国重大工程管理实践经验进行了深度解读和理论抽象，为形成具有中国特色的重大工程管理理论体系进行了积极的探索。

　　在重大工程管理的基础理论方面，作者在科学描绘国内外工程管理理论研究历史演进的基础上，通过重大工程管理知识图谱的精细描绘及重大工程管理理论形成路径的基本规律的揭示，基于系统科学与复杂性科学，构建了重大工程管理基本理论体系架构和基本内容，以具有中国特色和原创性的学科体系、学术体系、话语体系进行了深入的理论思考和学术创新。

　　在重大工程决策分析与管理方面，作者面向重大工程决策方案大时空尺度有效性与工程-环境复合系统动态演化行为的深度不确定性,系统提出了情景鲁棒性决策基本理论和方法、情景耕耘技术的完整范式和流程,并以港珠澳大桥工程选址、太湖流域水环境治理工程和三峡工程航运等实际决策问题为研究对象进行了验证和研究,开拓了关于重大工程决策大时空情景下复杂整体性的新认知及其方法论创新,并且对重大工程决策治理体系与治理能力现代化、工程战略资源管理决策等做了专门研究。

在重大工程组织行为与模式创新方面,作者详细剖析了我国"政府—市场二元"制度环境对重大工程组织模式的主导作用,从高层领导团队、领导力、跨组织关系网络、良性行为、异化行为等众多角度描述了重大工程组织行为的多元交互、多层复合及动态适应性,并利用组织计算试验模型和技术实现了对独特的"中国工程文化"形成的组织场景和复杂的社会经济系统环境的科学表述,对改造和更新现有工程管理组织模式具有重要作用和方法意义。

在重大工程现场综合协调与控制方面,作者针对重大工程现场管理的空间广度、影响深度和协调难度,从新的角度探讨了重大工程现场资源供应的协调与优化,在集中供应模式下的大宗材料安全库存设置与分拨决策、预制件供应商培育与生产的激励机制以及生产与装配的协同调度、关键设备资源共享与优化配置和考虑空间资源约束的工程调度优化等问题上给出了整体的解决方案,为深刻理解重大工程现场管理范式创新与行为变迁提供了科学的指导。

在重大工程社会责任和可持续发展方面,作者围绕重大工程的可持续发展战略,提出了重大工程社会责任论题,构建了社会责任"全生命期—利益相关者—社会责任"三维动态模型理论、治理框架和评价体系,辨识了驱动和阻滞要素,探究了互动、传导、耦合机理及多层次协同机理和溢出效应,对重大工程未来发展路线图进行了全面思考,体现了深厚的人文关怀精神,为建立系统的重大工程社会责任管理理论奠定了坚实的基础。

从前瞻性出发,作者还提出了"互联网+"时代的智能建造模式,研究了该模式下的工程建造服务集成、工程协同管理、智能工程建造管理和工程建造信息支撑环境,并介绍了"互联网+"环境下工程质量管理、工程现场安全管理和工程材料供应管理等的变革。

"凡是过去,皆为序章。"我国重大工程的伟大实践正孕育着强大的理论创新活力,积极参与具有重大学术价值的重大工程管理理论问题的自主性和原创性研究并贡献中国智慧是当代我国工程管理学者的历史责任。

这套系列专著体现了我国工程管理学界多年来努力对源于我国重大工程管理实践的理论思考,标志着中国工程管理学界在学术研究基本模式和路径上出现的从"跟着讲"到"接着讲"的重要转变、从以"学徒状态"为主到"自主创新"为主的重要转变。同时,我们要看到,重大工程管理实践如此宏大和复杂,科学问题始终在发展，相应的理论也在不断升华，所以，希望这套系列专著为学术界提供的若干理论创新的开场话题能激发更多学者积极、深入地开展具有自主性、原创性的重大工程管理研究，用"中国话语"把重大工程管理理论、方法和应用讲新、讲好、讲透，这不仅能有力地推动我国重大工程管理科学技术的发展，同时也能为人类重大工程管理文明的进步做出积极贡献。

　　基于此，本人欣之为序。

中国工程院院士

序　二

　　重大基础设施工程是国家社会经济持续发展的基础性平台与环境保障。过去几十年，我国重大基础设施工程建设取得了举世瞩目的成就，截至 2016 年底，我国高铁运营里程已经超过 2.2 万千米，占世界高铁运营总里程的 60%以上；长度排名前列的全球长大桥梁中，我国占据了一半以上；三峡枢纽、青藏铁路、西气东输、南水北调等超级工程不断提升了我国重大基础设施工程的建设与管理能力，不仅积极促进了我国重大工程建设的科技进步，也成为我国重大工程管理创新研究的巨大推动力。

　　应该看到，由于重大基础设施工程的复杂性，我们对重大工程管理内涵与管理的认知需要不断提高、对工程管理实践经验的总结需要不断深化，而源于国外的项目管理和工程管理理论虽然在我国重大工程管理实践中发挥了重要作用，但也出现了"水土不服"和解决复杂性管理问题时的实际能力日渐式微等问题，因此，我们既要借鉴国外理论，更要结合中国管理实践，运用中国智慧，在新的学术思想与哲学思维指导下，开展重大工程管理理论、方法与应用创新研究。

　　令人欣慰的是，我国重大基础设施工程的伟大实践为这一创新研究提供了丰沃的土壤，也是推动我国工程管理学界开展重大工程管理创新研究的新动能。

　　近几年来，由南京大学、哈尔滨工业大学、同济大学、华中科技大学和上海交通大学的学者组成的研究团队，在国家自然科学基金重大项目"我国重大基础设施工程管理的理论、方法与应用创新研究"的支持下，紧密依托我国重大基础设施工程管理实践，对重大基础设施工程管理的基础理论、工程决策、组织、现场和社会责任等关键问题进行了深入研究，提出了原创性理论体系以及一系列创新性管理方法与技术，并在实践中进行了成功应用，取得了一系列高水平成果，这套系列专著即该研究团队研究成果的系统展示。

　　在基础理论方面，作者立足于系统科学和复杂性科学思想，初步构建了重大基础设施工程管理基础理论体系，为重大基础设施工程管理研究提供重要理论支撑；在重大工程决策方面，作者抓住了重大工程决策所面临的根本性问题，包括情景深度不确定性和决策鲁棒性理论、评价重大工程决策方案质量的鲁棒性度量技术，以及重大工程决策治理体系建立和治理能力现代化、工程战略资源管理决策等，为提高我国重大工程决策质量提供了重要理论依据与关键技术；在重大工程组织方面，作者基于我国独特的体制机制背景，提炼出重大工程组织模式的主要范式和设计逻辑,这对于形成适应我国国情的重大工程组织模式具有重要意义;在重大工程现场管理方面,作者对重大工程现场资源供应的协调与优化提出了新方法,并提出了"互联网+"时代的智能建造模式,讨论了该模式下的工程建造服务集成、工程协同管理、智能工程建造管理和工程建造信息支撑环境和工程质量、安全和工程材料供应管理等方面的变革;在重大工程社会责任治理方面,作者从一个全新的视角提出了重大工程社会责任的新论题,这也是新时代我国重大工程绿色、和谐发展的基本问题,进一步丰富了重大工程可持续性理论,开辟了重大工程管理理论和实践发展的新方向。

以上这些系列成果对于我们深刻认识重大工程管理规律具有基础性和引导性作用,是当前我国工程管理学者对重大工程管理理论、方法与应用创新的重要贡献和突出标志,必将为进一步提高我国重大基础设施的管理水平发挥重要作用。

随着全球社会、经济的不断发展,重大基础设施的内涵和外延也在不断拓展:从关注单个重大基础设施工程建设,到强调基础设施的互联互通;从铁路、公路、机场等传统基础设施到重大科技基础设施、互联网、物联网及信息通信等更广泛的基础设施;从我国国内的基础设施到"一带一路"的全球重大基础设施网络。重大工程管理主体、对象和外部环境的变化对重大工程管理理论的研究提出了更高的要求,因此,希望这套系列专著展现的成果能为重大工程理论界和工程界点燃更多的创新火花,激发更多学者广泛、深入开展具有自主性的重大工程管理学术研究,产出更多原创性成果,并通过我国重大工程管理研究取得的更高水平成果,为世界重大工程管理文明做出更大贡献!

中国工程院院士

前　　言

重大基础设施工程（以下简称重大工程）是一类对我国政治、经济、社会、科技发展、环境保护、公众健康与国家安全等具有重要影响的大型公共工程。重大工程不仅投资规模大、资源需求量大和资源调度涉及的范围大，而且涉及不同的主体（如业主、供应商和承包商等），资源供应组织协调困难较大。随着"精益建造"和"供应链管理"等现代管理思想与方法在工程管理中的运用，逐渐出现了大规模预制化、工厂化等现场资源供应新模式。如何做好现场资源的组织与协调工作是重大工程现场综合管理的重要课题之一。

2014 年，华中科技大学和南京大学承担了国家自然科学基金重大项目"我国重大基础设施工程管理的理论、方法与应用创新研究"中的两个课题。两个学校重大项目课题组针对重大工程现场资源的组织与协调问题开展研究工作。本书是对这一重大项目研究工作的总结，主要反映了重大项目的最新研究成果。

本书针对重大工程现场的大宗资源、关键设备资源、预制件资源、空间资源的供应特点，从不同主体的利益出发，综合考虑工程进度、工程成本、供应时间及数量等因素，研究重大工程现场资源供应的协调与优化。对于大宗材料，业主为保证材料质量和成本控制，往往采用集中供应模式，本书主要讨论了集中供应模式下大宗材料安全库存设置与分拨决策问题；鉴于重大工程对预制件的质量和技术要求高，往往采用小批量定制化生产，本书研究了预制件供应商培育和生产激励问题，讨论了预制件生产与装配的协同调度方法；鉴于关键设备是稀缺资源，为了保证工程工期和提高设备利用率，本书研究了关键设备资源共享的协调机制，讨论了多时间尺度下的关键设备配置与项目调度集成优化方法；鉴于重大工程现场空间通常相对有限，本书着重考虑了安全威胁、物理冲突、破坏冲突以及空间拥堵等空间资源约束问题，研究了工程调度优化方法，使工程调度方案能够有效地避免空间冲突发生。

全书共分 7 章，第 1 章由王红卫、谢勇和卢辉执笔，第 2 章由卢辉和王红卫执笔，第 3 章由曾伟执笔，第 4 章由时茜茜、朱建波和李迁执笔，第 5 章由谢勇执笔，第 6 章由刘智、陶莎和王红卫执笔，第 7 章由陶莎、谢勇和李迁执笔，全书由王红卫和谢勇统稿。

本书的研究工作得到了国家自然科学基金重大项目课题"重大工程现场综合协调与控制研究"（71390524）和 "重大基础设施工程决策分析与决策管理研究"

（71390521）的支持，在此表示深深的谢意。

　　由于作者水平有限、时间仓促，书中难免存在疏漏之处，恳请读者和同行多多批评指正。

王红卫　谢　勇　曾　伟　李　迁

2018 年 2 月

目　　录

第1章　重大工程现场资源供应

1.1　重大工程资源

1.1.1　资源与工程资源

资源是一个非常重要的概念，有着丰富的内涵。《辞海》与《现代汉语词典》均将资源解释为生产资料或生活资料等的来源。该解释主要限定于自然资源的范畴。马克思在《资本论》中说："劳动和土地，是财富两个原始的形成要素。"恩格斯的定义是："其实，劳动和自然界在一起它才是一切财富的源泉，自然界为劳动提供材料，劳动把材料转变为财富。"（《马克思恩格斯选集》第四卷，第 373页，人民出版社，1995 年 6 月第 2 版）马克思和恩格斯对资源的定义，既指出了自然资源的客观存在，又把人（包括劳动力和技术）的因素视为财富的另一不可或缺的来源[①]。蒙德尔（2000）在《经济学解说》中将资源解释为"生产过程中所使用的投入"。徐寿波（1986）在《技术经济学》中指出生产、劳动必须具备六个条件或六个力。其中，六个力分别指人力、财力、物力、自然力、运力以及时力，它们均属于资源的范畴。蒙德尔与徐寿波的解释是在马克思和恩格斯对资源定义的基础上进行的，进一步揭示了资源的经济学内涵，他们认为资源的本质就是生产要素。

现代一些学者认为，企业资源是指企业在向社会提供产品或服务的过程中所拥有、控制或可以利用、能够帮助企业实现经营目标的各种生产要素的集合[②]。Wernerfelt（1984）指出企业是各种资源的集合体，并认为企业所拥有资源的异质性决定了其竞争力的差异。这标志着资源基础理论的诞生。另外，Pfeffer 和 Salancik（1978）提出的资源依赖理论揭示了组织与环境的依赖关系，强调组织与环境处于相互依存之中，组织的生存需要从周围环境中吸取资源。从这两个理论可以看出，企业的经营活动离不开资源，尤其是具有异质性的资源。

施工企业的资源是指投入工程建设的人力、财力、机械设备、技术以及资金等。一般意义上，工程资源被认为是工程建设过程中形成生产力的各种要素，即

[①] https://baike.baidu.com/item/资源/9089683?fr=aladdin_NO_LINK_PROXY [2018-02-09]

[②] http://wiki.mbalib.com/wiki/%E4%BC%81%E4%B8%9A%E8%B5%84%E6%BA%90 [2018-02-09]

投入工程建设的人力、财力、机械设备、技术以及资金等。不过该观点主要是站在建筑企业的角度，而并非站在工程建设项目本身。阮连法和熊鹰（2004）、盛昭瀚等（2015）及程书萍等（2016）认为工程资源也是由前述的六个力构成的，并基于该视角对工程资源进行了界定。其中，人力为工程建设参与人员；财力（资产力）为固定资产、资金等；物力为机械设备、原材料、构配件等；自然力为工程建设现场；运力为人流、物流、信息流等；时力为工程进度。相比而言，该观点阐述了完整意义上的工程资源概念。

1.1.2　重大工程资源分类及特点

重大工程是一类对政治、经济、社会、科技发展、环境保护、公众健康与国家安全等具有重要影响的大型公共工程。重大工程不仅是经济建设和社会发展的重要支柱，而且对于科学技术进步、新型产业形成以及经济社会发展都具有重要意义。重大工程资源不仅包括工程资源，还包括一些其他类型的资源，如政府支持、科技创新等（程书萍等，2016）。这些资源共同构成重大工程的资源集合，是重大工程顺利进行的保障条件。

重大工程是一个复杂的社会技术系统，它不仅投资规模巨大，而且复杂性远远超过一般的工程项目。重大工程涉及的主体多、跨度大、接口界面非常复杂，相对于一般工程，其现场组织与协调的空间更广、影响更深、协调难度更大。为了提高工程质量水平和降低现场资源供应协调难度，往往会采用工厂化建造模式。然而重大工程具有一次性的特点，其预制件生产技术成熟度低，很难完全采用已有的工程技术规范。另外，重大工程不仅投资规模大、资源需求量大、资源调度涉及的范围大，而且会涉及不同的主体（如供应商和承包商等），这使资源供应组织协调更加困难。

因此，大宗材料资源、预制件资源、关键设备资源以及空间资源是重大工程现场资源供应组织与协调的关键。本书将主要围绕这四类资源展开研究，剖析资源供应的协调与优化问题。具体来说，考虑供应商、施工单位等不同主体的利益冲突，研究资源供应的激励机制设计；从工程项目整体出发，研究资源供应的优化配置。

1. 大宗材料资源

在工程建设所需的资源中，有一类是由工厂按照一定的行业标准和规范进行生产并大批量采购的材料，即大宗材料（Sardroud，2012）。常见的大宗材料包括钢材、木材、水泥、粉煤灰、油料等。虽然这些大宗材料不是稀缺资源，但是它们对于工程建设来说是不可缺少的。大量的大宗材料将在工程现场进行加工与处理，并成为工程实体的主要组成部分。大宗材料往往具有如下特征。

1) 对工程建设的作用与意义重大, 不可或缺。当发生大宗材料供应延迟时, 施工活动将不得不停工待料, 若施工活动处于关键路径上时, 大宗材料供应延迟将导致工程建设总工期延迟。此外, 对于连续性较高的施工活动而言, 若发生大宗材料供应延迟现象, 还可能影响工程建设的质量水平。

2) 需求量大且不平稳、成本占比高。大宗材料在工程建设中的需用量大, 相关费用占工程总投资的比例高。同时, 大宗材料的需用量具有非平稳的特点。以长江三峡水利枢纽工程 (又称三峡工程) 为例, 整个工程约耗用钢材 75 万吨、木材 31 万立方米、水泥 615 万吨、粉煤灰 135 万吨、油料 105 万吨、炸药 10 万吨, 以上大宗材料的投资约占三峡工程总投资的 50%, 并且在施工高峰年水泥的需求量约为正常施工年的 4 倍 (黄明辉和於崇东, 2004)。

3) 供应体系复杂、不确定性因素众多, 供应管理难度大。在工程建设中, 尤其是在重大工程建设中, 大宗材料的供应体系涉及工程业主、施工单位、供应商、运输单位、中转车站或者港口码头等单位或部门, 以及需、产、运、储、供、管等环节与相应的信息流 (费奇等, 2011)。另外, 在大宗材料的供应过程中, 还存在着供应量不确定、提前期不确定以及需求不确定等众多因素。这些因素和复杂的供应体系交织在一起, 给供应管理造成了很大的困难。

2. 预制件资源

预制件是指建筑材料或者在制品、零配件等, 经过标准设计、工厂化生产、装配施工而形成能够满足建筑某部位功能要求的产品 (叶明, 2009)。预制件是现代建筑工业化的产物。建筑工业化, 即指以标准化设计、构件工厂化生产、装配化施工为特点, 能把设计、制造、建造施工等整个产业链进行集成整合, 让建筑项目实现可持续发展的新的建筑生产方式 (孙钰钦, 2016)。建筑工业化使用大工业的生产方式改造建筑业, 使建筑业逐渐从手工业生产向社会化大生产转型。

重大工程具有临时性、一次性的特点, 其预制件的设计、制造标准往往有其特殊性, 无法采用市场化的通用标准件, 需要进行定制化生产, 而且其预制件往往仅用于该工程, 生产批量相对较小。因此, 重大工程预制件生产的小批量定制化特点对供应商提出了更高要求。重大工程预制件相比于建筑工业化的部品部件, 在设计、生产与采购、运输和装配等环节都有其自身的特点。

1) 高标准设计。重大工程具有一次性特点, 其预制件的设计、制造标准往往只适用于工程自身的标准, 而非建筑工业化中适用的一般行业标准。例如, 港珠澳大桥的钢箱梁是按照 120 年使用寿命的质量标准进行设计的, 遵循的是工程自身的高标准, 而不是建筑工业化中的一般标准。

2) 小批量定制化的生产与采购。由于重大工程及其标准的特殊性, 其构件无法采用市场化的通用标准件，需要进行定制化生产，且生产批量相对较小，只能用于该重大工程。同时，重大工程往往对工程预制件有着很高的技术性能要求，一般供应商的生产能力往往难以达到。因此，需要对供应商进行培育，以提升预制件的生产产能和质量水平，保障重大工程资源供应。例如，港珠澳大桥管理局通过对钢箱梁供应商的培育，在板单元制造、钢箱梁拼装及钢塔制造、涂装等方面，采用了诸多新设备、新工艺及新技术，在国内首次实现了大悬臂单箱双室箱梁结构的钢箱梁生产和装配。

3）高标准、高难度的运输与装配。重大工程预制件往往是具有超大、超长、超高、超深、超厚结构的构件。这对其运输与装配提出了更高要求。例如，港珠澳大桥主体工程采用桥隧结合方案，其隧道由33节预制沉管组装而成，单节预制沉管长180米、宽37.95米、高11.4米，重达8万吨，沉管沉放最大水深达44.5米。沉管的运输与装配受到海洋洋流、气象、水文条件的影响，沉管的位置和运动状态难以控制，这使沉管的海底精准对接极其困难。

3. 关键设备资源

工程设备资源属于物力资源，是指承担工程施工活动的机具设备，既包括吊装、挖掘、运输等设备，也包括操作工具、测量仪器和计量器具等（Edwards and Holt，2009）。工程施工现场，面对数量众多、功能各异的施工机械，区分关键设备和非关键设备以进行项目调度对保证施工进度至关重要。Gransberg 等（2006）提出了两种关键设备定义：第一是关键活动需要的施工设备；第二是在一定时间内数量难以增加、十分稀缺的施工设备。本书中的关键设备概念采用第二种。例如，三峡工程中的承担高强度混凝土浇筑任务的塔带机、港珠澳大桥建设中用于海底沉管隧道碎石基床施工的抛石整平船都是工程中的关键设备。

关键设备对项目建设具有重要作用，是项目建设的必备资源。与一般设备比较，关键设备具有以下五个特征。

1）稀缺性。关键设备作为项目关键资源，一般较为稀缺、数量有限，这导致关键设备资源的获得较一般设备资源困难，并且在进行设备资源配置时成为各个项目竞争的对象。

2）重要性。关键设备往往承担着工程施工中的关键活动的高强度施工任务，对项目成败具有重要影响。一旦出现短缺将造成工程进度拖延。

3）特殊性。关键设备的选型需要结合工程项目的施工要求。在一些重大工程中，关键设备甚至需要定制化设计，一旦关键设备发生故障，维修困难，很难用其他设备替代，对工程进度影响较大（曹俊琴，2013）。

4）多任务性。重大工程建设周期长、工序多且复杂。在同一工程中，若多项任务需要同一设备资源，往往会造成关键设备资源的冲突。

5）多因素性。在工程施工中，关键设备管理与人力资源、进度计划、环境等诸多要素紧密关联。关键设备资源的配置需要考虑这些因素的影响。

4. 空间资源

空间资源是指工程项目活动执行过程中对施工现场的二维或三维空间的占用（熊鹰等，2007）。在工程实践中，工程活动所需空间的位置和大小是由工程活动的内容及计划决定的（Choi et al.，2014）。工程活动占用空间的形式通常分为临时性占用与永久性占用。临时性占用是指工程活动在执行时段内占用有限空间，并在执行完成之后释放相应的空间；永久性占用是指在工程活动全生命期内永久性地占用该空间（Lucko et al.，2014）。

工程活动在执行过程中通常涉及多种形式的空间资源，具体可划分为六类，即工程构件空间、人力空间、设备空间、危害空间、保护空间和临时空间（Akinci et al.，2002）。具体而言，工程构件空间是指工程构件占据的空间，如墙、梁；人力空间是指员工作业和活动的空间；设备空间是指设备作业和活动的空间；危害空间是指使员工处于危险处境的空间，如吊顶作业下方空间；保护空间是指在特定时间内需要保护的空间，如未干的水泥路面或者油漆未干的墙面；临时空间是指临时性物理结构所占用的空间，如临时搭建的脚手架所占用的空间。

依据空间占用物的特性，上述六类空间资源可进一步划分为实空间和虚空间两类。实空间表示空间占用物是实际的、具体的，如设备、人员、工程物理构件等。而虚空间则表示空间占用物是虚拟的、抽象的，如危害空间、保护空间中的"危害"与"保护"等。此外，实空间还可进一步分为刚性空间和弹性空间。刚性空间具有独占性特点，即占用物所占用的部分空间不可压缩，不可与其他占用物共享。例如，工程物理构件所占用的空间、大型设备所占用的空间均为刚性空间。弹性空间具有共享性的特点，即占用物所占用的部分空间可以进行一定程度的压缩，并与其他占用物共享。图 1.1 理清了空间资源的分类关系，有利于在工程调度中更好地利用各类空间资源。

空间资源作为一种重要且特殊的自然力资源，具有以下几点特征。

1）不可消耗性。不同于能源、原材料等物力资源，空间资源不会随着工程施工而消耗，而只会被占用，只是占用的时间有长短的差异。一旦占用物离开或释放，该空间可以被重新利用。例如，临时的脚手架被拆除之后，其所占的空间可被重新利用。

2）唯一性。对于已经事先规划和设计好的工程，不同的空间位置具有不同的意义。工程现场中任意位置不同的两空间，即使空间形状和大小完全相同，两空间仍是不同的。在工程调度中，当一些并行的工程活动占用同一空间时，需要事先安排活动执行时间，化解空间干涉。

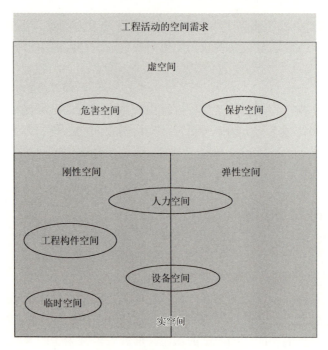

图 1.1 空间资源分类示意图

3）有限性。对于工程而言，可用空间资源是有限的。工程是一个占用有限空间的人造物理系统，施工活动所需空间被限制在工程实体的内部或附近。此外，空间的唯一性也使得每个位置的空间是有限的。

4）独占性/共享性。空间资源根据任务的占用方式不同，具有独占性或共享性。当占用空间的任务要求独占该空间时，则该空间不可以再被其他活动占用，即空间具有独占性，如工程脚手架所占用的物理空间；当占用空间的任务可以分享空间时，则该空间可以被多个活动同时占用，即空间具有共享性。共享空间使得每个活动的实际使用空间被压缩，这在一定程度上能提高空间的利用率，但过度占用该空间会造成拥挤或拥堵。

1.2 重大工程现场资源供应模式

1.2.1 重大工程现场资源供应网络

1. 工程供应链

20 世纪 90 年代初，国内外的很多学者开始研究如何利用供应链管理思想来提高工程建设管理水平。Koskela（1992）提出了将制造业中新的管理模式（包括精益生产、全面质量控制、工作流管理等思想）应用到工程管理中。O'Brien 和 Fischer（1993）明确地提出了工程供应链概念，认为工程供应链是材料、构配件等在成为建筑或者其他设施的永久部分之前所经历的一些阶段，它不仅是一条工程业务链，还是一个多组织的关系网络，包括业主、设计单位、施工单位以及供应商之间的关系链、信息链、物流链和资金链。工程供应链的概念结构如图 1.2 所示。

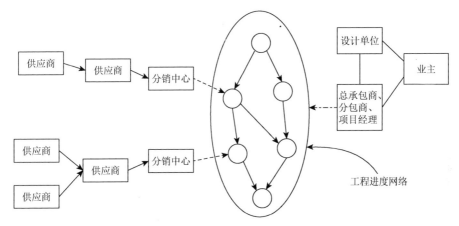

图 1.2　工程供应链的概念结构

考虑工程建设本身的特点，工程供应链具有如下特征。

1）工程供应链的流（信息流、物流、资金流）是非连续的，非连续流的本质决定了很难对工程供应链进行定量化建模与分析，这使得工程供应链的管理与优化变得相对困难。

2）工程供应链的最终交付产品是工程本身，它具有非重复性与唯一性。因而工程建设不允许次品产生。另外，工程建设周期长、参与主体多、施工环境复杂，且难以标准化、模块化，这使得工程供应链管理变得复杂。

3）工程供应链是一种典型的"拉式"供应链，其形成、存在以及供应链网络结构的重构都依赖于市场和用户（业主）的需求，工程供应链中的信息流、物流以及资金流均由用户需求拉动。

4）工程供应链的组织网络是由众多主体之间的契约关系决定的，同时又是以工程建设过程为纽带而形成的临时性网络结构。随着工程建设进度的推进，众多主体会退出或加入，供应链结构将不断变化。

2. 重大工程资源供应网络

工程供应链既包含工程业务链，又包含工程组织关系网络。而资源供应网络是工程供应链的一部分，突出资源向工程现场汇聚过程中所涉及活动（如资源生产、运输、配置、装配等）之间的连接关系。围绕前面提出的四类主要资源，本书的重大工程资源供应网络的概念结构如图 1.3 所示。工程资源供应网络刻画了以工程进度网络（可以理解为工程现场）为中心、各类资源有序地汇聚至工程现场的过程。

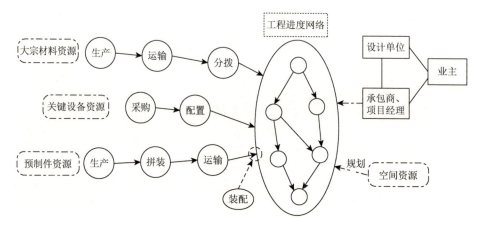

图 1.3　重大工程资源供应网络的概念结构

工程资源供应网络包括业主、设计单位、承包商、大宗材料供应商、关键设备供应商以及预制件供应商等主体，还涉及了资源采购、生产、拼装、运输、分拨、配置及装配等活动。重大工程现场资源供应的协调与优化就是考虑供应商、施工单位等不同主体的利益冲突，研究预制件供应商质量培育激励、预制件生产激励以及关键设备共享激励等问题，并从工程项目整体出发，研究集中供应模式下的大宗材料库存管理、预制件供应的组织与协调、关键设备的共享与配置及空间资源约束下的工程调度优化等问题。针对重大工程四类主要资源的特点，研究问题概括如下。

1）集中供应模式下的大宗材料库存管理。在一些重大工程中，大宗材料采用集中供应模式。这种模式有利于业主保证材料质量和控制成本，但其材料供应组织与协调更为困难。由于无法规避大宗材料供需的不确定性，如何在集中供应模式下实现科学的安全库存设置与材料分拨决策成为一个难题。

2）预制件供应的组织与协调。重大工程的预制件质量和技术要求高，无法采用市场化的通用标准件，需要进行小批量定制化生产。一般的供应商难以生产出满足工程需求的预制件，如何进行供应商培育和生产激励是亟须解决的关键问题。此外，预制件的小批量定制化生产和现场施工装配在时间与空间上的分离，使得预制件生产与现场装配的协同变得更加困难，需要研究生产与装配的协同调度方法。

　　3) 关键设备的共享与配置。关键设备具有稀缺性特点, 对其进行合理配置决策是保证工程建设顺利进行的重要基础。当关键设备为承包商所有时, 能否实现承包商之间的设备资源共享以提高设备利用率, 是一个需要关注的科学问题。当关键设备为业主所有时, 如何在工程项目全局范围内实现设备资源优化配置是另一个需要关注的科学问题。

　　4) 空间资源约束下的工程调度优化。重大工程现场空间通常相对有限, 且接口界面复杂。如果没有合理规划空间资源, 则可能会导致空间资源干涉, 影响工程建设的进度和质量。为此, 需要解决空间资源约束下的工程调度优化问题, 保证空间资源的合理分配。

1.2.2　重大工程资源供应的配置与协调

1. 工程资源供应的配置

　　工程资源供应的配置是指将有限的工程资源合理地分配给各参与主体及其施工活动, 以实现工程资源的合理利用。重大工程参与主体多、施工活动多、资源需求量大, 但工程现场可以聚集的资源是有限的。这种供需矛盾凸显了资源供应合理配置的重要性, 只有对资源进行合理配置才可以保证工程建设的进度, 以及实现成本和质量目标。

　　在工程资源配置中, 有不同的配置决策主体, 如业主、承包商等。由不同的主体来主导资源配置时, 所关注的目标将会不同。业主通常从工程项目总体出发, 将工程资源分配给不同的主体; 承包商通常从自身的利益出发, 把工程资源分配给不同的施工活动。工程资源配置的关键是目标的选取, 业主通常会关注工程进度和成本目标, 以及社会、政治、经济效果等; 而承包商通常会关注自身进度和成本等目标。此外, 工程资源配置还会受到一些制约因素的限制, 如工程安全、质量、环境、法律等。因此, 工程资源配置问题可以归结为带有一定约束条件的目标优化问题。本书将对业主主导的工程资源供应优化配置问题展开研究。

2. 工程资源供应的协调

　　工程资源供应的协调是指通过设计工作流程、激励机制来化解资源供应过程中的冲突, 使得资源供应的参与主体与相应的运作过程实现协作和协同。由于工程项目的一次性特点, 资源供应参与主体众多, 且它们之间的组织关系具有动态性与临时性特征, 难以形成长期的战略合作伙伴关系。这些主体通常会从自身利益出发来进行资源配置决策, 使得资源供应处于分离和低效的状态。

为此，需要采用协调手段来影响主体的行为和决策，实现工程资源供应的整合与协调。

对于工程资源供应的协调管理，常用的方法包括合同制约、协商规划以及激励补偿等。合同制约是指事前由各主体明确相应的职责并签署合同，以在资源供应运作过程中起到制约作用，避免冲突与对抗行为的发生（程书萍等，2016）。协商规划是指各主体抱着公平、相互理解、合理解决问题的态度和诚意，通过摆明事实、交换意见、"讨价还价"，自愿地达成消除冲突的协议。激励补偿是指存在利益冲突的各主体通过提供（获取）货币、声誉等方式的补偿，实现相互之间的决策协同和目标均衡，其关键是激励机制的设计。

本书将关注工程资源供应的协调问题，包括激励机制设计与博弈均衡。具体来说，当协调双方信息不对称时，将采用委托代理模型来设计资源供应协调的激励机制，如预制件供应商培育、预制件生产激励问题；当协调双方信息对称时，将采用 Stackelberg（斯塔克尔伯格）主从博弈模型来协调双方的均衡状态，如关键设备共享问题。

1.3　集中供应模式下大宗材料库存管理

工程材料的供应管理是指为了按时、保质、按量、经济合理地供应工程建设所需的材料，对采购、储运、分拨等一系列过程进行的计划、组织及控制活动，以保证工程建设能够顺利进行。在工程建设中，材料供应模式主要包括分散与集中两类。分散供应模式是指由施工单位自行负责采购工程材料；而集中供应模式是指将工程建设的材料需求进行汇总与整合，以集中的方式对材料的计划、采购、储运、分拨等实施全面管控的一种供应管理模式（刘菁等，2009；李博和于宁，2017）。集中供应模式有利于业主保证材料质量和成本控制，但其材料供应组织与协调非常困难。集中供应模式成功应用于三峡工程建设，在三峡工程的建设中发挥了重要作用。

集中供应模式体现了对材料供应过程的强有力管控与协调，对重大工程的建设具有如下积极作用。

1）集中布局供应网络，保障供应渠道的可靠性。集中供应模式的采用，有利于实现供应网络的集中布局，有利于增强工程业主在资源市场中的主动权，有利于遴选优质供应商，有利于保障供应渠道的可靠性。

2）集中采购，降低成本。重大工程的大宗材料需求量大，成本占工程总投资的比例高。在集中供应模式下，可进行规模化采购和运输，通过"以量换价"降低材料采购和运输成本，同时降低采购环节的管理成本。

3）集中存储与分拨，提高抗风险能力。在集中供应模式下，可通过设置安全库存应对供需不确定性因素的影响。集中供应模式运用了"风险对冲"的思想，可以有效地降低材料短缺风险。此外，当发生不可完全避免的短缺困境时，可通过合理地分拨有限的材料，将材料短缺对工程建设的不利影响降至最小。

在集中供应模式下，有效的库存管理可以保障材料供应与需求之间的匹配，降低材料短缺和工期延迟的可能性。然而，材料需求的非平稳和供应的不确定给材料库存管理带来了难题，具体包括材料安全库存设置与分拨决策：①需要设置多少安全库存来保障材料供应与需求之间的匹配关系？②在面临材料短缺困境时应该如何分拨有限的材料？本书的第 2 章将对这两个问题展开深入的分析与讨论。

1.4　预制件供应的组织与协调

1.4.1　预制件供应商培育

重大工程的高技术和高质量标准对供应商所提供的预制件提出了高质量的要求，并且工程项目需要按时竣工，使其尽早地投入使用，这也对供应商的产能水平提出了较高的要求。对供应商预制件的质量、产能和交付能力的高要求，使得参与工程项目的供应商需要投入大量资金用于技术攻关、生产设备的改造升级和人员的培训。另外，由于重大工程项目具有一次性特点，所投入的人力、物力和资金可能难以通过当期工程收回，或者投资回报率不高。为了调动供应商的积极性，需要对供应商进行培育。

例如，在港珠澳大桥建设过程中，供应商培育问题就尤为迫切和突出。港珠澳大桥工程对钢箱梁有着很高的技术性能要求。为保障港珠澳大桥钢箱梁的制造质量和供应，港珠澳大桥管理局通过考察，在项目初期遴选了中国实力强劲的三家钢箱梁供应商，即中铁山桥集团有限公司、武昌船舶重工有限责任公司和中铁大桥局集团有限公司，但这三家供应商以当时的生产能力或产品质量难以满足工程要求。港珠澳大桥管理局采取了多种措施，包括联合承担国家科技支撑计划项目、采取优惠的钢箱梁采购价格等，对钢箱梁供应商进行培育，提升了供应商的产能与质量水平，并且从国家和行业层面提升了我国桥梁钢结构的制造水平。

供应商培育的实践源于制造业。例如，丰田汽车公司通过供应商培育来帮助供应商实现丰田生产体系（Toyota production system，TPS），提升供应商的产品质量和交付能力（Dyer and Nobeoka，2000）。Krause 和 Ellram（1997）将供应商培育定义为采购方采取措施来改善供应商的表现和能力，包括技术、质量、交付和成本等方面的能力，以满足采购方的需求。供应商培育过程一般需对供应商的技术、质量、交付能力、资金和管理等方面存在的问题进行评估，以确定供应商需要提升的领域，制订培育计划和实施方案，并对培育实施效果进行评估（Hahn et al.，1990）。

　　在工程供应商培育中，供应商需要投入大量资金、人力与物力。尽管供应商培育能够带来质量、产能的提升，提高供应商在未来市场的竞争力，但供应商考虑到大量投入不一定能够在工程项目中收回，以及未来市场的不确定难以保证长期的投资回报，其参与培育的意愿并不强烈。业主的激励是一种供应商培育的有效措施，可促使供应商积极参与培育活动并提升其产品质量水平和产能水平（Mead and Gruneberg，2013）。

　　针对供应商产能和质量培育问题，本书着重考虑供应商面对未来市场需求不确定的风险态度，分别利用业主为委托人而供应商为代理人的委托代理模型和业主为主导者而供应商为追随者的 Stackelberg 主从博弈模型，分析投资成本分担和采购价格激励两种激励方式的有效性。

1.4.2　预制件生产的激励机制

　　重大工程的预制件生产表现出典型的二阶段特征，即首批生产与后续批次生产。预制件的首批生产往往需要经历一个摸索阶段，该阶段易出现设计变更、设备更换、工艺变化等情况，质量控制难度较大，且易耗费时间与成本；后续批次生产是在首批生产基础上开展的大规模生产活动，该阶段的质量水平也处于首批生产质量水平的波动范围内。业主如何通过多种方式激励预制件供应商完成首批部件的达标生产，并有效地组织后续大规模生产，成为预制件生产的关键问题。也就是，业主需要设置合理的激励机制，以有效地实现部件生产的多目标协同，确保预制件生产符合工程要求。

　　例如，在港珠澳大桥的板单元生产中，业主采用联合承担国家科技支撑计划项目等激励手段，指导中铁山桥集团有限公司研发了一套以自动化、信息化、智能化为主要手段的板单元制造专业技术，解决了长期困扰板单元制造的焊接质量与稳定性差的难题，顺利地实现了首批部件的达标生产，并为后续生产打下了坚实基础，使得板单元在大批量生产中的效率提升了两倍以上。

　　在预制件生产中，业主通过采取有效的激励手段，可以促进供应商进行技术与管理的改善，从而完成工程既定目标。预制件生产激励的主导者是业主，其激励的目标主要考虑质量和工期。这两个激励目标会出现相互制约或促进的效应。一方面，过高的质量要求会使得生产过程变慢从而影响工期，而过快施工会使得机器设备及人员处于高负荷状态从而影响质量。另一方面，更高的质量要求会促进供应商采取更加先进的生产工艺，如自动化与智能化技术，从而提升生产效率。然而，在实现了工艺的跃升后，质量和工期又重新变成一对矛盾体。因此，在进行预制件生产激励机制设计时，需要综合考虑质量和工期目标的协调均衡。业主通常采用简单的质量和工期的协调激励手段，考虑供应商的行为偏好，也可以采用声誉激励手段。

针对预制件的二阶段生产问题，本书利用业主为委托人而供应商为代理人的委托代理模型，讨论了两个阶段的激励强度之间的相互影响，研究了预制件二阶段生产的质量和工期的均衡改进问题。具体来说，包括考虑工期-质量目标协调均衡和双重声誉的二阶段动态激励问题。

1.4.3　预制件生产与装配的协同调度

离场的预制件生产虽然提高了生产效率和产品质量，但是使工程的建造变成了预制生产和现场装配两个环节，生产与装配的协同调度成为工程建造的新问题。具体来说，就是依据现场装配计划及各预制件的交付要求，在给定的计划时间范围内，确定预制工厂内各预制件的生产加工顺序及合理的施工时间，在尽可能保证施工工期的情况下，使预制件的总生产成本最低。

在港珠澳大桥建造中，钢箱梁生产-装配过程包括：①标准化的小节段生产，采用大规模生产组织方式；②钢箱梁拼装，采用小批量定制化模式进行拼装；③现场吊装，经运输船浮运到现场进行吊装。钢箱梁体积大、重量重，在拼装现场不宜长期存储，更不允许到安装现场存储，必须严格按照现场吊装计划及时送到现场吊装。因此，如何根据现场装配计划及要求，合理安排各节段钢箱梁生产计划并进行生产调度，成为港珠澳大桥工程建设中面临的巨大难题。

生产与装配的协同调度既要考虑预制件工厂内部生产调度的合理性，又要考虑现场装配的进度计划和工程进度。生产与装配的协同调度需要统筹考虑整个工程项目的需求，对预制生产计划的执行进行跟踪、反馈和动态调整，随时响应现场装配过程中的变化，以确保工程项目按时完成（杨之恬等，2016）。

预制件生产与装配的协同调度主要和预制件的交货期要求有关，本质上这一问题可归结为提前/拖期调度问题。这一问题属于 NP[①]-hard 问题，本书采用遗传算法与禁忌搜索相结合的混合算法，研究预制件生产和装配协同调度问题。具体来说，考虑确定时间点、单时间窗和多时间窗三种交货期类型，建立不同的提前/拖期优化调度模型，并进行求解分析。

1.5　关键设备资源的共享与优化配置

1.5.1　关键设备资源共享

在重大工程建设中，现场环境复杂、不确定性因素众多，关键设备资源短缺

---

① NP: non-deterministic polynomial，非确定多项式。

会导致工程总工期延迟、施工成本增加。为了保证工程工期、提高设备利用率，需要对关键设备资源进行共享。关键设备资源共享是指工程建设中，业主、承包商等主体从自身的利益出发，通过组合拍卖、协商以及博弈等方式，共享对工程施工进度、质量影响较大的关键设备资源的使用权，提高设备的利用率。各主体自主决策，追求自身利益最大化，在设备资源共享过程中容易产生利益冲突。因此，关键设备资源共享的核心问题是设计合理的协调机制。

按设备所有权的不同，关键设备资源共享问题可分为两类，即业主主导的设备共享和承包商之间的设备共享。

1）业主主导的设备共享，协调方式包括组合拍卖和协商。在组合拍卖机制中，业主根据承包商报价来调整设备资源价格，使用权由出价高者获得（Fink，2006）；而在协商模式中，在初始资源配置方案基础上，业主与承包商之间通过交换意见和"讨价还价"，自愿地达成消除资源冲突的协议。

2）承包商之间的设备共享，可分为无业主参与和有业主参与两种情况。在业主没有参与时，各承包商从自身的利益出发，通过主从博弈，达到设备共享的均衡方案。在业主参与时，业主考虑自身利益最大化，通过一定的激励手段影响承包商的决策行为，促使各个承包商按照业主收益最优的共享方案进行设备资源共享。

针对承包商之间的关键设备资源共享问题，本书利用关键路径上的承包商为主导方而非关键路径上的承包商为追随方的 Stackelberg 主从博弈模型，研究线性激励和非线性激励下关键设备共享的均衡方案，分析关键设备共享对工程进度以及各主体收益的影响。

1.5.2　关键设备资源优化配置

关键设备资源配置是工程管理中的一个重要事项。如果关键设备资源配置不合理，会导致关键设备冲突、设备作业停滞，从而造成不可避免的损失。关键设备资源优化配置是指当业主拥有关键设备所有权时，从项目整体出发，考虑承包商对关键设备资源的需求，对设备资源进行统一配置，以优化工程工期、降低设备配置成本、提高设备利用率。具体来讲，业主以工程进度、成本为控制目标，通过确定每个时段的关键设备的选择和投入量，指派每个关键设备负责的工序、开工时间及地点等，保证施工活动的顺利进行。

Gagnon 等（2012）认为项目调度的本质是将资源分配给各个活动。关键设备资源优化配置是项目调度中的一部分，涉及关键设备资源优化配置的研究主要可以分为以下三类。

1）考虑关键设备资源约束的项目调度。该类研究将关键设备资源供给量作为固定常量，在关键设备可用量限制的情况下，以项目进度作为优化目标，安排各个工序的作业时间、作业模式等。其决策目标通常为工程完工时间最短、工程延期惩罚最小等。

2）给定项目调度计划的关键设备资源的优化配置。该类研究中，项目或设备的调度是直接以关键设备资源配置结果指标为目标的，如资源成本、资源均衡程度、资源利用率或闲置率、资源移动时间等，确定每个时段的关键设备的选择和投入量。

3）关键设备资源配置与项目调度集成优化。该类研究既考虑项目进度的目标，又考虑关键设备的相关目标，实现资源配置和进度计划的协同优化。例如，时间-成本-设备均衡等多目标调度问题、项目调度与设备租赁集成问题等。

针对工程施工过程中设备租赁价格的波动问题，本书研究了多时间尺度下的关键设备配置与项目调度集成优化问题，采用双层启发式粒子群算法，分析不同时间尺度对关键设备资源配置的影响。

1.6　空间资源约束及工程调度优化

对工程而言，可用的空间资源是有限的。所有施工活动的调度必须考虑空间资源的约束。空间资源的约束包括工程建设过程中涉及的危害防范、空间排斥、空间拥堵等因素。若空间资源约束处理不当，可能会导致空间资源干涉（以下简称空间干涉）。空间干涉具体是指在同一时间段内，空间需求产生重叠，引发空间冲突问题，并最终影响工程的进度、质量以及安全。空间干涉的产生有两个条件：执行时间重叠与空间需求重叠（Roofigari and Razavi，2017）。

空间干涉按照引起的不同后果可分为四种类型（Bragadin and Kähkönen，2015）：①安全威胁，是指危害空间与人力空间的干涉。当一个活动的危害空间（如可能会有物体掉落）和另一个活动需要的人力空间产生干涉时，这会对员工的生命安全造成威胁。②物理冲突，是指刚性空间与实空间的干涉。若空间被某些实体占用且被要求独占，则该空间排斥任何其他实体的占用。③破坏冲突，是指保护空间与实空间或危害空间的干涉。保护空间可能被实空间中的实体或者危害空间产生的危险因素所破坏，如混凝土养护、油漆烘干。④空间拥堵，是指弹性空间之间的干涉。弹性空间具有共享性，但过多的共享会导致拥挤，进而造成人员或设备工作效率以及工作质量的下降。

在工程建设中，有些空间干涉必须完全避免，如安全威胁、物理冲突、破坏冲突等；而有些空间干涉是允许存在的，如空间拥堵，但需要控制在一定范围内。当这些约束条件无法满足时，将会延迟工程进度，降低工程质量，甚至引发安全事故，威胁员工的生命安全。也正因为如此，施工活动调度需要考虑空间资源的约束，避免或减少空间干涉现象的发生。

在一般的工程调度优化问题中，往往会考虑资源约束，而忽略了空间资源约束。本书着重考虑安全威胁、物理冲突、破坏冲突以及空间拥堵等空间资源约束，研究工程调度优化问题，使工程调度方案能够有效地避免安全威胁、物理冲突、破坏冲突三类空间冲突发生，以及控制空间拥堵程度，使项目总完工时间缩短。

1.7　章节安排

本书共包括7章，第1章从总体上介绍了重大工程资源的基本概念及分类，阐述了重大工程现场资源供应模式。针对大宗材料资源、预制件资源、关键设备资源和空间资源四类主要资源，分别提出了重大工程资源供应配置与协调的科学问题。第2章是集中供应模式下的大宗材料库存管理，主要研究了集中供应模式下的安全库存设置与材料分拨策略。第3~5章主要研究了重大工程预制件供应的组织与协调问题，具体包括预制件供应商培育激励机制、预制件生产的二阶段激励机制以及预制件生产与装配协同调度等问题。第6章主要研究了工程现场关键设备资源共享与配置优化问题，探讨了承包商之间的关键设备资源共享，以及关键设备配置与项目调度集成优化等问题。第7章讨论了工程空间资源量化及干涉度量方法，研究了考虑多重空间资源约束的工程调度优化问题。

本书安排以重大工程资源供应为主线，针对不同类型资源的特点，研究资源供应的协调与优化问题。围绕本章阐述的各类资源，其他章节的具体内容安排如图1.4所示。

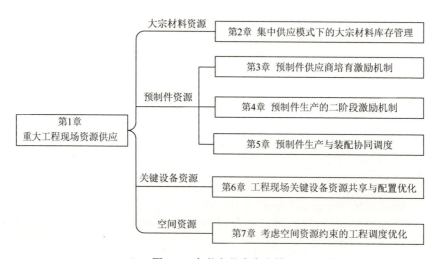

图 1.4　全书章节内容安排

参 考 文 献

曹俊琴. 2013. 重大工程战略资源冲突下的进度协调机制研究. 南京大学博士学位论文.

程书萍, 邱聿旻, 童纪新. 2016. 重大工程资源供应系统管理研究. 南京: 南京大学出版社.

费奇, 陈学广, 王红卫, 等. 2011. 综合集成研讨厅在大型工程物流中的应用——三峡工程散装水泥/粉煤灰实时调运指挥系统. 系统工程理论与实践, 31 (s1): 171-180.

桂玲, 谢勇, 王红卫. 2017. 钢箱梁生产的提前/拖期调度问题研究. 系统工程理论与实践, 37 (5): 1274-1281.

黄明辉, 於崇东. 2004. 三峡工程水泥供应保障体系. 中国三峡建设, 11 (2): 56, 57.

李博, 于宁. 2017. 高速铁路集中采购供应模式研究. 管理观察, (5): 22-29.

刘菁, 刘伊生, 李建玲. 2009. 基于全行业视角的铁路工程物资集中采购供应系统构建研究. 物流技术, 28 (7): 26-29.

蒙德尔 P. 2000. 经济学解说. 胡代光译. 北京: 经济科学出版社.

阮连法, 熊鹰. 2004. 建筑企业管理学. 2 版. 杭州: 浙江大学出版社.

盛昭瀚, 张劲文, 李迁, 等. 2015. 基于计算实验的工程供应链管理. 上海: 上海三联书店.

孙钰钦. 2016. BIM 技术在我国建筑工业化中的研究与应用. 西南交通大学硕士学位论文.

熊鹰, 郭婧娟, 周凤萍, 等. 2007. 建设项目资源优化配置理论. 北京交通大学学报 (社会科学版), 6 (2): 18-22.

徐寿波. 1986. 技术经济学. 南京: 江苏人民出版社.

杨之恬, 马智亮, 张友三. 2016. 预制构件生产与装配一体化跟踪方法研究. 第二届全国 BIM 学术会议.

叶明. 2009. 工业化住宅技术体系研究. 住宅产业, (10): 15-18.

Akinci B, Fischen M, Levitt R, et al. 2002. Formalization and automation of time-space conflict analysis. Journal of Computing in Civil Engineering, 16 (2): 124-134.

Bragadin M A, Kähkönen K. 2015. Safety, space and structure quality requirements in construction scheduling. Procedia Economics and Finance, 21: 407-414.

Choi B, Lee H S, Park M, et al. 2014. Framework for work-space planning using four-dimensional BIM in construction projects. Journal of Construction Engineering and Management, 140 (9): 04014041.

Dyer J H, Nobeoka K. 2000. Creating and managing high-performance knowledge-sharing networks: the toyota case. Strategic Management Journal, 21 (3): 345-367.

Edwards D J, Holt G D. 2009. Construction plant and equipment management research: thematic review. Journal of Engineering Design and Technology, 7 (2): 186-206.

Fink A. 2006. Supply chain coordination by means of automated negotiations between autonomous agents. Multiagent-based Supply Chain Management, 28: 351-372.

Gagnon M, d'Avignon G, Aouni B. 2012. Resource-constrained project scheduling through the goal programming model: integration of the manager's preferences. International Transactions in Operational Research, 19 (4): 547-565.

Gransberg D D, Popescu C M, Ryan R. 2006. Construction equipment management for engineers, estimators, and owners. London: CRC Press.

Hahn C K, Watts C A, Kim K Y. 1990. The supplier development program: a conceptual model. Journal of Purchasing and Materials Management, 26 (2): 2-7.

Koskela L. 1992. Application of the new production philosophy to construction. California: CIFE Technical Report No.72.

Krause D R, Ellram L M. 1997. Critical elements of supplier development the buying-firm perspective. European Journal of Purchasing & Supply Management, 3 (1): 21-31.

Lucko G，Said H M M，Bouferguene A. 2014. Construction spatial modeling and scheduling with three-dimensional singularity functions. Automation in Construction，43：132-143.

Mead J M，Gruneberg S. 2013. Programme Procurement in Construction：Learning from London 2012. Oxford：Wiley.

O'Brien W J，Fischer M A. 1993. Construction supply-chain management：a research framework. Proceedings of Civil-COMP，93：17-19.

Pfeffer J，Salancik G R. 1978. The design and management of externally controlled organizations//Pfeffer J，Salancik G R.The External Control of Organizations. San Francisco：Stanford University Press：257-287.

Roofigari N，Razavi S. 2017. Uncertainty-aware linear schedule optimization：a space-time constraint-satisfaction approach. Journal of Construction Engineering and Management，143（5）：04016132.

Sardroud J M. 2012. Influence of RFID technology on automated management of construction materials and components. Scientia Iranica，19（3）：381-392.

Wernerfelt B. 1984. A resource-based view of the firm. Strategic Management Journal，5（2）：171-180.

第 2 章　集中供应模式下的大宗材料库存管理

2.1　引　　言

在我国重大工程建设中，常采用集中供应模式来处理大宗材料供应管理事项，其中包括材料库存管理。与分散库存系统相比，集中库存系统运用了"风险对冲"的基本思想，降低了周转库存与安全库存，节约了库存成本（Simchi-Levi et al.，1999）。然而，在材料供应不确定性与需求非平稳性等因素的影响下，集中库存系统还存在一些有待解决的关键问题，具体包括安全库存设置与材料分拨决策。解决这两个问题对于实现材料供需匹配，保证工程项目整体绩效有着重要作用。

2.1.1　大宗材料库存管理及关键问题

库存一般是指为了满足未来需求而暂时闲置的有价值的资源（赵晓波和黄四民，2008）。按照存储资源类型的不同，库存可以分为原材料库存、在制库存、半成品库存及成品库存；而按照资源存储作用的不同，库存又可以分为周转库存、在途库存、安全库存及调节库存。在大多数情况下（尤其是在不确定性环境下），库存是不可或缺的，它对于企业的正常生产经营活动至关重要。第一，库存可以有效地应对供应延迟和需求波动，平衡供需关系，防止生产经营活动发生中断；第二，库存对企业的生产经营活动起到衔接作用，提升了整个过程的平稳性和经济性。

对于库存管理（又称库存控制），不同学者给予了不同的阐述和解释。周永务（2009）分别从狭义与广义的角度对库存管理进行了解释。其中，狭义的观点认为库存管理主要是对仓库的物料或者产品进行盘点、数据处理、保管、发放等，通过实施防腐、湿温度等控制，以达到使保管的库存物品保持最佳状态的目的；而广义的观点认为库存管理是合理设置控制策略，适时、适量地发出订货，在保证企业生产经营需求的前提下使储备量保持在经济合理的水平上。赵晓波和黄四民（2008）则认为库存管理是通过补货时机和补货批量来控制系统的运行成本，即确定最优的补货时机与最优的补货批量，在满足一定的服务水平要求下使库存系统的运行成本最小。可以看出，库存管理的最基本内容和目标是确定最佳的订货量、订货点、安全库存水平等，以保障供应服务和成本优化。

在重大工程建设中，材料集中库存也普遍存在，主要用于应对材料供应与需求的不确定性。这种库存系统可提升材料供应管理的集约化程度，增强对供应过程的控制能力。如图 2.1 所示，集中库存系统存在于材料供应网络与工程进度网络的耦合处，缓冲两个网络的不确定性和动态性因素，尽可能匹配材料的供应与需求，降低潜在的材料短缺风险，保障施工作业的顺利进行。

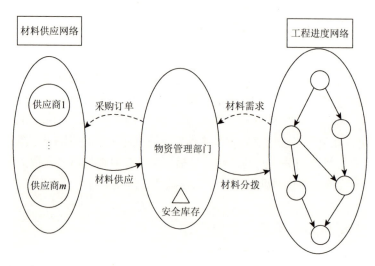

图 2.1　大宗材料的集中库存系统

为了实现材料供需匹配、降低短缺风险，需要解决集中库存系统的安全库存设置与材料分拨决策问题。对于重大工程而言，这两类库存管理决策问题具有如下特点。

1）供应不确定性。重大工程的材料供应渠道较为分散，常采用陆路、铁路、水路及多式联运等运输方式。材料的运输极易受到自然气候变化等外界因素的影响，经常难以准时到达工程现场。此外，部分类型的大宗材料（如粉煤灰）的生产过程不稳定，质量不易控制，经常导致无法满足采购订单。因此，库存管理决策问题具有供应不确定性的特点。

2）需求不确定性与非平稳性。受到工程现场环境变化、作业方案调整以及工程设计变更等因素的影响，材料需求具有一定的不确定性。在工程建设的不同时期，材料需求量还存在动态变化，呈现出非平稳的特性，这给库存管理决策问题带来较大的挑战。

3）集中库存系统类似于集配中心（supply-hub），是用来满足不同施工活动的材料需求的。对工程建设而言，各个施工活动之间是相互关联和影响的。这些施工活动又以特定的形式组成工程进度网络，相互之间受到前后序关系与调度计划的约束。当某施工活动出现材料短缺问题时，不仅自身的工期会延迟，而且会给其他部分施工活动造成影响。库存系统需要综合考虑工期与库存等成本,合理地把材料分拨给不同的施工活动,使整体工程建设成本最小。

在工程实践中,库存管理决策大多依赖于管理人员的经验知识或者简单估算,这会导致库存积压或者供应短缺情况。为了有效地解决这些问题,需要对集中库存系统的安全库存设置与材料分拨决策问题进行研究。

1)安全库存设置:设置多少安全库存才能有效地应对材料供应不确定性与需求非平稳性,以保障供需匹配?

2)材料分拨决策:在面临材料短缺时,应该采用何种形式的分拨策略将有限数量的材料库存进行合理分拨,以实现收益最大化?

2.1.2　相关问题的研究现状

（1）工程材料供应管理的研究现状

目前,大量的信息与通信技术（如 RFID、GPS、GIS、BIM 等[①]）应用于工程材料供应管理中,以提高信息采集和共享的效率。Razavi 和 Haas（2011）开发了基于 RFID 的工程材料定位与追踪系统,该系统可为工程材料管理提供可靠的位置信息。Shin 等（2011）构建了基于面向服务的架构（service-oriented architecture,SOA）的材料供应信息管理框架,它可以实现工程材料的准时制（just in time,JIT）供应模式。Ko 等（2016）采用云计算服务与 RFID 建立了成本相对较低的材料追踪管理系统,该系统可满足中小型建筑企业的材料管理需求。Su 等（2012）构建了基于 GIS 的材料存放布局规划系统。Irizarry 等（2013）开发了基于 BIM 和 GIS 的材料供应可视化追踪系统,该系统可在供应进度异常时自动预警。

另外,也有很多学者采用定量分析方法对材料供应过程进行了建模与优化,为相应的管理决策提供了支撑。Aquilano 和 Smith（1980）将材料供应提前期和库存补货点纳入到工程调度问题中,联合关键路径法（critical path method,CPM）和材料需求计划（material requirement planning,MRP）来建立混合调度模型。Dodin 和 Elimam（2001）分析了工期提前/延迟的奖惩激励和材料采购的数量折扣对于工程项目进度及成本的影响,并建立了工程调度与材料采购的集成优化模型。Fang 和 Ng（2011）采用作业成本分析法对材料供应过程中的成本进行了分析与识别,并建立了相应的仿真模型对物流方案进行成本评估与优化。Pan 等（2011）基于供应链运作参考模型（supply chain operations reference model,SCOR）来分析和设计工程材料供应链,并建立了层次结构的仿真模型,可用于绩效评估,以及识别和改善供

---

① RFID（radio frequency identification）表示射频识别；GPS（global positioning system）表示全球定位系统；GIS（geographic information system）表示地理信息系统；BIM（building information modeling）表示建筑信息模型。

应链的瓶颈。Vidalakis 等（2013）采用离散事件仿真方法分析了材料需求不确定性对物流响应能力和成本效率的影响。Said 和 El-Rayes（2010，2013）建立了材料采购与工程现场存放布局的集成优化模型，并将工程实体的内部空间纳入到现场材料存放布局规划决策中。在后续研究中，Said 和 El-Rayes（2014）设计了基于 BIM 的工程物流多目标优化系统，它可协同优化材料采购和存放布局计划。

虽然信息技术的应用和供应计划的优化可以减少不确定性因素的影响，但是也难以完全消除，故而需要研究不确定性环境下材料库存管理方法。

（2）工程材料库存管理的研究现状

在工程建设过程中，用于应对材料供需不确定性的方法主要包括库存缓冲（即安全库存）与时间缓冲等（Tommelein et al.，2009；Russell et al.，2013）。针对库存缓冲和时间缓冲，一些学者进行了对比分析。Horman（2000）指出相比于时间缓冲，库存缓冲对于不确定性因素的响应能力相对较弱。但是，当没有发生突发事件且库存缓冲未被使用时，相应的成本损失也会较小。Horman 和 Thomas（2005）指出库存缓冲能够保证施工活动的连续性，时间缓冲则能保证施工活动开始时间的确定性。同时，其研究还指出合理地设置安全库存可以提高施工作业人员的效率。Tommelein 和 Weissenberger（1999）分析了库存缓冲在工程建设中广泛应用的原因，并指出只有更加合理地使用库存缓冲，才能促进 JIT 模式的成功实施。

另外，一些学者采用定量的方法来研究工程材料库存管理问题。Walsh 等（2004）围绕提前期长且多变的工程材料，采用仿真方法来设置库存水平，以缩短材料供应提前期。Tserng 等（2006）将供应商管理库存模式引入到工程建设领域，并建立了材料生产与供应的集成优化模型。Georgy 和 Basily（2008）指出工程建设的动态性给材料库存管理带来的困难，并建立了材料配送调度和库存控制优化模型。Ng 等（2008）分析了工程参与主体关于现场材料安全库存设置的谈判问题，采用模糊决策支持方法进行了建模与分析，求解了各个主体的纳什均衡决策。Xue 等（2011）对比分析了（s，S）库存策略与周期盘点库存策略下材料库存信息共享的价值。Xu 等（2016）考虑了材料安全库存设置与工程工期压缩决策之间的依赖关系，提出了工程驱动的供应链模型框架，并建立了安全库存设置与工期压缩的集成优化模型。

从上述研究可以看出，工程材料库存管理的研究在库存缓冲、库存集成优化等方面已经取得了一些成果。

（3）制造业/零售业领域相关问题的研究现状

目前，制造业/零售业领域相关的安全库存研究非常丰富。从所考虑的不确定性因素来看，可以将这些安全库存模型分为需求不确定、提前期不确定以及供应率不确定三类，其研究现状可概括如下。

1）需求不确定。需求不确定下的安全库存研究主要采用承诺服务模型。该模型假设安全库存只用于满足一定范围内的需求，超过该范围的需求需要通过其他方式（如紧急订单）来满足，其决策变量为供应链内部各级之间的服务时间（类似于补货提前期）（Graves and Willems，2003；Klosterhalfen et al.，2013）。同时，Graves 和 Willems（2008）、Neale 和 Willems（2009）还将该模型扩展至非平稳需求下的安全库存研究。

2）提前期不确定。提前期不确定下的安全库存研究主要采用随机服务模型。该模型假设安全库存是应对不确定性因素的唯一办法，供应链内部各级之间的补货提前期依赖于库存水平。这样，模型的决策变量为各级的安全因子或服务水平（Graves and Willems，2003；Klosterhalfen et al.，2013）。

3）供应率不确定。供应率不确定下的安全库存模型通常采用安全库存与线性放大订货策略来共同应对不确定性因素。其中，线性放大订货策略是将采购批量进行放大，以补偿供应数量的期望损失（Nahmias and Cheng，2009；Inderfurth，2009）。

对于材料分拨决策的相关研究，根据所采用分拨策略的形式可以将其分为三类。

1）线性分拨策略。该策略按照固定比例来分拨材料，主要包括公平分享策略（Clark and Scarf，1960）、一致性分享策略（de Kok，1990）、均衡库存策略（van der Heijden，1997）及增强公平分享策略（Lagodimos and Koukoumialos，2008）等。

2）阈值分拨策略。该策略根据设定的阈值来分拨材料，主要包括稳态阈值策略（Deshpande et al.，2003；Arslan et al.，2007）与动态阈值策略（Fadıloğlu and Bulut，2010；Hung et al.，2012）。

3）优先级分拨策略。该策略按照某种优先级顺序来分拨材料，主要包括随机优先级分拨策略（Alptekinoğlu et al.，2013）、固定优先级分拨策略（Swaminathan and Srinivasan，1999；Zhang，2003；Alptekinoğlu et al.，2013）以及响应式优先级分拨策略（Alptekinoğlu et al.，2013）。这三种优先级分拨策略分别利用了需求量、缺货成本/服务水平等方面的信息，从不同的角度对需求主体进行排序和材料分拨，为管理实践提供了丰富的选择。

虽然制造业/零售业领域的库存管理研究并不能完全直接用于解决工程建设领域的相关问题，但是其丰富的研究成果可以为进行相关研究提供借鉴，有助于更好地解决工程建设领域的安全库存设置与材料分拨决策问题。

2.2　大宗材料安全库存设置

在重大工程中，部分大宗材料供应管理过程中存在着供应不确定性、需求非平稳性等因素，这使得工程建设时刻面临着材料短缺、工期延误的风险。合理地设置安全库存可以有效地应对这些动态性和不确定性因素，保障工程施工的顺利进行。在工程实践中，普遍采用供应天数（days-of-supply，DOS）策略来设置安全库存。具体来说，DOS 策略将安全库存水平设置为未来若干天的需求量，而该天数通常是管理人员凭借经验知识估算得到的。因此，这往往容易导致库存积压或者短缺。为了改变上述现象，本章将研究单位盘点周期基本库存策略与非单位盘点周期基本库存策略下的安全库存设置问题，并构建相应的安全库存设置方法。

2.2.1　问题描述与分析

在图 2.1 所示的集中库存系统中，假设材料供应网络包含 m 个供应商，工程进度网络包含 n 个施工活动（分别由不同的施工单位负责）。假设管理人员采用基本库存策略盘点材料库存与下达采购订单。其中，该库存控制策略又可分为单位盘点周期基本库存策略与非单位盘点周期基本库存策略。前者是指每个周期都会盘点材料库存与下达采购订单，而后者是指每间隔多个周期才会盘点材料库存与下达采购订单。该周期的选取需要综合考虑材料的需求量、生产能力以及运输计划等因素。

下面以单位盘点周期基本库存策略为例来说明库存管理的事件流程。在计划期开始前，各施工单位应向材料管理部门提交材料需用计划，具体包括每个周期的需求分布信息（即均值与方差）。计划期内任意周期所发生的库存管理事件流程可概括如下。

1）第 t 天初，材料管理部门向各供应商下达的材料采购订单 $Q_{j,t-L_j}$ 陆续到达，其中供应商 j 的实际供应数量为 $Y(Q_{j,t-L_j})$，L_j 表示提前期。

2）随后，施工单位 i 观察到自身的实际需求量 $d_{i,t}$，并向材料管理部门提出领料申请。

3）收到领料申请后，材料管理部门立即向相应施工单位调拨相应数量的材料（此处暂时不考虑短缺问题）。

4）第 t 天末，材料管理部门向供应商 j 下达新的采购订单 $Q_{j,t}$，以补充库存水平。

由于存在供应不确定性，供应商的实际供应数量可能与真实的订单量存在偏差。加之受需求非平稳性的影响，材料管理部门需要设置安全库存来避免材料短缺。此外，假设材料库存系统只用于满足在某个范围内的需求，而超过该范围的需求则需要通过其他方法（如紧急订单）进行满足。其中，该需求范围具体是指对应于服务水平（不缺货概率）α（如 99.9%）临界值以内的需求量。这种假设也就意味着在研究中暂不考虑库存短缺与分拨问题，设置安全库存水平的目的是保证对所有施工单位的服务水平达到 α。

为了更清楚地描述该安全库存设置问题，本书对非平稳需求、随机供应率以及库存控制策略等相关概念与符号进行了详细的介绍。问题涉及的主要符号见表 2.1。

表 2.1　主要符号列表

参数符号	符号含义
t	第 t 天，$t = 1, 2, \cdots, T$。T 为计划期长度
i	施工单位，$i = 1, 2, \cdots, n$
j	供应商，$j = 1, 2, \cdots, m$
$d_{i,t}$	第 t 天施工单位 i 的需求，服从均值和标准差分别为 $\mu_{d_{i,t}}$ 与 $\sigma_{d_{i,t}}$ 的正态分布
$Q_{j,t}$	第 t 天供应商 j 的订单量
β_j	供应商 j 的订单分配比例
$y_{j,t}$	第 t 天供应商 j 的供应率，服从区间为 $[l_j, u_j]$ 的均匀分布
$Y(Q_{j,t})$	供应商 j 订单 $Q_{j,t}$ 对应的实际供应量
L_j	供应商 j 提前期
α	库存系统的目标服务水平（不缺货概率）
B_t	第 t 天的基本库存水平
SST_t	第 t 天的安全库存水平
IL_t	第 t 天初的净库存水平
IP_t	第 t 天末的库存位势

（1）非平稳性材料需求

在计划期开始前，各个施工单位会依据施工进度计划来制订材料需用计划，经监理单位、项目经理等审核通过后交由材料管理部门来制订材料采购和库存计划。但是由于施工过程和环境的不确定性，该材料需用计划难以保证一定准确。假设施工单位 i 在任意第 t 天的材料需求 $d_{i,t}$ 服从正态分布 $N(\mu_{d_{i,t}}, \sigma_{d_{i,t}}^2)$，其中 $\mu_{d_{i,t}}$ 与 $\sigma_{d_{i,t}}$ 是均值和标准差。各周期的施工内容是动态变化的，因而 $\mu_{d_{i,t}}$ 与 $\sigma_{d_{i,t}}$ 也随着 t 而动态变化，即材料需求 $d_{i,t}$ 呈现非平稳性。此外，假设施工单位的材料需求是独立的，并且令 D_t 表示第 t 天的施工单位需求之和。

（2）不确定性供应率

借鉴 Yano 和 Lee（1995）与 Inderfurth 和 Vogelgesang（2013）提出的供应不确定性表达方式，本章将采用随机供应率来表述大宗材料供应过程中的不确定性，其中供应率是指实际供应量与计划采购量之比。在工程实践中，管理人员通常也采用供应率指标来记录和分析供应商的绩效水平。这样，供应商 j 的实际供应量 $Y(Q_{j,t})$ 与计划订单量 $Q_{j,t}$ 之间满足关系 $Y(Q_{j,t})=y_{j,t}\cdot Q_{j,t}$，其中 $y_{j,t}$ 是指供应商 j 在第 t 天的随机供应率。假设供应商 j 的随机供应率 $y_{j,t}$ 服从区间为 $[l_j, u_j]$ 的均匀分布，其均值和标准差分别为 μ_{y_j} 与 σ_{y_j}，其中 l_j 一般是存在于区间 $[0, 1]$，而 u_j 则可能小于或者大于 1。那么，供应商 j 供应量的均值和方差可以分别表述为 $E[Y(Q_{j,t})]=\mu_{y_j}\cdot Q_{j,t}$ 与 $\mathrm{Var}[Y(Q_{j,t})]=\sigma_{y_j}^2\cdot Q_{j,t}^2$。

（3）库存控制策略

在单位盘点周期基本库存策略下，材料管理部门每天都会向供应商下达采购订单来补充库存水平。具体而言，第 t 天末材料管理部门观察库存位势为 IP_t，随即向供应商下达订单以将库存位势提高至既定的基本库存水平 B_t。由于需求的非平稳性和供应的不确定性，基本库存水平 B_t 将随着时间 t 而动态变化。库存位势 IP_t 与基本库存水平 B_t 之间的偏差主要由三部分组成，分别为分拨出去的材料数量 D_t、两天之间的基本库存水平偏差（B_t-B_{t-1}）以及供应商的材料供应量偏差 $[Y(Q_{j,t-L_j})-Q_{j,t-L_j}]$。其中，前两项由所有供应商共同补充，而第三项则由对应的供应商独立完成。此外，为了补偿供应商的期望供应量损失，将采用线性放大订货策略，并且放大因子通常被选取为期望供应率的倒数（Bollapragada and Morton，1999；Huh and Nagarajan，2010）。这样，供应商 j 的计划订单 $Q_{j,t}$ 可以表示为

$$Q_{j,t}=\frac{1}{\mu_{y_j}}[\beta_j\cdot(D_t+\Delta B_t)-(y_{j,t-L_j}-\mu_{y_j})\cdot Q_{j,t-L_j}] \qquad (2.1)$$

式中，β_j 为供应商 j 的订单分配比例；ΔB_t 为 B_t 与 B_{t-1} 之间的差值，即 B_t-B_{t-1}。该批次订单将在第 $t+L_j$ 天到达。不失一般性，此处假设 $L_1\leqslant L_2\leqslant\cdots\leqslant L_j\leqslant L_{j+1}\leqslant\cdots\leqslant L_m$。这样，供应商 1 至供应商 m 将依次完成该批订单。

在非单位盘点周期基本库存策略下，各供应商的订单形式与前述内容基本一致，主要体现在库存盘点周期为 R，材料管理部门只在第 $t=k\cdot R+\omega$ 天下达采购订单。式中，ω 为时刻偏移，取区间 $[0, R-1]$ 内的任意常数，而 k 则等于 0, 1, 2, $\cdots$。这样，第 $t=k\cdot R+\omega$ 天供应商 j 的订单量可以表示为如下形式：

$$Q_{j,t}=\frac{1}{\mu_{y_j}}\left\{\beta_j\cdot\left[\Delta B_t^R+\sum_{\tau=t-R+1}^{t}D_\tau\right]-(y_{j,t-L_j-x_j(t)}-\mu_{y_j})\cdot Q_{j,t-L_j-x_j(t)}\right\} \qquad (2.2)$$

式中，ΔB_t^R 等于 B_t-B_{t-R}，$x_j(t)$ 等于（$t-L_j-\omega$）除以 R 的余数，而 $t-L_j-x_j(t)$ 为第 t 天之前供应商 j 最后完成订单所对应的周期。可以发现，若 $R=1$，则式（2.1）与式（2.2）是相同的。

2.2.2　单位盘点周期基本库存策略下的安全库存设置

无论是单位盘点周期基本库存策略还是非单位盘点周期基本库存策略,安全库存设置方法都遵循如下的思路:首先,建立库存平衡式来刻画任意时刻库存系统的进出情况;其次,提出覆盖型随机变量以表征库存系统所面临的上下游风险;最后,采用不动点迭代法计算服务水平 α 下的安全库存水平。

1. 库存平衡式

对于第 t 天的净库存水平 IL_t,可以得到如下表达式:

$$\mathrm{IL}_t = \mathrm{IL}_{t-1} + \sum_{j=1}^{m} y_{j,t-L_j} \cdot Q_{j,t-L_j} - \sum_{i=1}^{n} d_{i,t}$$

$$= \mathrm{IL}_0 + \sum_{j=1}^{m} \sum_{\tau=1}^{t-L_j} y_{j,\tau} \cdot Q_{j,\tau} - \sum_{\tau=1}^{t} D_{\tau} \tag{2.3}$$

在确定性供应环境下,第 t 天的基本库存水平 B_t 为第 t 天及其之前的供应总量减去第 t 天及其之前已满足的总需求量(Neale and Willems,2009)。但是在供应不确定环境下,第 t 天及其之前的部分订单处于在途状态,其实际供应量并不知晓,极有可能与计划采购量存在偏差。此时,需要对基本库存水平进行重新定义。参照 Zipkin(2000)提出的在途订单压缩方法,设定一个恒定的压缩因子(选取为供应商的期望供应率)对在途订单进行压缩处理,即以其预期供应量替换其未知的供应量。此时,不确定性供应环境下第 t 天的基本库存水平 B_t 可以表述为

$$B_t = B_0 + \sum_{j=1}^{m} \sum_{\tau=1}^{t-L_j} y_{j,\tau} \cdot Q_{j,\tau} + \sum_{j=1}^{m} \sum_{\tau=t-L_j+1}^{t} \mu_{y_j} \cdot Q_{j,\tau} - \sum_{\tau=1}^{t} D_{\tau} \tag{2.4}$$

不失一般性,假设 $\mathrm{IL}_0 = B_0$。联立式(2.3)和式(2.4),可以得到如下关系式:

$$\mathrm{IL}_t = B_{t-L_1} - \left(\underbrace{\sum_{j=1}^{m} \sum_{\tau=t-L_1-L_j+1}^{t-L_1} (\mu_{y_j} - y_{j,\tau}) \cdot Q_{j,\tau}}_{(a)} + \underbrace{\sum_{j=2}^{m} \sum_{\tau=t-L_1+1}^{t-L_1} y_{j,\tau} \cdot Q_{j,\tau}}_{(b)} + \underbrace{\sum_{\tau=t-L_1+1}^{t} D_t}_{(c)} \right) \tag{2.5}$$

在第 t 天,可以达到的订单是在第 $t-L_1$ 天下达给供应商 1 的订单,而在 $t-L_1$ 天至 t 天下达的其他订单都处于在途状态。依据式(2.5)可以发现,第 t 天的净库存水平 IL_t 等于 B_{t-L_1} 减去如下三部分,即(a) $t-L_1-L_j+1$ 至 $t-L_1$ 期间的材料供应偏差、(b) $t-L_j+1$ 至 $t-L_1$ 期间供应商 2 至供应商 m 的在途订单以及(c) $t-L_1+1$ 至 t 期间的材料需求量。故而,第 $t-L_1$ 天的基本库存水平 B_{t-L_1} 对于保障第 t 天的服务水平非常重要。

2. 覆盖型随机变量

如式(2.5)中的(a)、(b)以及(c)中包含了大量的随机变量,不利于计算基

本库存水平与安全库存水平。为此，定义一个覆盖型随机变量，即用一个随机变量覆盖所有的不确定性因素。具体而言，第 t 天的覆盖型随机变量 CV_t 可以表示如下：

$$\mathrm{CV}_t = \sum_{j=1}^{m} \sum_{\tau=t-L_j+1}^{t} (\mu_{y_j} - y_{j,\tau}) \cdot Q_{j,\tau} + \sum_{j=2}^{m} \sum_{\tau=t+L_1-L_j+1}^{t} y_{j,\tau} \cdot Q_{j,\tau} + \sum_{\tau=t+1}^{t+L_1} D_\tau \tag{2.6}$$

为了分析 CV_t 的均值与方差，需要得到第 t 天供应商 j 计划订单 $Q_{j,t}$ 的表达式。然而，由于需求的非平稳性和供应的不确定性，计划订单也是随时间而动态变化的随机变量。由式（2.1）可知，第 t 天供应商 j 的计划订单 $Q_{j,t}$ 与第 $t-L_j$ 天的订单 $Q_{j,t-L_j}$ 相关。它们之间的关系可以表示为

$$Q_{j,t} = \frac{\beta_j}{\mu_{y_j}} \cdot (D_t + \Delta B_t) + \frac{\mu_{y_j} - y_{j,t-L_j}}{\mu_{y_j}} \cdot Q_{j,t-L_j} \tag{2.7}$$

依据式（2.7）进行递归推导，可以得到 $Q_{j,t}$ 与最早订单 $Q_{j,t-K\cdot L_j}$ 的关系：

$$Q_{j,t} = \frac{\beta_j}{\mu_{y_j}} (D_t + \Delta B_t) + \frac{\mu_{y_j} - y_{j,t-L_j}}{\mu_{y_j}} \left\{ \frac{\beta_j}{\mu_{y_j}} (D_{t-L_j} + \Delta B_{t-L_j}) + \frac{\mu_{y_j} - y_{j,t-2L_j}}{\mu_{y_j}} \right.$$

$$\left. \cdot \left[\cdots + \frac{\mu_{y_j} - y_{j,t-(K-1)L_j}}{\mu_{y_j}} \left(\frac{\beta_j}{\mu_{y_j}} (D_{t-(K-1)L_j} + \Delta B_{t-(K-1)L_j}) + \frac{\mu_{y_j} - y_{j,t-KL_j}}{\mu_{y_j}} Q_{j,t-K\cdot L_j} \right) \right] \right\}$$

$$\tag{2.8}$$

式中，K 为满足关系式 $0 < t - K \cdot L_j \leq L_j$ 的整数值。此时，$Q_{j,t-K\cdot L_j}$ 是与 $Q_{j,t}$ 有关的最早订单。在第 $t-K\cdot L_j$ 天，所有已下达给供应商 j 的订单都处于在途状态，没进入库存系统。因此，第 $t-K\cdot L_j$ 天供应商 j 的订单 $Q_{j,t-K\cdot L_j}$ 可以表示为

$$Q_{j,t-K\cdot L_j} = \frac{\beta_j}{\mu_{y_j}} (D_{t-K\cdot L_j} + \Delta B_{t-K\cdot L_j}) \tag{2.9}$$

而将式（2.9）代入式（2.8）中，可以得到与过往订单无关的 $Q_{j,t}$ 表达式：

$$Q_{j,t} = \frac{\beta_j}{\mu_{y_j}} \left\{ (D_t + \Delta B_t) + \sum_{k_1=1}^{K} \left[(D_{t-k_1 L_j} + \Delta B_{t-k_1 L_j}) \cdot \prod_{k_2=1}^{k_1} \left(1 - \frac{y_{j,t-k_2 L_j}}{\mu_{y_j}} \right) \right] \right\} \tag{2.10}$$

最终，可以得到覆盖型随机变量 CV_t：

$$\mathrm{CV}_t = \sum_{\tau=1}^{t} \left((D_\tau + \Delta B_\tau) \cdot \left\{ \sum_{j=1}^{m} \left[\beta_j \prod_{k_1=0}^{K_j^1(\tau)} \left(1 - \frac{y_{j,\tau+k_1 L_j}}{\mu_{y_j}} \right) \right] \right. \right.$$

$$\left. \left. + \sum_{j=2}^{m} \left[\beta_j \cdot \frac{y_{j,\tau+K_j^2(\tau)\cdot L_j}}{\mu_{y_j}} \cdot \prod_{k_1=0}^{K_j^2(\tau)-1} \left(1 - \frac{y_{j,\tau+k_1\cdot L_j}}{\mu_{y_j}} \right) \right] \right\} \right) + \sum_{\tau=t+1}^{t+L_1} D_\tau \tag{2.11}$$

式中，$K_j^1(\tau)$ 为满足关系式 $t-L_j < \tau + K_j^1(\tau)\cdot L_j \leq t$ 的整数值；$K_j^2(\tau)$ 为满足关系式 $t+L_1-L_j < \tau + K_j^2(\tau)\cdot L_j \leq t$ 的整数值。可以发现，该覆盖型随机变量包含了所有订

单完成情况的完备信息，其在提高基本库存水平（包括安全库存水平）计算精确度的同时，也带来了计算复杂性。

3. 安全库存水平计算

如前所述，库存系统的目标是保证 I 型服务水平达到 α。如 Klosterhalfen 等（2014）所指出的，为了使服务水平达到 α，基本库存水平需要满足如下的条件：

$$\Pr\{CV_t \leq B_t\} \geq \alpha \tag{2.12}$$

此时，最优的基本库存水平和安全库存水平可以表示为

$$B_t = E[CV_t] + \xi(\alpha) \cdot \sqrt{Var[CV_t]} \tag{2.13}$$

$$SST_t = \xi(\alpha) \cdot \sqrt{Var[CV_t]} \tag{2.14}$$

式中，$\xi(\alpha)$ 为对应于服务水平 α 的安全因子，如 $\alpha = 99\%$ 时，$\xi(\alpha) = 2.4$。

由于覆盖型随机变量 CV_t 中包含了基本库存水平偏差 ΔB_t，在 B_t 未知的情况下也无从知晓 ΔB_t，难以根据式（2.13）与式（2.14）直接求解最优的基本库存水平与安全库存水平。一个解决办法是依据借助于 CV_t 来建立 B_t 与 B_{t-1} 的关系式，然后运用不动点迭代法递归地计算 $B_1, B_2, \cdots, B_t$。具体形式如下所示：

$$CV_t = \sum_{j=1}^{m} \beta_j \cdot \left(1 - \frac{y_{j,t}}{\mu_{y_j}}\right) \cdot \Delta B_t + \sum_{j=2}^{m} \beta_j \cdot \frac{y_{j,t}}{\mu_{y_j}} \cdot \Delta B_t + CVR_t \tag{2.15}$$

$$B_t = \sum_{j=2}^{m} \beta_j \cdot \Delta B_t + C_{1,t} + \xi(\alpha) \sqrt{\beta_1^2 \cdot \frac{\sigma_{y_1}^2}{\mu_{y_1}^2} \cdot \Delta B_t^2 + C_{2,t}}$$

$$= \sum_{j=2}^{m} \beta_j \cdot B_t + C_{3,t} + \xi(\alpha) \sqrt{\beta_1^2 \cdot \frac{\sigma_{y_1}^2}{\mu_{y_1}^2} \cdot (B_t - B_{t-1})^2 + C_{2,t}} \tag{2.16}$$

式中，CVR_t 为 CV_t 中不包含 ΔB_t 的部分，$C_{1,t}$ 与 $C_{2,t}$ 分别为 CVR_t 的均值与方差，$C_{3,t}$ 可以表示为

$$C_{3,t} = C_{2,t} - \sum_{j=2}^{m} \beta_j \cdot B_{t-1} \tag{2.17}$$

式（2.16）为 B_t 的非线性等式，如若知晓 B_{t-1}，那么就可以运用不动点迭代法计算得到 B_t。为此，假设 $B_0 = B_1$，并首先计算得到 B_1，然后递归地计算得到 $B_2, B_3, \cdots, B_t$。该计算过程具体如下。

1）令 $t = 1$，并定义迭代函数，即

$$\phi(B_t) = \sum_{j=2}^{m} \beta_j \cdot B_t + C_{3,t} + \xi(\alpha) \sqrt{\beta_1^2 \cdot \frac{\sigma_{y_1}^2}{\mu_{y_1}^2} \cdot (B_t - B_{t-1})^2 + C_{2,t}} \tag{2.18}$$

同时，令迭代指示器 p 等于 0，初始化迭代值 $B_{(p)t}$ 为 $B_{(*)t-1}$，其中 $B_{(*)t-1}$ 表示第 $t-1$ 天的求解结果。

2）按照如下方式来更新第 $p+1$ 代的迭代值，即

$$B^{(p+1)}(t) = \phi(B^{(p)}(t))$$

并令 $p = p+1$。

3）如果 $p < P$（其中，P 为终止迭代次数），则返回第 2）步；否则停止迭代过程，当前迭代值 $B_{(p)t}$ 作为第 t 天的解 $B_{(*)t}$，并令 $t = t+1$，以及返回第 1）步，直至 t 等于 T。

通过上述计算过程，可以得到第 t 天的最优基本库存水平 $B_{(*)t}$，再根据式（2.11）与式（2.14）可以计算相应的安全库存水平 SST_t。

2.2.3 非单位盘点周期基本库存策略下的安全库存设置

非单位盘点周期基本库存策略下的安全库存设置方法也主要包括上述三个步骤。与前述内容相比，不是每天都下达采购订单，只有第 $t = k \cdot R + \omega$ 天才会下达采购订单，并且相应的库存短缺风险周期变长，具体为 $(t, t+L_1+R-1)$。此时，需要找到该周期内最大的短缺风险，并据此来计算基本库存水平 B_t 与安全库存水平 SST_t。

1. 库存平衡式

第 t 天的库存平衡式仍如式（2.3）所示。但是在非单位盘点周期基本库存策略下，供应商 j 在 $t-L_j-x_j(t)+1$ 至 t 期间要么没有采购订单，要么订单处于在途状态。此时，库存平衡式可以表述为

$$IL_t = IL_0 + \sum_{j=1}^{m} \sum_{\tau=0}^{t-L_j-x_j(t)} y_{j,\tau} \cdot Q_{j,t} - \sum_{\tau=1}^{t} D_\tau \qquad (2.19)$$

依据前面关于供应不确定性下基本库存水平的定义，$t = k \cdot R + \omega$ 时的基本库存水平 B_t 可以表述为

$$B_t = B_0 + \sum_{j=1}^{m} \left[\sum_{\tau=0}^{t-L_j-x_j(t)} y_{j,\tau} \cdot Q_{j,\tau} + \sum_{\tau=t-L_j-x_j(t)+1}^{t} \mu_{y_j} \cdot Q_{j,\tau} \right] - \sum_{\tau=1}^{t} D_\tau \qquad (2.20)$$

基于假设 $IL_0 = B_0$，以及联立式（2.19）与式（2.20），第 t 天的净库存水平 IL_t 可以表述为

$$IL_t = B_{t-L_1-x_1(t)} - \left\{ \sum_{j=1}^{m} \sum_{\tau=t-L_1-x_1(t)-L_j-x_j[t-L_1-x_1(t)]+1}^{t-L_1-x_1(t)} (\mu_{y_j} - y_{j,\tau}) \cdot Q_{j,\tau} + \sum_{j=2}^{m} \sum_{\tau=t-L_j-x_j(t)+1}^{t-L_1-x_1(t)} y_{j,\tau} \cdot Q_{j,\tau} \right.$$

$$\left. + \sum_{\tau=t-L_1-x_1(t)+1}^{t} D_\tau \right\}$$

$$(2.21)$$

可以发现，第 t 天的净库存水平 IL_t 等于 $B_{t-L_1-x_1(t)}$ 减去大括号内的三个部分，$B_{t-L_1-x_1(t)}$ 对于保障 t 时的服务水平非常重要。事实上，在第 $t-L_1-x_1(t)$ 天给供应商 1 下达的采购订单将在第 $t-x_1(t)$ 天到达，而下一批次的订单将在第 $t-x_1(t)+R$ 天到达。这也就意味着除了第 $t-L_1-x_1(t)$ 天及其之前下达的订单，在 $t-L_1-x_1(t)+1$ 至 $t-x_1(t)+R-1$ 期间没有其他的订单会到达。因此，$B_{t-L_1-x_1}$ 需要应对 $t-L_1-x_1(t)+1$ 至 $t-x_1(t)+R-1$ 期间的库存短缺风险。

2. 覆盖型随机变量

如前所述，若 $t=k\cdot R+\omega$，那么 B_t 需要应对 $(t, t+L_1+R-1]$ 内的库存短缺风险。该周期内第 $t+\eta$ 天的净库存水平 $\mathrm{IL}_{t+\eta}$ 可以表示为

$$\mathrm{IL}_{t+\eta}=B_t-\left\{\sum_{j=1}^{m}\sum_{\tau=t-L_j-x_j(t)+1}^{t}(\mu_{y_j}-y_{j,\tau})\cdot Q_{j,\tau}+\sum_{j=2}^{m}\sum_{\tau=t+\eta-L_j-x_j(t+\eta)+1}^{t}y_{j,\tau}\cdot Q_{j,\tau}+\sum_{\tau=t+1}^{t+\eta}D_\tau\right\}$$
（2.22）

为了方便分析，定义一个新的覆盖随机变量 $\mathrm{CV}_t(\eta)$，即

$$\mathrm{CV}_t(\eta)=\sum_{j=1}^{m}\sum_{\tau=t-L_j-x_j(t)+1}^{t}(\mu_{y_j}-y_{j,\tau})\cdot Q_{j,\tau}+\sum_{j=2}^{m}\sum_{\tau=t+\eta-L_j-x_j(t+\eta)+1}^{t}y_{j,\tau}\cdot Q_{j,\tau}+\sum_{\tau=t+1}^{t+\eta}D_\tau \quad(2.23)$$

$\mathrm{CV}_t(\eta)$ 涵盖了 $(t, t+\eta]$ 内的所有不确定性因素，其中 $L_1\leqslant\eta\leqslant L_1+R-1$。为了保证第 $t+\eta$ 天的服务水平达到 α，B_t 与 SST_t 需要满足如下的条件：

$$\Pr\{\mathrm{CV}_t(\eta)\leqslant B_t\}\geqslant\alpha \quad(2.24)$$

由式（2.23）可知，$\mathrm{CV}_t(\eta)$ 会随着 η 而变化，即意味着 $(t, t+L_1+R-1]$ 内不同周期的库存短缺风险不一样。但是，该周期内的最大库存短缺风险是未知的。为了保证 $(t, t+L_1+R-1]$ 内任意周期的服务水平均可以达到 α，需要使得 B_t 与 SST_t 满足如下条件：

$$B_t=E[\mathrm{CV}_t(\eta^*)]+\xi(\alpha)\cdot\sqrt{\mathrm{Var}[\mathrm{CV}_t(\eta^*)]} \quad(2.25)$$

$$\mathrm{SST}_t=\xi(\alpha)\cdot\sqrt{\mathrm{Var}[\mathrm{CV}_t(\eta^*)]} \quad(2.26)$$

式中，$\eta^*=\arg\max\mathrm{Var}[\mathrm{CV}_t(\eta)]$。

在计算 B_t 与 SST_t 之前，需要得到 $Q_{j,t}$ 与 $\mathrm{CV}_t(\eta)$ 的表达式。由式（2.2）可知，$t=k\cdot R+\omega$ 天时供应商 j 的采购订单 $Q_{j,t}$ 与第 $t-L_j-x_j(t)$ 天的订单 $Q_{j,t-L_j-x_j(t)}$ 相关。它们之间的关系可以表示为

$$Q_{j,t}=\frac{\beta_j}{\mu_{y_j}}\left(\Delta B_t^R+\sum_{\tau=t-R+1}^{t}D_\tau\right)+\frac{y_{j,t-L_j-x_j(t)}-\mu_{y_j}}{\mu_{y_j}}Q_{j,t-L_j-x_j(t)} \quad(2.27)$$

定义变量 $\mathrm{NO}_j=[L_j/R]$，表示在库存盘点期 $t=k\cdot R+\omega$ 时供应商 j 的在途订单

数。当 $k = 0, 1, \cdots, \text{NO}_j$ 时，供应商 j 在 $t = k \cdot R + \omega$ 时的订单 $Q_{j,t}$ 可以表述为

$$Q_{j,t} = \frac{\beta_j}{\mu_{y_j}} \left(\Delta B_t^R + \sum_{\tau=t-R+1}^{t} D_\tau \right) \tag{2.28}$$

通过联立式（2.27）与式（2.28），可以得到供应商 j 在任意库存盘点期 $t = k \cdot R + \omega$ 时的订单 $Q_{j,t}$：

$$Q_{j,t} = \frac{\beta_j}{\mu_{y_j}} \left\{ \left(\Delta B_t^R + \sum_{\tau=t-R+1}^{t} D_\tau \right) + \sum_{k_1=1}^{K} \left[\left(\Delta B_{t-k_1(\text{NO}_j+1)R}^R + \sum_{\tau=t-k_1(\text{NO}_j+1)R-R+1}^{t-k_1(\text{NO}_j+1)R} D_\tau \right) \cdot \prod_{k_2=1}^{k_1} \left(1 - \frac{y_{j,t-k_1(\text{NO}_j+1)R}}{\mu_{y_j}} \right) \right] \right\} \tag{2.29}$$

式中，K 为满足关系式 $\omega \leqslant t - K \cdot (\text{NO}_j + 1) \cdot R \leqslant \text{NO}_j \cdot R + \omega$ 的整数。

最终，可以得到覆盖型随机变量 $\text{CV}_t(\eta)$：

$$\text{CV}_t = \sum_{\tau=1}^{t} \left(\left(\Delta B_t^R + \sum_{\tau=t-R+1}^{t} D_\tau \right) \cdot \left\{ \sum_{j=1}^{m} \left[\beta_j \prod_{k_1=0}^{K_j^1(\tau)} \left(1 - \frac{y_{j,\tau+k_1(\text{NO}_j+1)R}}{\mu_{y_j}} \right) \right] \right. \right.$$
$$\left. \left. + \sum_{j=2}^{m} \left[\beta_j \cdot \frac{y_{j,\tau+K_j^2(\tau)(\text{NO}_j+1)R}}{\mu_{y_j}} \cdot \prod_{k_1=0}^{K_j^2(\tau)-1} \left(1 - \frac{y_{j,\tau+k_1(\text{NO}_j+1)R}}{\mu_{y_j}} \right) \right] \right\} \right) + \sum_{\tau=t+1}^{t+\eta} D_\tau \tag{2.30}$$

式中，$K_j^1(\tau)$ 为满足关系式 $t - L_j - x_j(t) < \tau + K_j^1(\tau) \cdot (\text{NO}_j + 1) \cdot R \leqslant t$ 的整数，而 $K_j^2(\tau)$ 为满足关系式 $t + \eta - L_j - x_j(t + \eta) < \tau + K_j^2(\tau) \cdot (\text{NO}_j + 1) \cdot R \leqslant t$ 的整数。

3. 安全库存水平计算

本章还是采用不动点迭代法来求解非单位盘点周期基本库存策略下的最优基本库存水平 B_t 与安全库存水平 SST_t。如前所述，该求解过程的基础是依据借助于 $\text{CV}_t(\eta^*)$ 来建立 B_t 与 B_{t-1} 的关系式。具体形式表示如下：

$$\text{CV}_t(\eta^*) = (B_t - B_{t-R}) \cdot \sum_{j=1}^{m} \left(\beta_j \cdot \frac{\mu_{y_j} - y_{j,t}}{\mu_{y_j}} \right) + (B_t - B_{t-R}) \cdot \sum_{j=m'+1}^{m} \left(\beta_j \cdot \frac{y_{j,t}}{\mu_{y_j}} \right) + \text{CVR}_t \tag{2.31}$$

$$B_t = \sum_{j=m'+1}^{m} \beta_j \cdot B_t + C_{3,t} + \xi(\alpha) \cdot \sqrt{\sum_{j=1}^{m'} \beta_j^2 \cdot \frac{\sigma_{y_j}^2}{\mu_{y_j}^2} \cdot (B_t - B_{t-R})^2 + C_{2,t}} \tag{2.32}$$

式中，m' 为提前期小于或等于 η^* 的供应商数，由前面的假设可知，这 m' 个供应商即是供应商 $1, 2, \cdots, m'$；CVR_t 为 $\text{CV}_t(\eta^*)$ 中不包含 B_t 的部分；$C_{1,t}$ 与 $C_{2,t}$ 分别为 $\text{CV}_t(\eta^*)$ 的均值与方差，$C_{3,t}$ 可以表示为

$$C_{3,t} = C_{2,t} - \sum_{j=m'+1}^{m} \beta_j \cdot B_{t-R} \tag{2.33}$$

可以发现，由于 η^* 的未知，即使有了式（2.32）关于 B_t 的非线性等式，也难

以直接采用不动点迭代法进行求解。一个解决办法是在迭代计算 B_t 的过程中，以遍历的方式在区间 $[L_1, L_1 + R-1]$ 内搜寻 η^*，以及得到对应的 $\mathrm{CV}_t(\eta^*)$。在假设 $B_0 = B_\omega$ 的基础上，该计算过程具体如下。

1）令 $n = 0$，$t = k \cdot R + \omega$，并定义迭代函数，即

$$\phi(B_t) = \sum_{j=m'+1}^{m} \beta_j \cdot B_t + C_{3,t} + \xi(\alpha) \cdot \sqrt{\sum_{j=1}^{m'} \beta_j^2 \cdot \frac{\sigma_{y_j}^2}{\mu_{y_j}^2} \cdot (B_t - B_{t-R})^2 + C_{2,t}} \qquad (2.34)$$

同时，令迭代指示器 p 等于 0，初始化迭代 $B_{(p)t}$ 为 $B_{(*)t-R}$，其中 $B_{(*)t-R}$ 表示第 $t-R$ 天的求解结果。

2）将 $B_{(p)t}$ 代入式（2.31）中，并以遍历的方式在区间 $[L_1, L_1 + R-1]$ 内搜寻 η^*。

3）依据得到的 $\mathrm{CV}_t(\eta^*)$，按照如下方式来更新第 $p+1$ 代的迭代值，即

$$B^{(p+1)}(t) = \phi(B^{(p)}(t))$$

并令 $p = p + 1$。

4）如果 $p < P$（其中，P 表示终止迭代次数），则返回第 2）步；否则停止迭代过程，当前迭代值 $B_{(p)t}$ 作为第 t 天的解 $B_{(*)t}$，并令 $k = k + 1$，以及返回第 1）步，直至 t 等于 T。

通过上述计算过程，可以得到任意库存盘点期 $t = k \cdot R + \omega$ 时的最优基本库存水平 $B_{(*)t}$。然后，将 $B_{(*)t}$ 代入式（2.31）中来搜寻 η^*，并结合式（2.26）计算相应的安全库存水平 SST_t。

2.2.4　算例分析

算例分析将对比本章提出的安全库存设置方法与 DOS 策略，主要围绕两种方法下的库存水平展开讨论。其中，DOS 策略的计算方法参考 Neale 和 Willems（2015）的研究。

算例主要讨论一个水利工程的粉煤灰供应问题，涉及两个粉煤灰供应商（火力发电厂）和两个施工活动。假设计划期为 1000 天，两个施工活动的粉煤灰需求通过如下方式生成：①通过均匀分布 $U[200, 500]$ 和 $U[400, 700]$ 分别生成需求的均值；②在假设变异系数均为 0.3 的基础上随机产生实际需求量。两个供应商的供应率分别服从均匀分布 $U[0.5, 1.1]$ 和 $U[0.4, 1.2]$，并且两个供应商的提前期为 3 和 7。库存系统的目标服务水平 α 为 99.9%，并假定供应商 1 的订单分配比例 β_1 分别为 0.2、0.4、0.6 和 0.8，以及库存盘点周期 R 分别为 1 天、3 天、5 天、7 天和 9 天。其中，$R = 1$ 对应于单位盘点周期基本库存策略，而其他值则对应于不同的非单位盘点周期基本库存策略。

图 2.2 展示了运用本章提出的安全库存设置方法与 DOS 策略所得到的 400

天（计划期内随机选取的连续阶段）安全库存水平，其供应商 1 的订单分配比例为 0.6。图 2.2 显示，无论库存盘点周期为多少，本章提出的安全库存设置方法下的库存水平总是低于 DOS 策略下的库存水平。

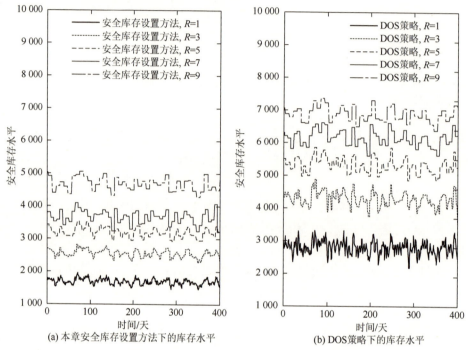

图 2.2　本章安全库存设置方法下的库存水平与 DOS 策略下的库存水平图示对比

表 2.2 给出了本章提出的安全库存设置方法与 DOS 策略的对比结果。在 20 组算例中，本章提出的安全库存设置方法的库存水平均低于 DOS 策略。具体而言，库存水平相对偏差的最小和最大偏差分别为 20.7%与 46.3%，平均相对偏差为 34.3%。综合这些结果来看，相比于 DOS 策略，本章提出的安全库存设置方法可以显著地降低库存水平。

表 2.2　两种安全库存设置方法的库存水平对比

供应商 1 的订单分配比例	供应商 2 的订单分配比例	库存盘点周期	安全库存设置方法	DOS 策略	相对偏差（100%）
0.2	0.8	1	2 039	2 932	30.5
—	—	3	3 251	4 484	27.5
—	—	5	3 729	5 553	32.9
—	—	7	4 202	6 421	34.6
—	—	9	5 091	7 173	29.0

续表

供应商 1 的订单分配比例	供应商 2 的订单分配比例	库存盘点周期	安全库存设置方法	DOS 策略	相对偏差（100%）
0.4	0.6	1	1 730	2 725	36.6
—	—	3	2 721	4 126	34.1
—	—	5	3 230	5 090	36.6
—	—	7	3 642	5 874	38.0
—	—	9	4 538	6 552	30.7
0.6	0.4	1	1 351	2 518	46.3
—	—	3	2 030	3 768	46.1
—	—	5	2 674	4 628	42.2
—	—	7	3 195	5 327	40.0
—	—	9	3 989	5 932	32.8
0.8	0.2	1	1 507	2 311	34.8
—	—	3	2 289	3 410	32.9
—	—	5	2 848	4 166	31.6
—	—	7	3 460	4 780	27.6
—	—	9	4 212	5 312	20.7
	平均值		3 086	4 654	34.3

　　分析发现，出现上述结果主要是存在如下两个原因。第一，本章提出的安全库存设置方法充分地考虑了材料供应的不确定性与需求的非平稳性，准确地度量材料短缺风险，并据此来设置安全库存；而 DOS 策略主要是通过简单地估算来确定安全库存水平，难以控制计算的准确性。第二，本章提出的安全库存设置方法采用后看原则，假定第 t 天的安全库存 SST_t 等于第 $t + L_1$ 天的期望净库存水平，并用于应对 t 至 $t + L_1 - 1$ 期间的材料短缺风险；而 DOS 策略采用前瞻原则，假定第 t 天的安全库存 SST_t 等于第 t 大的期望净库存水平，并用于应对 t 至 $t + L_1 - 1$ 期间的材料短缺风险。如 Neale 和 Willems（2015）所指出的，后看原则有助于实现供需之间的匹配，而前瞻原则则会频繁地导致滑坡效应，难以持续保持供与需的匹配关系，导致库存积压或者短缺。

2.3　大宗材料分拨策略

　　集中库存系统可以降低周转库存水平与安全库存水平，达到节约库存成本的目的。但是，在不确定和动态变化的环境下，该库存系统仍然面临着短缺的风险，无法完全满足施工活动所需的材料。管理人员需要合理地分拨材料，以尽可能减少对工程建设的不利影响。在工程实践中，材料分拨决策大多依赖于管理人员的知识经验，并且与材料库存补货决策完全独立，忽略了材料供应网络与工程进度网络之间的关联关系。为了解决该问题，考虑材料供应网络与工程进度网络的协同，从施工活动的不同属性（进度、成本以及需求）出发，设计五个简单易行的材料分拨策略，并分析不同特征工程进度网络的最适用分拨策略。

2.3.1　问题描述与分析

材料分拨是指在面临短缺困境时，如何将有限数量的材料分拨给施工活动。然而由于材料需求的非平稳性，最优的材料分拨决策是动态变化的，没有明显的特征结构，在工程实践中难以实施应用。一个可行的解决方法是从施工活动的不同属性（进度、需求以及成本）出发，设计简单易行的材料分拨策略来支撑材料分拨决策。然后，以集成的思路来考虑材料库存设置与分拨决策，建立库存管理决策的集成模型，找到特定材料分拨策略下的最优库存计划，以实现相关成本最小化。所得到的最优成本可作为评估材料分拨策略性能的依据，帮助分析不同特征工程进度网络的最适用分拨策略。

本章将对工程进度网络、材料供应网络以及集中库存系统的概念与符号进行阐述。除了表 2.1 的参数符号之外，其他主要符号见表 2.3。

表 2.3　其他主要符号列表

参数符号	符号含义
A_i	施工活动 i，$i = 1, 2, \cdots, n$
P_i	施工活动 i 的紧前活动集合
δ_i	施工活动 i 的计划工期
v_i	施工活动 i 的实际工期
Δ	工程的计划总工期
Δ'	工程的实际总工期
C_i	施工活动 i 的时间直接成本
C_0	工程总工期延迟违约成本
h	库存持有成本

1. 工程进度网络

工程进度网络可以按照如下形式进行描述（Tavares et al.，1999）：①活动集，即 $\{A_1, A_2, \cdots, A_n\}$，其中 n 为施工活动数；②活动之间的前后序关系，即 $\{P_1, P_2, \cdots, P_n\}$，其中 P_i 为活动 i 的紧前活动集合；③活动的其他具体信息，如工期 δ_i、成本 C_i 以及需求 d_i。需要说明的是，这里的成本是指施工活动与时间相关的直接成本，简称为时间直接成本。

对于工程进度网络，相关的假设具体为：①施工活动的材料需求服从正态分布，即 $d_{i,t} \sim N(\mu_{d_{i,t}}, \ \sigma_{d_{i,t}}^2)$，其中 $\mu_{d_{i,t}}$ 和 $\sigma_{d_{i,t}}$ 分别表示均值与标准差。②施工活动的材料需求不允许部分满足，即第 t 天活动 i 分拨得到的材料量 $R_{j,t}$ 要么等于需求 $d_{j,t}$，要么等于 0。③不考虑赶工因素，只有第 t 天活动 i 的需求 $d_{i,t}$ 得到满足之后，才能将施工计划推进到下一阶段；反之，第 $t+1$ 天仍然执行当前阶段的施工计划。④若施工活动 i 的实际工期 v_i 超过了计划工期 δ_i，则会导致相应的时间直接成本 $C_i \cdot (v_i - \delta_i)$。⑤若工程建设的实际总工期 Δ' 超过了计划总工期 Δ，则会导致相应的总工期延迟违约成本 $C_0 \cdot (\Delta' - \Delta)$。

2. 材料供应网络

与 2.2.1 小节阐述的内容一致，计划期内有 m 个供应商。同时，对于任意供应商 j：①提前期 L_j 为非零常数；②订单分配比例为 β_j；③供应率 $y_{j,t}$ 服从均匀分布 $U[l_j, u_j]$；④订单 $Q_{j,t}$ 所对应的实际供应量为 $y_{j,t} \cdot Q_{j,t}$。

3. 集中库存系统

对于集中库存系统，相关的假设为：①采用单位盘点周期基本库存策略；②采用式（2.1）所示的线性放大订货策略向供应商下达订单；③当面临短缺困境时，采用优先级形式的分拨策略将有限数量的材料分拨给施工活动；④任意周期末的材料净库存都会带来相应的持有成本，其中单位时间、单位数量的库存持有成本为 h。任意周期库存管理的事件流程如下。

1）在第 t 天初，各供应商在第 $t-L_j$ 天的订单 $Q_{j,t-L_j}$ 到达。此时的净库存水平 IL_t 可以表示为

$$\mathrm{IL}_t = \mathrm{IH}_{t-1} + \sum_{j=1}^{m} y_{j,t-L_j} \cdot Q_{j,t-L_j} \qquad (2.35)$$

式中，IH_{t-1} 为第 $t-1$ 天末的净库存水平。

2）随后材料管理部门汇总各施工活动的实际需求 $d_{i,t}$，并根据净库存水平与分拨策略决定各个活动的材料分拨量 $R_{i,t}$。该过程包括如下两种情况：①总需求量小于或等于净库存水平，则材料管理部门可以直接地满足所有施工活动的材料需求；②总需求量大于净库存水平，则材料管理部门需要依据既定的分拨策略来决定各个活动的分拨优先级，并按照优先级次序依次分拨材料。此时，各施工活动的材料分拨量 $R_{i,t}$ 可以表示为

$$R_{i,t} = \begin{cases} d_{i,t} \cdot I(d_{i,t} - \mathrm{IL}_{t,f}), & \phi_{1,t} = i \\ d_{i,t} \cdot I\left(d_{i,t} + \sum_{l=1}^{k-1} R_{l,t} - \mathrm{IL}_{t,f} \right), & \phi_{k,t} = i, \quad k \geq 2 \end{cases} \qquad (2.36)$$

式中，$\{\phi_{1,t}, \phi_{2,t}, \cdots, \phi_{n,t}\}$ 为第 t 天的材料分拨优先级次序，是由材料分拨策略决定的（2.3.3 小节将会设计和分析不同的分拨策略）。$I(\cdot)$ 为指示函数，具体形式为

$$I(x) = \begin{cases} 1, & x \geqslant 0 \\ 0, & x < 0 \end{cases} \qquad (2.37)$$

材料分拨完成之后的净库存水平 IH_t 可以表示为

$$\mathrm{IH}_t = \mathrm{IL}_t - \sum_{i=1}^{n} R_{i,t} \qquad (2.38)$$

3）第 t 天末，材料管理部门向供应商下达订单以提升库存位势至既定的基本库存水平 B_t。在线性放大订货策略下，供应商 j 的订单 $Q_{j,t}$ 可以表示为

$$Q_{j,t} = \frac{\beta_i \left(\sum_{i=1}^{n} R_{i,t} + \Delta B_t \right) - (y_{j,t-L_j} - \mu_{y_j}) \cdot Q_{j,t-L_j}}{\mu_{y_j}} \qquad (2.39)$$

上述过程将在计划期内重复执行。

2.3.2　库存管理决策的集成模型

本章将统筹考虑材料库存设置与分拨决策问题，以材料库存持有成本、施工活动时间直接成本以及工程总工期延迟违约成本之和最小化为目标，建立库存管理决策的集成模型。

1. 目标函数

该集成模型的目标函数为

$$C_{\text{total}} = \sum_{t=1}^{T} h \cdot \mathrm{IH}_t + \sum_{i=1}^{n} C_i (v_i - \delta_i) + C_0 (\Delta' - \Delta) \qquad (2.40)$$

式中，该目标函数的三个组成部分分别为：①材料库存持有成本 $\sum_{t=1}^{T} h \cdot \mathrm{IH}_t$；②施工活动时间直接成本 $\sum_{i=1}^{n} C_i (v_i - \delta_i)$；③工程总工期延迟违约成本 $C_0 (\Delta' - \Delta)$。

2. 约束条件

为了保证工程建设能够完成（无论延期与否），计划期内的材料供应累积量需要大于或等于需求累积量。从理论上来讲，在不确定性环境下难以保证该条件成立。故而采用如下的形式来表述该约束条件：

$$\mathrm{Pro} \left(\sum_{j=1}^{m} \sum_{t=1}^{T} y_{j,t} \cdot Q_{j,t} \geqslant \sum_{i=1}^{n} \sum_{t=1}^{T} d_{i,t} \right) \geqslant \gamma \qquad (2.41)$$

式（2.41）所表达的含义是供应累积量不小于需求累积量的概率需要不小于给定的阈值 γ（如 99.8%）。当满足该约束条件之后，相应的库存管理决策才能称为可行的。

3. 决策变量

该集成模型包含了两个决策事项，即库存补货决策（第 t 天的基本库存水平 B_t）与分拨决策（第 t 天的分拨优先级次序 $\{\phi_{1,t}, \phi_{2,t}, \cdots, \phi_{n,t}\}$）。然而如前所述，任意周期的分拨优先级次序将由既定的材料分拨策略得到，故只保留库存补货决策作为决策变量，即该集成模型变为求解给定分拨策略下的最优库存补货决策。

2.3.3　材料分拨策略与工程进度网络描述指标

1. 材料分拨策略

在材料分拨决策中，需要确定各个施工活动的材料分拨量。施工活动之间具有多方面的差异，如进度计划、成本以及材料需求。将材料优先分拨给不同的施工活动将出现不同的结果。为此，从施工活动的进度、成本以及需求属性出发，设计五个简单易行的材料分拨策略，即进度分拨策略、成本分拨策略、需求分拨策略、进度-成本分拨策略以及进度-需求分拨策略。

（1）进度分拨策略

进度分拨策略是指按照施工活动所处路径的长度的降序来赋予分拨优先级。施工活动在工程进度网络中所处路径越长，当其停工待料时工程总工期越可能发生延迟。为较长路径上的施工活动赋予较高的分拨优先级，可以有效地保障工程总工期。

（2）成本分拨策略

成本分拨策略是按照施工活动的时间直接成本的降序来赋予分拨优先级。当施工活动停工待料时，虽然不一定会造成工程总工期的延迟和相应的违约成本，但是一定会造成自身时间直接成本的增加。成本分拨策略的目标即是从工程项目整体的角度来降低施工活动的时间直接成本。在一般的库存分拨问题中，当需求主体的缺货成本相差较大、需求差异较小时，这种分拨策略非常接近最优策略（Alptekinoğlu et al., 2013）。

（3）需求分拨策略

需求分拨策略是按照施工活动的实际需求量的升序来赋予分拨优先级。该策略最显著的特点是可以利用有限数量的材料保障最多的施工活动如期按进度计划执行。Alptekinoğlu 等（2013）指出在需求的差异比较小的情况下，需求分拨策略即是最优策略或近似最优策略。

（4）进度-成本分拨策略

进度-成本分拨策略是一个混合形式的分拨策略。在该分拨策略下，关键路径上的施工活动将被赋予最高优先级，而剩余的施工活动则依据时间直接成本的降序来赋予相应优先级。

（5）进度-需求分拨策略

进度-需求分拨策略也是一个混合形式的分拨策略。在该分拨策略下，关键路径上的施工活动被赋予最高优先级，剩余的施工活动则依据实际需求量的升序来赋予相应优先级。

2. 工程进度网络描述指标

上述五个分拨策略简单易行，并各具特点，为材料分拨决策提供了丰富的选择。接下来的工作是为不同特征的工程进度网络找到最适用的分拨策略。为此，需要设计一个工程进度网络的定量描述指标，并以具有不同指标值的工程进度网络作为算例，对上述分拨策略进行对比分析。

本章提出的五个分拨策略都属于贪婪分拨策略。在贪婪分拨策略中，向缺货成本最大的需求者赋予最低的优先级次序会导致非常高的库存水平与总成本。

目前，项目调度领域已经有多种工程进度网络定量描述指标，包括串/并行度（Tavares et al.，1999）、网络复杂系数（Davies，1973）、秩序强度（Dar-El，1973）、复杂指数（Bein et al.，1992）、资源系数（Cooper，1976）以及资源利用指数（Demeulemeester et al.，2003）等。这些指标主要用于表征工程进度网络的规模大小、拓扑结构、资源稀缺度，以及相应的调度优化复杂性，没有体现材料分拨决策时需要考虑的要素。为此，提出一个新的工程进度网络定量描述指标，即路径偏差（path difference，PD）。该指标是指工程进度网络中关键路径与最长非关键路径的相对长度偏差，即 $(P_C-P_N)/P_C\times100\%$。其中，P_C 为关键路径的长度，P_N 为最长非关键路径的长度。

路径偏差反映了哪些施工活动在发生相对较短时间的停工时会导致工程总工期的延迟。关键路径上的施工活动肯定属于该类施工活动。此外，对于路径偏差相对较小的工程进度网络而言，其最长非关键路径上的施工活动属于该类施工活动；而对于路径偏差相对较大的工程进度网络而言，则其最长非关键路径上的施工活动不属于该类施工活动。这意味着，当工程进度网络的路径偏差不同时，所适用的分拨策略也将具有一定的差异。找到其中的对应关系是本书的研究重点，后面的算例分析也将围绕该工作来展开。

此外，工程进度网络的路径偏差与浮动时间具有明显的不同。浮动时间可以反映关键路径与最长非关键路径的绝对长度偏差。但是，该绝对偏差难以反映哪些施工活动在发生相对较短时间的停工时会导致工程总工期的延迟。举例而言，给定两个均只包含两条路径的工程进度网络，前者的两条路径长度分别为 6 和 3，后者的长度分别为 30 和 27。虽然它们的浮动时间大小相同，但是在发生相对较短时间的停工时，第一个工程进度网络中只有关键路径上的施工活动会导致工程总工期的延迟，而第二个工程进度网络中两条路径上的施工活动均可能导致工程总工期的延迟。与此相反，两个工程进度网络的路径偏差（分别为 50% 与 10%）则可以在一定程度上反映该情况。正是因为如此，本章才提出新的工程进度网络描述指标，而不是直接采用浮动时间指标。

2.3.4　仿真优化方法

由于供应的不确定性与需求的非平稳性，难以采用解析的方法求解上述集成模型。针对这类带有随机性与动态性的优化问题，仿真优化方法是一个可行的求解手段。一般而言，仿真优化方法主要包括两个部分，即仿真模块与优化模块。这两个模块之间的迭代组合可以有效地解决复杂优化问题。

本章将采用仿真优化方法求解上述集成模型，并评估材料分拨策略。参照 Duan 和 Liao（2013）提出的框架结构，利用遗传算法设计如图 2.3 所示的仿真优化框架结构。在给定工程进度计划、供应商信息、库存补货策略以及材料分拨策略的基础上，若干候选解将随机产生，并由仿真模块进行评估；随后，这些评估结果将提供给基于遗传算法的优化模块，搜索新的解。这个过程将迭代地执行，直至终止条件得到满足。

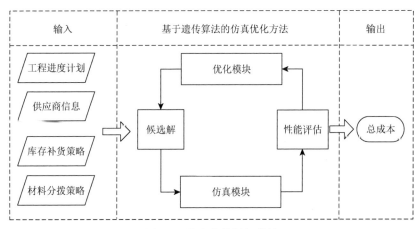

图 2.3　仿真优化框架结构

1. 仿真模块

仿真模块用于对候选解进行仿真与评估，包括检查约束条件满足情况与计算适应度，具体的仿真过程如图 2.4 所示。对于每一个候选解 $\boldsymbol{B}^k$ 仿真 3000 次，并统计累积材料供应量不小于累积需求量的概率 $\mathrm{Pro}(\boldsymbol{B}^k)$ 与累积材料供应量不小

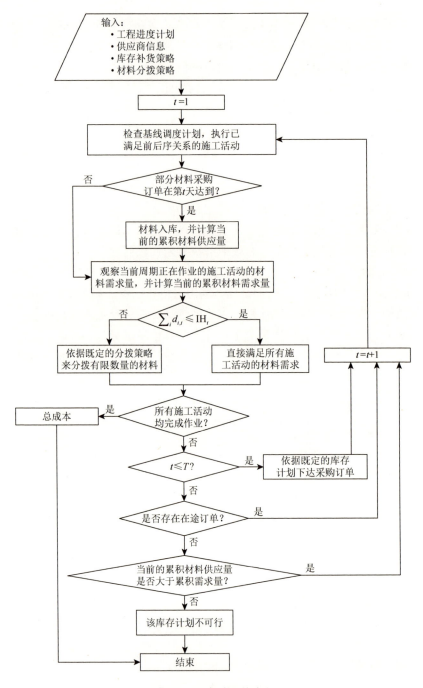

图 2.4　仿真过程的流程

于累积需求量时的平均总成本 $C_{\text{total}}(\boldsymbol{B}^k)$。这些结果将被传递给优化模块，以辅助其进行启发式搜索。

2. 优化模块

优化模块是利用遗传算法来设计的，用于搜索最优库存计划。遗传算法是一种通过模拟自然进化过程来搜索最优解或者近似最优解的方法。给定由若干解（编码为染色体）组成的初始种群，遗传算法将迭代地执行如下三个关键步骤：①评估每个染色体的适应度值；②依据适应度评估结果选择部分染色体作为父代；③对父代染色体进行交叉和变异操作，获得下一代种群。这些代表新解集的下一代种群通常会优于上一代种群，并最终逐渐逼近问题的最优解或近似最优解。目前，遗传算法被广泛地应用于解决工程材料管理的相关问题，包括采购和存放布局优化（Said and El-Rayes，2010）、交货计划优化（Georgy and Basily，2008）等。

（1）染色体编码和初始种群生成

实数编码方式，即直接使用实数对决策变量进行编码。相比于二进制编码与格雷编码遗传算法，实数编码遗传算法具有更快的收敛性、更少的计算复杂度，并可以消除"海明悬崖"问题（Deb，2001；Deep et al.，2009）。遗传算法的种群规模为 Q（设定为 100）。随后，在下界 $\boldsymbol{B}_{\text{LB}}$ 与上界 $\boldsymbol{B}_{\text{UB}}$ 内随机生成 Q 个染色体，以作为初始种群。其中，下界与上界可以分别表示为 $\boldsymbol{B}_{\text{LB}} = \{B_{1,\text{LB}}, B_{2,\text{LB}}, \cdots, B_{T,\text{LB}}\}$ 与 $\boldsymbol{B}_{\text{UB}} = \{B_{1,\text{UB}}, B_{2,\text{UB}}, \cdots, B_{T,\text{UB}}\}$。

为了计算上下界值 $B_{t,\text{UB}}$ 与 $B_{t,\text{LB}}$，需要得到第 t 天材料供应服务水平的上下界值 $\alpha_{t,\text{UB}}$ 与 $\alpha_{t,\text{LB}}$。基于 van Houtum 等（1996）提出的短缺成本与服务水平之间的关系，依据如下公式来估算得到 $\alpha_{t,\text{UB}}$ 与 $\alpha_{t,\text{LB}}$，即

$$\alpha_{t,\text{UB}} = \frac{C_{t,\text{MAX}} + C_0}{C_{t,\text{MAX}} + C_0 + h} \tag{2.42}$$

$$\alpha_{t,\text{LB}} = \frac{C_{t,\text{MIN}}}{C_{t,\text{MIN}} + h} \tag{2.43}$$

式中，$C_{t,\text{MAX}}$、$C_{t,\text{MIN}}$ 分别为第 t 天处于作业状态的施工活动的时间直接成本最大值与最小值。得到 $\alpha_{t,\text{UB}}$ 与 $\alpha_{t,\text{LB}}$ 之后，便可以利用 2.2 节提出的安全库存设置方法来计算相应的基本库存水平 $B_{t,\text{UB}}$ 与 $B_{t,\text{LB}}$。图 2.5 给出了染色体 $\boldsymbol{B}^k = \{B_1^k, B_2^k, \cdots, B_T^k\}$ 的编码图示，其中基因 B_t^k 是在区间 $[B_{t,\text{LB}}, B_{t,\text{UB}}]$ 内随机产生。

B_1^k	B_2^k	B_3^k	B_4^k	B_5^k	...	B_T^k

图 2.5　染色体 $\boldsymbol{B}^k$ 编码图示

（2）基于惩罚函数法的适应度评估

依据仿真模块提供的仿真结果，优化模块将采用惩罚函数法来评估个体适应度。具体而言，若 $\mathrm{Pro}(\boldsymbol{B}^k) \geqslant \gamma$，则认为该个体是可行的，并令其适应度为 $1/C_{\mathrm{total}}(\boldsymbol{B}^k)$；反之，则认为该个体是不可行的，并令其适应度为 $1/\{C_{\mathrm{total}}^{\mathrm{worst}} + P \cdot [\gamma - \mathrm{Pro}(\boldsymbol{B}^k)]\}$。其中，$C_{\mathrm{total}}^{\mathrm{worst}}$ 为当前种群中最差可行个体的总成本，P 为个体所对应的 $\mathrm{Pro}(\boldsymbol{B}^k)$ 未达到 γ 时的惩罚系数（设定为 5×10^8）。个体 $\boldsymbol{B}^k$ 的适应度 f_k 可以表示为

$$f_k = \begin{cases} 1/C_{\mathrm{total}}(\boldsymbol{B}^k), & \mathrm{Pro}(\boldsymbol{B}^k) \geqslant \gamma \\ 1/\{C_{\mathrm{total}}^{\mathrm{worst}} + P \cdot [\gamma - \mathrm{Pro}(\boldsymbol{B}^k)]\}, & \mathrm{Pro}(\boldsymbol{B}^k) < \gamma \end{cases} \tag{2.44}$$

（3）交叉操作

采用算术交叉算子（Du and Swamy，2016）对个体进行交叉操作。首先，以一定的交叉概率（设定为 0.90）在当前种群中选择若干个体；其次，给定任意两个被选中的个体 $\boldsymbol{B}^1 = (B_1^1, B_2^1, \cdots, B_T^1)$ 与 $\boldsymbol{B}^2 = (B_1^2, B_2^2, \cdots, B_T^2)$，以及一个满足[0, 1]均匀分布的随机变量 β，产生两个新的个体 $\mathbf{OB}^1 = (\mathrm{OB}_1^1, \mathrm{OB}_2^1, \cdots, \mathrm{OB}_T^1)$ 与 $\mathbf{OB}^2 = (\mathrm{OB}_1^2, \mathrm{OB}_2^2, \cdots, \mathrm{OB}_T^2)$：

$$\begin{aligned} \mathrm{OB}_t^1 &= \beta B_t^1 + (1 - \beta) B_t^2 \\ \mathrm{OB}_t^2 &= \beta B_t^2 + (1 - \beta) B_t^1 \end{aligned} \tag{2.45}$$

（4）变异操作

采用高斯变异算子（Schwefel，1981）对个体进行变异操作。首先，以一定的变异概率（设定为 0.10）在当前种群中选择若干个体与基因；其次，给被选中的个体 $\boldsymbol{B}^k$ 的基因 B_t^k 加上一个随机产生的高斯变量，以产生新的基因 OB_t^g 与个体 $\mathbf{OB}^g$，即

$$\mathrm{OB}_t^g = B_t^k + N(0, \sigma_t^2) \tag{2.46}$$

式中，σ_t 等于 $0.1 \times (B_{t,\mathrm{UB}} - B_{t,\mathrm{LB}})$。如果上述交叉操作与变异操作所产生的新基因超出了上下界，则其将被赋值为相对应的上下界值。

（5）选择操作

采用 Paul 和 Rajendran（2011）提出的选择方法来产生下一代种群。具体而言，依据适应度对当前种群中的父代个体与遗传操作所产生的子代个体进行排序，选择前 Q 个适应度较大的个体来构成下一代种群。选择操作将与适应度评估、交叉操作以及变异操作等迭代地执行，以逐渐提升种群的质量，并获得问题的最优解或者近似最优解。

2.3.5　算例设计与结果分析

1. 算例设计

为了对上述五个材料分拨策略进行详细的对比分析，设计了一个包含 200 个虚拟工程进度网络的算例数据集。该数据集由四组工程进度网络（P1、P2、P3、P4）组成，其中每组的个数均为 50。图 2.6 呈现了这 200 个工程进度网络相同的拓扑结构，其中活动 1～12 分别表示虚拟的开始活动和结束活动。在设计这四组工程进度网络时，通过调整活动的计划工期，以保证路径偏差分别为 3.3%、10%、20%、30%。表 2.4 给出了这四组工程进度网络的计划工期。此外，工程进度网络的成本与需求参数按照如下方式产生：①在区间[12 000, 30 000]内随机产生施工活动的时间直接成本；②在区间[150, 250]内随机产生施工活动的时间直接成本与材料需求均值之间的比例；③计算得到施工活动的材料需求均值（假设施工活动的材料需求变异系数均为 0.2）。P1 组中某个随机选取的工程进度网络的成本与需求信息见表 2.5。

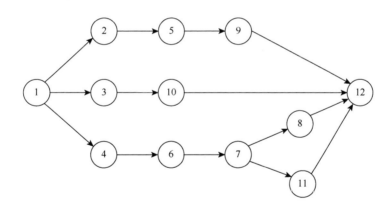

图 2.6　200 个虚拟工程进度网络相同的拓扑结构（Vanhoucke，2010）

表 2.4　四组工程进度网络的计划工期

工程进度网络	2	3	4	5	6	7	8	9	10	11
P1	8	10	8	7	6	6	10	15	13	5
P2	8	10	8	7	6	6	7	15	13	5
P3	8	10	8	7	6	6	4	15	13	4
P4	8	10	6	7	5	6	4	15	11	4

注：1 和 12 为虚拟活动，工期均为 0，未在表中列出

表 2.5　P1 组中某个随机选取的工程进度网络的成本与需求信息

施工活动	时间直接成本（×10⁴）	每日材料需求的均值
2	1.59	75、63、87、76、98、76、84、66
3	1.34	69、64、78、81、68、76、67、73、80、74
4	2.85	121、120、126、125、122、131、139、125
5	2.47	117、100、94、109、111、130、148
6	2.20	134、109、96、125、124、123
7	1.76	99、71、96、87、76、71
8	1.50	88、66、66、82、90、77、84、65、92
9	2.32	118、126、89、134、130、94、117、106、119、110、111、98、102、88、141
10	2.98	137、148、118、147、142、134、129、122、140、120、114、141、137
11	1.51	84、82、74、73、88

　　假设计划期内一共有三个材料供应商，其相关参数为：①提前期分别为 2、4、3；②随机供应率的分布分别为 $U[0.5, 1.0]$、$U[0.4, 1.1]$ 及 $U[0.6, 1.0]$；③订单分配比例分别为 0.35、0.25、0.45。此外，单位数量、单位时间的材料库存持有成本为 50，单位时间的总工期延迟违约成本为工程进度网络中所有施工活动的时间直接成本之和的 8%。

2. 结果分析

　　对于表 2.5 所示的工程进度网络，在进度分拨策略、成本分拨策略、需求分拨策略、进度-成本分拨策略以及进度-需求分拨策略下的最优基本库存水平与总成本如图 2.7 所示。从图 2.7 中可以看出，五个分拨策略下的基本库存水平差别较为明显，并且对应的总成本分别为 52.48×10^4、55.51×10^4、65.29×10^4、53.33×10^4 与 55.92×10^4。可以发现，对于该工程进度网络而言，进度分拨策略是最佳的。

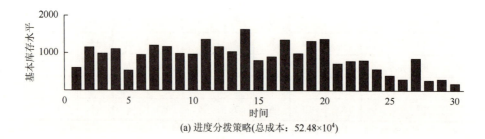

(a) 进度分拨策略(总成本：52.48×10^4)

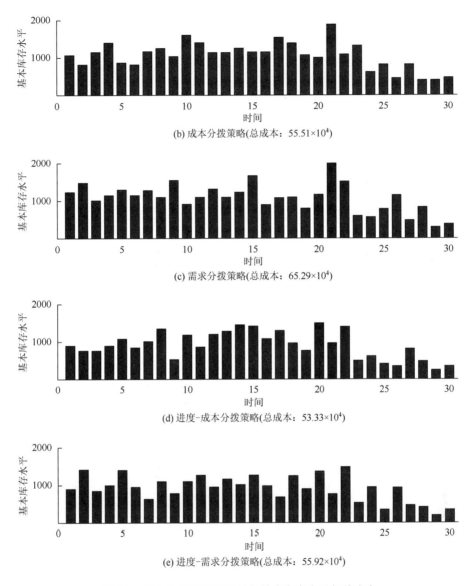

图 2.7　五个分拨策略下的最优基本库存水平与总成本

　　表 2.6 给出了 P1 组中随机选取的 25 个工程进度网络在进度分拨策略、成本分拨策略、需求分拨策略、进度-成本分拨策略以及进度-需求分拨策略下的最优成本。五个分拨策略下的平均成本分别为 51.18×10^4、60.08×10^4、63.55×10^4、53.77×10^4 及 54.73×10^4。为了对五个分拨策略进行直观的对比分析，选取进度分拨策略作为基准，并分别计算其他策略关于进度分拨策略的相对成本偏差。结果显示，成本分拨策略、需求分拨策略、进度-成本分拨策略以及进度-需求分拨策

略相对于进度分拨策略的相对成本偏差变化范围分别为 4.36%～32.69%、10.93%～37.96%、−2.67%～13.77%以及−1.52%～14.03%，均值分别为 17.34%、24.29%、5.06%以及 6.96%。从总体上来看，对于这 25 个工程进度网络而言，进度分拨策略是最适用的。

表 2.6　五个分拨策略在 25 个工程进度网络下的对比结果

项目	总成本（×10⁴）					相对成本偏差			
	进度分拨策略	成本分拨策略	需求分拨策略	进度-成本分拨策略	进度-需求分拨策略	成本分拨策略	需求分拨策略	进度-成本分拨策略	进度-需求分拨策略
1	55.40	59.45	68.68	57.73	60.10	7.31%	23.97%	4.21%	8.48%
2	55.28	57.69	69.46	55.53	55.62	4.36%	25.65%	0.45%	0.62%
3	49.09	52.26	56.62	50.28	49.60	6.46%	15.34%	2.42%	1.04%
4	52.53	66.18	58.27	54.68	56.22	25.99%	10.93%	4.09%	7.02%
5	49.05	63.06	64.23	47.74	52.99	28.56%	30.95%	−2.67%	8.03%
6	50.38	54.48	59.43	52.65	53.38	8.14%	17.96%	4.51%	5.95%
7	52.48	55.51	65.29	53.33	55.92	5.77%	24.41%	1.62%	6.55%
8	50.13	58.90	58.94	51.53	53.03	17.49%	17.57%	2.79%	5.78%
9	54.63	67.18	63.40	53.73	56.55	22.97%	16.05%	−1.65%	3.51%
10	56.44	74.89	75.42	63.21	64.36	32.69%	33.63%	12.00%	14.03%
11	53.38	57.24	67.84	56.78	58.19	7.23%	27.09%	6.37%	9.01%
12	45.49	51.01	62.76	48.15	50.41	12.13%	37.96%	5.85%	10.82%
13	50.18	55.85	63.31	57.09	54.04	11.30%	26.17%	13.77%	7.69%
14	51.70	65.45	63.48	53.84	53.70	26.60%	22.79%	4.14%	3.87%
15	53.56	64.85	61.53	55.75	55.70	21.08%	14.88%	4.09%	4.00%
16	54.05	63.67	64.04	56.63	53.23	17.80%	18.48%	4.77%	−1.52%
17	47.21	54.08	59.16	49.97	52.30	14.55%	25.31%	5.85%	10.78%
18	43.75	51.41	58.07	45.35	46.94	17.51%	32.73%	3.66%	7.29%
19	50.36	56.19	60.72	51.85	55.36	11.58%	20.57%	2.96%	9.93%
20	53.45	70.02	69.16	59.57	59.99	31.00%	29.39%	11.45%	12.24%
21	50.19	55.87	65.21	52.12	56.02	11.32%	29.93%	3.85%	11.62%
22	50.10	52.75	63.82	54.62	54.24	5.29%	27.39%	9.02%	8.26%
23	45.83	58.42	58.45	50.19	48.37	27.47%	27.54%	9.51%	5.54%
24	56.13	71.29	70.57	59.36	60.48	27.01%	25.73%	5.75%	7.75%
25	48.76	64.32	60.88	52.52	51.60	31.91%	24.86%	7.71%	5.82%
平均值	51.18	60.08	63.55	53.77	54.73	17.34%	24.29%	5.06%	6.96%

　　本章提出的五个分拨策略都属于贪婪分拨策略。在贪婪分拨策略中，向缺货成本最大的需求者赋予最低的优先级次序会导致非常高的库存水平与总成本。对于 P1 组工程进度网络，相对较小的路径偏差（3.3%）意味着关键路径与最长非关键路径的长度非常接近。这两条路径上的施工活动发生相对较短时间的停工时，都可能会导致工程总工期的延迟。如果给这两条路径上的施工活动赋予较低的优先级次序，那么可能导致非常高的库存水平与总成本。幸运的是，进度分拨策略始终可以避免发生该情况，而其他策略则无法做到。因此，进度分拨策略在 P1 组大部分工程进度网络下是最优的。只有在少数情况下，如第 5、第 9 以及第 16 个工程进度网络中，进度-成本分拨策略与进度-需求分拨策略表现更佳。

　　表 2.7 给出了五个分拨策略在四组工程进度网络下的平均成本与相对偏差。结果显示，对于四组工程进度网络，成本分拨策略和需求分拨策略的相对成本偏差变化范围分别为 14.94%～17.43% 与 16.86%～22.66%；进度-成本分拨策略在 P1 和 P2 组工程进度网络下的相对偏差均为正的（3.57% 与 0.83%），而在 P3 和 P4 组工程进度网络下的相对偏差均为负的（−1.21% 与 −0.98%）；进度-需求分拨策略在四组工程进度网络下的相对偏差从 4.12% 逐渐减小至 1.21%～1.60% 附近。总结发现，对于路径偏差较小的工程进度网络而言，进度分拨策略最适用；而对于路径偏差较大的工程进度网络而言，进度-成本分拨策略最适用。

表 2.7　四组工程进度网络在五个分拨策略下的平均成本与相对偏差

项目	总成本（×10⁴）					相对成本偏差			
	进度分拨策略	成本分拨策略	需求分拨策略	进度-成本分拨策略	进度-需求分拨策略	成本分拨策略	需求分拨策略	进度-成本分拨策略	进度-需求分拨策略
P1	52.16	61.25	63.98	54.02	54.31	17.43%	22.66%	3.57%	4.12%
P2	51.88	60.15	61.86	52.31	53.65	15.94%	19.24%	0.83%	3.41%
P3	51.19	59.09	60.77	50.57	51.81	15.43%	18.71%	−1.21%	1.21%
P4	53.21	61.16	62.18	52.69	54.06	14.94%	16.86%	−0.98%	1.60%

　　该条结论前半部分的原因已经在前面分析过了，该处只对后半部分的原因展开讨论。对于路径偏差较大的工程进度网络而言，关键路径与最长非关键路径的长度差距相对明显。为关键路径上的施工活动赋予高优先级便可以有效地避免工程总工期的延迟。非关键路径上的施工活动发生相对较短时间的停工时并不会导致工程工期延迟，它们的缺货成本即为各自的时间直接成本。此时，应用进度-成本分拨策略可以始终为缺货成本较大的施工活动赋予较高的优先级次序，而进度分拨策略与进度-需求分拨策略无法完全做到。故而，进度-成本分拨策略的成本会低于其他分拨策略。

最后，进一步解释为什么表 2.6 中的部分工程进度网络下进度-成本分拨策略和进度-需求分拨策略的成本会低于进度分拨策略。实际上，P2、P3 以及 P4 组工程进度网络也存在类似情况。通过对这些工程进度网络进行观察和分析，发现了一个共同的特征：越短路径上的施工活动具有越大的时间直接成本或者越小的材料需求量。对于这类工程进度网络而言，采用进度分拨策略可能给时间直接成本较高的施工活动赋予较低的优先级次序，或者将有限数量的材料分拨给少数几个需求量较高的施工活动，导致总成本的增加。与此相反，进度-成本分拨策略和进度-需求分拨策略受该特征的影响相对较小，使得相应的总成本会低于进度分拨策略。基于这些发现与分析，可以总结得到如下的结论：对于某些工程进度网络，若越短路径上的施工活动具有越大的时间直接成本（或越小的材料需求量），则无论其路径偏差的大小为多少，进度-成本分拨策略（或进度-需求分拨策略）是最适用的。

参 考 文 献

陈长彬. 2013. 供应链与物流管理. 北京：清华大学出版社.

费奇, 陈学广, 王红卫, 等. 2011. 综合集成研讨厅在大型工程物流中的应用——三峡工程散装水泥/粉煤灰实时调
　　运指挥系统. 系统工程理论与实践, 31（专刊 1）：171-180.

黄明辉, 於崇东. 2004. 三峡工程水泥供应保障体系. 中国三峡建设, 2：56, 57.

乐云, 谢坚勋, 翟翌, 等. 2013. 建设工程项目管理. 北京：科学出版社.

乐云, 张云霞, 李永奎. 2014. 政府投资重大工程建设指挥部模式的形成、演化及发展趋势研究. 项目管理技术,
　　12（9）：9-13.

李博, 于宁. 2017. 高速铁路集中采购供应模式研究. 管理观察, 5：22-29.

刘菁, 刘伊生, 李建玲. 2009. 基于全行业视角的铁路工程物资集中采购供应系统构建研究. 物流技术, 28（7）：
　　26-29.

赵晓波, 黄四民. 2008. 库存管理：Inventory Management. 北京：清华大学出版社.

周永务. 2009. 库存控制理论与方法. 北京：科学出版社.

Alptekinoğlu A, Banerjee A, Paul A, et al. 2013. Inventory pooling to deliver differentiated service. Manufacturing &
　　Service Operations Management, 15（1）：33-44.

Aquilano N J, Smith D E. 1980. A formal set of algorithms for project scheduling with critical path scheduling/material
　　requirements planning. Journal of Operations Management, 1（2）：57-67.

Arslan H, Graves S C, Roemer T A. 2007. A single-product inventory model for multiple demand classes. Management
　　Science, 53（9）：1486-1500.

Bein W W, Kamburowski J, Stallmann M F M. 1992. Optimal reduction of two-terminal directed acyclic graphs. SIAM
　　Journal on Computing, 21（6）：1112-1129.

Bollapragada S, Morton T E. 1999. Myopic heuristics for the random yield problem. Operations Research, 47（5）：
　　713-722.

Clark A J, Scarf H. 1960. Optimal policies for a multi-echelon inventory problem. Management Science, 6（4）：475-490.

Cooper D F. 1976. Heuristics for scheduling resource-constrained projects: an experimental investigation. Management

Science，22（11）：1186-1194.

Dar-El E M. 1973. MALB：a heuristic technique for balancing large single-model assembly lines. AIIE Transactions，5（4）：343-356.

Davies E M. 1973. An experimental investigation of resource allocation in multiactivity projects. Operational Research Quarterly，587-591.

de Kok A G. 1990. Hierarchical production planning for consumer goods. European Journal of Operational Research，45（1）：55-69.

Deb K. 2001. Multi-objective Optimization Using Evolutionary Algorithms. New York：John Wiley & Sons.

Deep K，Singh K P，Kansal M L，et al. 2009. A real coded genetic algorithm for solving integer and mixed integer optimization problems. Applied Mathematics and Computation，212（2）：505-518.

Demeulemeester E，Vanhoucke M，Herroelen W. 2003. RanGen：a random network generator for activity-on-the-node networks. Journal of Scheduling，6（1）：17-38.

Deshpande V，Cohen M A，Donohue K. 2003. A threshold inventory rationing policy for service-differentiated demand classes. Management Science，49（6）：683-703.

Dodin B，Elimam A A. 2001. Integrated project scheduling and material planning with variable activity duration and rewards. IIE Transactions，33（11）：1005-1018.

Du K L，Swamy M N S. 2016. Search and Optimization by Metaheuristics. Berlin：Springer International Publishing.

Duan Q，Liao T W. 2013. Optimization of replenishment policies for decentralized and centralized capacitated supply chains under various demands. International Journal of Production Economics，142（1）：194-204.

Fadıloğlu M M，Bulut Ö. 2010. A dynamic rationing policy for continuous-review inventory systems. European Journal of Operational Research，202（3）：675-685.

Fang Y，Ng S T. 2011. Applying activity-based costing approach for construction logistics cost analysis. Construction Innovation，11（3）：259-281.

Georgy M，Basily S Y. 2008. Using genetic algorithms in optimizing construction material delivery schedules. Construction Innovation，8（1）：23-45.

Graves S C，Willems S P. 2003. Supply chain design：safety stock placement and supply chain configuration. Handbooks in Operations Research and Management Science，11：95-132.

Graves S C，Willems S P. 2008. Strategic inventory placement in supply chains：nonstationary demand. Manufacturing & Service Operations Management，10（2）：278-287.

Horman M J. 2000. Process dynamics：buffer management in building project operations. University of Melbourne.

Horman M J，Thomas H R. 2005. Role of inventory buffers in construction labor performance. Journal of Construction Engineering and Management，131（7）：834-843.

Huh W T，Nagarajan M. 2010. Linear inflation rules for the random yield problem：analysis and computations. Operations Research，58（1）：244-251.

Hung H C，Chew E P，Lee L H，et al. 2012. Dynamic inventory rationing for systems with multiple demand classes and general demand processes. International Journal of Production Economics，139（1）：351-358.

Inderfurth K. 2009. How to protect against demand and yield risks in MRP systems. International Journal of Production Economics，121（2）：474-481.

Inderfurth K，Vogelgesang S. 2013. Concepts for safety stock determination under stochastic demand and different types of random production yield. European Journal of Operational Research，224（2）：293-301.

Irizarry J，Karan E P，Jalaei F. 2013. Integrating BIM and GIS to improve the visual monitoring of construction supply chain management. Automation in Construction，31：241-254.

Jacobs F R，Berry W，Whybark D C，et al. 2011. Manufacturing Planning and Control for Supply Chain Management. New York：McGraw Hill Professional.

Klosterhalfen S T，Dittmar D，Minner S. 2013. An integrated guaranteed-and stochastic-service approach to inventory optimization in supply chains. European Journal of Operational Research，231（1）：109-119.

Klosterhalfen S T，Minner S，Willems S P. 2014. Strategic safety stock placement in supply networks with static dual supply. Manufacturing & Service Operations Management，16（2）：204-219.

Ko H S，Azambuja M，Lee H F. 2016. Cloud-based materials tracking system prototype integrated with radio frequency identification tagging technology. Automation in Construction，63：144-154.

Lagodimos A G，Koukoumialos S. 2008. Service performance of two-echelon supply chains under linear rationing. International Journal of Production Economics，112（2）：869-884.

Nahmias S，Cheng Y. 2009. Production and Operations Analysis. New York：McGraw-Hill/Irwin.

Neale J J，Willems S P. 2009. Managing inventory in supply chains with nonstationary demand. Interfaces，39（5）：388-399.

Neale J J，Willems S P. 2015. The failure of practical intuition：how forward-coverage inventory targets cause the landslide effect. Production and Operations Management，24（4）：535-546.

Ng S T，Fang Y，Skitmore R M. 2008. Negotiation of on-site buffer stocks：a fuzzy non-structural fuzzy decision support system approach. Construction Innovation，8（3）：202-217.

Pan N H，Lee M L，Chen S Q. 2011. Construction material supply chain process analysis and optimization. Journal of Civil Engineering and Management，17（3）：357-370.

Paul B，Rajendran C. 2011. Rationing mechanisms and inventory control-policy parameters for a divergent supply chain operating with lost sales and costs of review. Computers & Operations Research，38（8）：1117-1130.

Razavi S N，Haas C T. 2011. Using reference RFID tags for calibrating the estimated locations of construction materials. Automation in Construction，20（6）：677-685.

Russell M M，Howell G，Hsiang S M，et al. 2013. Application of time buffers to construction project task durations. Journal of Construction Engineering and Management，139（10）：04013008.

Said H，El-Rayes K. 2010. Optimizing material procurement and storage on construction sites. Journal of Construction Engineering and Management，137（6）：421-431.

Said H，El-Rayes K. 2013. Optimal utilization of interior building spaces for material procurement and storage in congested construction sites. Automation in Construction，31：292-306.

Said H，El-Rayes K. 2014. Automated multi-objective construction logistics optimization system. Automation in Construction，43：110-122.

Sardroud J M. 2012. Influence of RFID technology on automated management of construction materials and components. Scientia Iranica，19（3）：381-392.

Schwefel H P. 1981. Numerical optimization of computer models. Journal of the Operational Research Society，33（12）：1166-1166.

Shin T H，Chin S，Yoon S W，et al. 2011. A service-oriented integrated information framework for RFID/WSN-based intelligent construction supply chain management. Automation in Construction，20（6）：706-715.

Simchi-Levi D，Kaminsky P，Simchi-Levi E. 1999. Designing and Managing the Supply Chain：Concepts，Strategies，and Cases. New York：McGraw-Hill.

Su X，Andoh A R，Cai H，et al. 2012. GIS-based dynamic construction site material layout evaluation for building renovation projects. Automation in Construction，27：40-49.

Swaminathan J M，Srinivasan R. 1999. Managing individual customer service constraints under stochastic demand. Operations Research Letters，24（3）：115-125.

Tavares L V，Ferreira J A，Coelho J S. 1999. The risk of delay of a project in terms of the morphology of its network. European Journal of Operational Research，119（2）：510-537.

Tommelein I D，Ballard G，Kaminsky P. 2009. Supply chain managementfor lean project delivery//O'Brien W J，Formoso C T，Vrijhoef R，et al. Construction Supply Chain Management Handbook. New York：CRC Press/Taylor & Francis：118-139.

Tommelein I D，Weissenberger M. 1999. More just-in-time：location of buffers in structural steel supply and construction processes. Proceedings IGLC.，7：109.

Tserng H P，Yin S Y L，Li S. 2006. Developing a resource supply chain planning system for construction projects. Journal of Construction Engineering and Management，132（4）：393-407.

van der Heijden M C. 1997. Supply rationing in multi-echelon divergent systems. European Journal of Operational Research，101（3）：532-549.

van Houtum G J，Inderfurth K，Zijm W H M. 1996. Materials coordination in stochastic multi-echelon systems. European Journal of Operational Research，95（1）：1-23.

Vanhoucke M. 2010. Using activity sensitivity and network topology information to monitor project time performance. Omega，38（5）：359-370.

Vidalakis C，Tookey J E，Sommerville J. 2013. Demand uncertainty in construction supply chains：a discrete event simulation study. Journal of the Operational Research Society，64（8）：1194-1204.

Walsh K D，Hershauer J C，Tommelein I D，et al. 2004. Strategic positioning of inventory to match demand in a capital projects supply chain. Journal of Construction Engineering and Management，130（6）：818-826.

Wang L C. 2008. Enhancing construction quality inspection and management using RFID technology. Automation in Construction，17（4）：467-479.

Xu X，Zhao Y，Chen C Y. 2016. Project-driven supply chains：integrating safety-stock and crashing decisions for recurrent projects. Annals of Operations Research，241（1/2）：1-23.

Xue X，Shen Q，Tan Y，et al. 2011. Comparing the value of information sharing under different inventory policies in construction supply chain. International Journal of Project Management，29（7）：867-876.

Yano C A，Lee H L. 1995. Lot sizing with random yields：a review. Operations Research，43（2）：311-334.

Zhang J. 2003. Managing multi-customer service level requirements with a simple rationing policy. Operations Research Letters，31（6）：477-482.

Zipkin P. 2000. Foundations of Inventory Management. New York：McGraw-Hill.

第 3 章　预制件供应商培育激励机制

3.1　引　　言

3.1.1　预制件供应商培育激励机制的关键问题

重大工程项目对施工质量、技术水平要求高，供应商培育战略是完成重大工程项目的必要手段。供应商培育具体是指业主采取激励措施对供应商进行培育，如对供应商投资成本的分担、对产品采购价格的补贴或者选用灵活的支付方式。供应商培育战略是当今工程合作伙伴关系和工程供应链管理发展趋势的一个具体体现。

重大工程供应商培育的核心是质量和产能培育。重大工程的资源供应量大，供应商一方面需要通过产能投资以满足当期工程的需要，另一方面还面临未来市场的需求不确定，以及供应商之间存在的产能竞争或合作。对于业主而言，业主关注的是如何激励供应商提升产能，以满足当期工程的产能要求。因此，业主与供应商之间在利益诉求上存在差异，即业主关注的是当期工程短期的目标，而供应商则关注的是短期和长期两方面的目标。业主如何根据这种利益诉求上的差异，制定有效的激励机制，而供应商如何根据自身的长期和短期利益，科学地进行产能提升，是重大工程供应商培育的关键问题之一。除了激励供应商进行产能投资以满足当期工程产能需求外，业主还需要激励供应商提升产品质量。供应商在提升产能的同时往往也提升了产品质量。例如，港珠澳大桥工程中供应商采用机器人、自动化设备等新技术改造原有生产线，这一方面提升了产能，另一方面也提升了生产工艺和产品质量。此外，产品质量的提高还需要确保有大量的投入用于生产过程中质量管理水平的提升，包括质量培训、质量管理体系、质量认证与质量保证体系建设等。因此，在提升产能满足工程供应的同时，激励供应商提升产品质量也是供应商培育的关键问题之一。

本章利用供应链管理和博弈论的相关知识，在重大工程背景下，采用工程中常用的投资成本分担和采购价格激励两种激励方式，考虑工程的一次性特点以及供应商面对未来市场需求不确定的风险态度，根据业主的不同主导地位，分别建立供应商培育的委托代理模型和 Stackelberg 博弈模型。具体来说，主要回答如下问题。

1）供应商培育的委托代理和 Stackelberg 博弈两种决策形式对供应商质量和产能培育的影响有什么不同？

2）业主不同激励方式对供应商质量和产能提升有什么影响？

3）供应商内在因素（如生产成本）以及外在环境因素（如市场需求）如何影响供应商培育决策？

4）供应商的风险偏好对培育决策有何影响？

通过对上述问题的分析研究，希望能够对重大工程中的供应商培育激励机制的设计提供指导和建议。

3.1.2　相关问题的研究现状

1. 供应商培育

对供应商培育的研究主要集中在制造业供应链领域，国外对供应链中供应商培育的研究开展得较早，对供应商培育的概念、分类以及影响因素等进行了研究。Hahn 等（1990）最早提出了供应商培育的概念模型，将供应商培育活动定义为企业间的长期合作关系，以促进供应商的技术、质量、交付和成本等能力的不断提高。Hahn 等（1990）对供应商培育进行了分类：狭义的供应商培育是指当没有足够的供应商来满足公司需求时创建新的供应来源；广义的供应商培育是指通过采取措施提升现有供应商能力，以满足不断变化的竞争需求。Krause 和 Ellram（1997a）、Praxmarer-Carus 等（2013）将供应商培育定义为采购商对供应商采取措施，提升供应商的表现和性能，以满足采购商的供应需求。Li 等（2007）认为供应商培育是通过提高供应商的过程能力、交付能力、产品开发能力和产品质量并降低成本，以满足制造商的长远利益。Li 等（2012）将供应商培育定义为采购商和供应商之间的一种合作，这种合作能够使供应商性能不断改进，同时能够增强采购商的竞争优势。

供应商培育的应用实践与学术研究主要聚焦于制造业领域，关注于影响供应商培育的关键成功因素分析，包括供需双方彼此的信任、有效的交流、上层管理人员的支持等因素，特别强调了长期的合作关系这一关键影响因素（Humphreys et al.，2001；Li et al.，2007；Krause et al.，2007；Krause and Ellram，1997b）。与制造业显著不同的是，工程建造具有一次性和临时性的特点，工程供应链成员之间通常只是短暂的合作关系（Konukcu et al.，2008）。因此，在工程供应商培育过程中，供应商用于技术攻关、生产设备升级改造和人员培训等大量人力、物力和资金投入，可能难以通过所承担的工程收回。为了提高供应商参与工程建设的意愿，业主对供应商可采取一定的激励措施，如给供应商提供培育人力的资金投入，或者优惠的采购价格。Suprapto 等（2016）讨论了不同契约与激励，包括总价合同、成本加成合同，以及合作伙伴/联盟合同等对工程的影响。Back 等（2013）基于实证数据研究了各种激励计划，包括工程质量、进度计划、成本，以及管理能力等对工程的影响。

在工程供应商培育过程中，供应商需要大量的投入，以满足工程的技术、质量和交付等要求。由于业主与供应商之间只是短期的合作关系，供应商的投入可能难以通过所承担的工程收回。但是，供应商培育使供应商的技术、质量、交付和成本等能力得到了提升，增强了供应商的未来市场竞争力。所以，供应商与业主合作的过程中，应考虑到自身未来的发展和未来市场的需求。因此，未来市场是供应商培育的重要影响因素之一。

供应商之间的竞争强度也是供应商培育的重要影响因素。供应商自身能力会影响业主对供应商及其培育方式的选择。Hahn 等（1990）认为供应商之间竞争是实现供应商培育的关键因素。Modi 和 Mabert（2007）指出，对于由多个供应商承担的工程，应分配给性能较好的供应商较多的供应量，以促进其他供应商提高性能。

综上所述，供应商培育的研究主要集中在制造业中，针对工程背景的研究相对较少。工程的特点在于它的短期性和一次性，业主与供应商往往是短期的合作关系，这与传统供应链相比有很大的不同。有关供应商培育的研究主要采用实证方法，缺少定量分析的研究。

2. 质量与产能激励

目前，关于质量与产能激励的研究主要集中在制造业。Li 等（2014）研究了在需求不确定情况下，由风险厌恶制造商和风险厌恶供应商组成的供应链最优价格与质量决策，其中制造商决定产品的批发价格和质量，零售商决定零售价格。研究结果指出，制造商和零售商的风险规避态度在决定价格与质量时发挥了重要作用。Xie 等（2010）考虑参与者的风险承受能力，基于偏好理论，研究了按订单制造供应链的质量决策，并指出在不同的供应链战略下会有不同的产品质量。Xie 等（2014）分析了在制造商 Stackelberg 博弈和供应商 Stackelberg 博弈的供应链中质量与价格决策以及相应的质量提升策略。Zhu 等（2007）研究了在质量提高过程中采购方和供应商承担角色的不同以及双方的参与程度不同对质量提高和双方受益的影响。He 等（2014）研究了一个多周期的服装纺织业的供应链，分析了由制造商和零售商组成的两个供应周期的最优合作广告战略。Veldman 和 Gaalman（2014）利用博弈论对相互竞争的业主-经理关系进行建模，研究了激励对产品质量和过程提高的影响。

对于产能激励的研究，主要从产品需求，以及制造商与供应商信息对称的两个视角出发。有关产品需求的视角，大部分学者研究了产品需求随机的情况。

Tomlin（2003）将价格契约和数量保证契约运用到了供应链产能博弈中，指出制造商可以通过转移一部分边际利润的方式激励供应商提升产能。Murat 和 Wu（2005）提出了基于产能投资成本共同承担的协调机制及基于部分预留费用返还的产能协调机制。Taylor 和 Plambeck（2007）针对供应链系统的产能投资行为，对比分析了基于价格的不完全契约和基于价格与订购量的不完全契约。石丹和李勇建（2015）在需求不确定的情况下设计了收益共享契约和补偿契约，指出补偿契约能够激励供应商提高产能，并达到系统的最优产能。孔融等（2012）在考虑产能受限的情况下，提出了产能投资分担契约，通过对供应商产能过剩风险的分担，促使供应商提升其产能水平。徐最等（2007）在无法完全核实供应商产能水平的情况下，提出了利用线性补偿契约、非线性补偿契约和批发价格契约三种方式来提升供应商的产能水平。朱晨卉（2013）在需求确定的情况下，建立了单供应商和多制造商产能投资、利润分成的供应链联盟博弈模型。

从信息对称的视角来看，大部分学者主要研究信息不对称的情况。Cachon 和 Lariviere（2001）研究了制造商拥有需求私人信息下的供应链产能协调问题，指出在特定的情况下预订合同可以实现供应链协调。杨丹琴等（2011）设计了菜单式的预订合同，其能够协调非关键组件采购成本信息不对称下的供应链产能。

综上所述，关于质量与产能激励的研究主要集中在制造业中，以工程为背景的研究相对较少，有必要针对工程的特点，对供应商培育中的质量与产能激励进行深入研究。

3.2　供应商培育激励机制基本框架

在重大工程中，业主往往起着主导作用，决定产品的质量标准、交付时间等。本章将考虑业主占主导地位的两种情况：一是业主占有主导地位并试图最大化自己的收益，而供应商只能选择是否接受供应商培育。这种情况下，为了激励供应商参与培育，业主给予供应商激励，使得供应商参与培育所获得的收益不低于不参与培育时的收益（Zeng et al.，2018a）。这形成了一种业主作为委托人、供应商作为代理人的委托代理模型（Laffont and Martimort，2002）。二是业主首先对供应商提出激励条件并最大化自己的收益，其次供应商接受培育并决定其投资水平，最大化自己的收益，参与双方通过博弈最终达到均衡。这形成了业主作为领导者、供应商作为追随者的 Stackelberg 博弈模型（Basar and Olsder，1982）。

考虑信息对称下的供应商培育委托代理模型，忽略激励相容约束，其具体模型为

$$\text{Max } E[U_b^D(\lambda, \theta, x)] \tag{3.1}$$

$$\text{s.t. } E[U_s^D(p \mid \lambda, \theta, x)] \geqslant E[U_s^N(x_s^N, p)] \tag{3.2}$$

式（3.1）表示最大化业主的期望收益 $E[U_b^D(\lambda,\theta,x)]$，$U_b^D$ 为业主通过质量培育或者产能培育获得的收益；λ,θ,x 分别为采购价格激励系数、供应商承担的投资成本分担比例、质量提升水平或者产能提升水平。式（3.2）表示委托代理模型的参与约束条件，即供应商参与培育获得的期望收益应不低于不参与培育时获得的期望收益，p 为供应商决定的产品市场价格；U_s^D 为供应商通过培育获得的收益；U_s^N 为供应商不参与培育时获得的收益。

供应商培育的 Stackelberg 博弈模型为

$$\text{Max } E[U_b^D(\lambda,\theta \mid x)] \tag{3.3}$$

$$\text{Max } E[U_s^D(x,p \mid \lambda,\theta)] \tag{3.4}$$

式（3.3）表示最大化业主的期望收益；式（3.4）表示最大化供应商的期望收益。

3.3 供应商质量培育激励机制

本节研究投资成本分担和采购价格激励两种激励方式对供应商培育的影响。考虑到供应商提升预制件产品质量需要投入大量的资金，业主可以通过设计供应商培育的投资成本分担激励机制，分担一定比例的供应商投资成本；另外，业主也可采用采购价格激励，即根据供应商的产品质量水平高低，给予不同的采购价格。这两种激励方式均为实际工程中常用的激励方式(鄢冬瑾等，2017；Zeng et al.，2018b)。

本节的基本假设为：①业主的激励措施包括投资成本分担和采购价格激励两种；②市场为单寡头的垄断市场，未来市场需求由市场价格和产品质量共同决定；③当期工程的预制件产品需求是确定的，业主仅需考虑当期工程，而供应商需考虑未来工程的市场需求的不确定性，可假设业主为风险中性，而供应商为风险厌恶（曹柬等，2015），且供应商的风险承受水平不随收益的变化而变化；④业主和供应商的成本和收益信息对称。

3.3.1 基本模型描述

（1）模型参数

业主向供应商采购一定数量、符合一定质量标准的预制件产品。若当前供应商所能提供产品的质量低于工程质量的要求，则业主需要对供应商进行质量培育。

假设供应商未提升质量时产品质量水平为 x_0，提升质量后产品质量水平为 x，与 Yoo 等（2015）的研究一样，将质量作为一个单一、连续的综合变量，并假设 $x>0$，x 的值越大表示产品质量越好。供应商承担的质量提升投资成本比例为 θ（$\theta\in[0,1]$），那么业主所承担的比例为（$1-\theta$）。业主对供应商采购价格激励系数

为 λ，即业主对供应商的采购价格为 $p_0 + \lambda(x - x_0)$，式中，p_0 为产品质量未提升时的市场售价。

假设产品的需求函数由价格 p 和质量 x 决定（Banker，1998），$D = a + \alpha x - \beta p$，式中，$a$ 为潜在固定需求，α 为与质量水平有关的系数，β 为与价格有关的系数。为了描述未来市场需求的不确定性，假设 $a = \bar{a} + \varepsilon$，式中，$\bar{a}$ 为潜在固定需求的均值，ε 为未来市场对产品固定需求的波动，服从均值为 0、方差为 σ^2 的正态分布。

由于未来市场需求的不确定性，需要考虑供应商的风险厌恶态度。一般来说，描述风险厌恶的效用函数主要有指数、对数、幂函数等。考虑到供应商的风险承受水平不随收益的变化而变化，采用指数效用函数来描述供应商的风险态度，这是在决策理论和供应链管理等领域广泛采用的效用函数形式（Xie et al.，2010；代建生，2016；Choi and Ruszczyński，2011）。效用函数形式为 $U(\Pi) = -\mathrm{e}^{-\Pi/R}$，式中，$R$ 为风险承受水平，Π 为收益。R 的值小于 ∞ 表示风险厌恶，当 R 趋近于 ∞ 时，可以认为风险中立。由 Arrow-Pratt 测度（Chen and Seshadri，2006）可得，$E(U) = E(\Pi) - \mathrm{Var}(\Pi) / 2R$，式中，$E(\Pi)$ 为收益 Π 的均值，$\mathrm{Var}(\Pi)$ 为收益 Π 的方差。

需要指出的是，在委托代理模型和 Stackelberg 博弈模型中，业主和供应商的决策有所不同。在委托代理模型中，业主决定产品质量水平 x、采购价格激励系数 λ 和投资成本分担比例 θ，供应商只能选择参与或者不参与。在 Stackelberg 博弈模型中，业主决定采购价格激励系数 λ 和投资成本分担比例 θ，而供应商决定产品质量水平 x。另外，供应商还需要在一定的质量水平 x 下决定产品在未来市场的售价 p，以最大化未来市场的期望效用。模型主要符号说明见表 3.1。

表 3.1　主要符号列表

参数符号	符号含义
x_0	供应商当前生产产品的质量水平
x	供应商培育后所提供产品的质量水平
x_s^N	供应商不参与业主的质量培育时所选择的质量水平
x_s	供应商参与业主的质量培育时所选择的质量水平
x_b	委托代理模型下业主培育供应商所选择的质量水平
r_0	生产单位产品与质量水平无关的固定成本
η	生产单位产品与质量水平相关的固定成本
p	供应商对该产品在未来市场的定价
a	未来市场对产品的潜在固定需求
$\bar{a}$	未来市场对产品潜在固定需求的均值
ε	未来市场对产品固定需求的波动，服从均值为 0、方差为 σ^2 的正态分布

参数符号	符号含义
α	未来市场需求中与产品质量水平相关的系数
β	未来市场需求中与产品价格相关的系数
k	供应商提升质量所投入成本的系数
Q	业主在当期工程中的采购量
p_0	产品质量提升前在市场上的售价
λ	业主对供应商的采购价格激励系数
θ	供应商承担的投资成本分担比例
ρ	未来市场收益的折现因子
ω	质量提高给业主带来的效益系数
R	供应商的风险承受水平
Π_s^N	供应商不参与业主的质量培育所获得的收益
Π_s^D	供应商参与业主的质量培育所获得的收益
Π_{sc}^D	供应商参与业主的质量培育在当期工程所获得的收益
Π_{sf}^D	供应商参与业主的质量培育在未来市场预期所能获得的收益
Π_b^D	业主对供应商进行质量培育所获得的收益

（2）业主与供应商的期望效用函数

如果供应商不参与当期工程，即不参与业主的质量培育，那么供应商自主进行质量提升。此时，供应商需要承担所有的质量提升投入成本，且供应商的收益全部来自未来市场的销售收入。供应商的期望收益和方差可分别表示为

$$E(\Pi_s^N) = \rho\{p - [r_0 + \eta(x_s - x_0)]\}(\bar{a} + \alpha x_s - \beta p) - k(x_s - x_0)^2 \tag{3.5}$$

$$\text{Var}(\Pi_s^N) = \{p - [r_0 + \eta(x_s - x_0)]\}\sigma^2 \tag{3.6}$$

供应商的期望效用函数为

$$\begin{aligned}
E(U_s^N) &= E(\Pi_s^N) - \frac{\text{Var}(\Pi_s^N)}{2R} \\
&= \rho\{p - [r_0 + \eta(x_s - x_0)]\}(\bar{a} + \alpha x_s - \beta p) - k(x_s - x_0)^2 \\
&\quad - \frac{\{p - [r_0 + \eta(x_s - x_0)]\}\sigma^2}{2R}
\end{aligned} \tag{3.7}$$

当供应商接受业主的质量培育时，供应商对产品质量水平进行提升，并在未来市场也按照该质量水平进行生产。此时，供应商的收益由当前参与工程的收益和未来市场的收益两部分构成。供应商的当期期望收益为

$$E(\varPi_{\mathrm{sc}}^{\mathrm{D}}) = \{p_0 + \lambda(x - x_0) - [r_0 + \eta(x - x_0)]\}Q - k\theta(x - x_0)^2 \tag{3.8}$$

供应商未来的期望收益和不参与业主培育时的形式相似，即

$$E(\varPi_{\mathrm{sf}}^{\mathrm{D}}) = \rho\{p - [r_0 + \eta(x - x_0)]\}(\bar{a} + \alpha x - \beta p) \tag{3.9}$$

供应商参与业主培育活动时，期望总收益为当期工程期望收益加上未来市场折算到当期的期望收益之和，即

$$\begin{aligned} E(\varPi_{\mathrm{s}}^{\mathrm{D}}) &= E(\varPi_{\mathrm{sc}}^{\mathrm{D}}) + E(\varPi_{\mathrm{sf}}^{\mathrm{D}}) \\ &= \{p_0 + \lambda(x - x_0) - [r_0 + \eta(x - x_0)]\}Q - k\theta(x - x_0)^2 \\ &\quad + \rho\{p - [r_0 + \eta(x - x_0)]\}(\bar{a} + \alpha x - \beta p) \end{aligned} \tag{3.10}$$

收益的方差为

$$\mathrm{Var}(\varPi_{\mathrm{s}}^{\mathrm{D}}) = \{p - [r_0 + \eta(x - x_0)]\}\sigma^2 \tag{3.11}$$

供应商的期望效用函数为

$$\begin{aligned} E(U_{\mathrm{s}}^{\mathrm{D}}) &= E(\varPi_{\mathrm{s}}^{\mathrm{D}}) - \frac{\mathrm{Var}(\varPi_{\mathrm{s}}^{\mathrm{D}})}{2R} \\ &= \{p_0 + \lambda(x - x_0) - [r_0 + \eta(x - x_0)]\}Q - k\theta(x - x_0)^2 \\ &\quad + \rho\{p - [r_0 + \eta(x - x_0)]\}(\bar{a} + \alpha x - \beta p) - \frac{\{p - [r_0 + \eta(x - x_0)]\}\sigma^2}{2R} \end{aligned} \tag{3.12}$$

由于业主风险中性，其期望效用与期望收益的表达一致，即

$$E(U_{\mathrm{b}}) = \omega(x - x_0)Q - (1 - \theta)k(x - x_0)^2 - [p_0 + \lambda(x - x_0)]Q \tag{3.13}$$

3.3.2　供应商质量培育的委托代理模型

业主决定产品质量水平 x、采购价格激励系数 λ 和投资成本分担比例 θ。供应商只能选择是否参与工程项目，并对未来市场的产品价格 p 进行决策。业主最大化自身的期望效用，并保证供应商参与当前工程的期望效用不低于其保留效用。

供应商质量培育的委托代理模型可表示为

$$\mathrm{Max}\ \ E[U_{\mathrm{b}}^{\mathrm{D}}(\lambda, \theta, x_{\mathrm{b}})] \tag{3.14}$$

$$\mathrm{s.t.}\ \ E[U_{\mathrm{s}}^{\mathrm{D}}(p \,|\, \theta, \lambda, x_{\mathrm{b}})] \geqslant E[U_{\mathrm{s}}^{\mathrm{N}}(x_{\mathrm{s}}^{\mathrm{N}}, p)] \tag{3.15}$$

式（3.14）表示业主的目标函数，表明业主的决策为最大化自身的期望效用；式（3.15）表示供应商的参与约束。

当供应商不参与培育时，供应商应该选择最优的价格来使得未来期望收益最大。

$$\frac{\partial E(U_{\mathrm{s}}^{\mathrm{N}})}{\partial p} = \rho((\bar{a} + \alpha x - \beta p) - \beta\{p - [r_0 + \eta(x - x_0)]\}) - \frac{\sigma^2}{2R} = 0$$

$$\frac{\partial^2 E(U_s^{\mathrm{N}})}{\partial p^2} = -2\rho\beta$$

解得 $p^* = \frac{1}{2\beta}\left[\bar{a} + \alpha x + \beta\eta(x - x_0) + r_0\beta - \frac{\sigma^2}{2R\rho}\right]$。

构建拉格朗日函数 $L = E[U_b^{\mathrm{D}}(\lambda,\theta,x_b)] + \mu\{E[U_s^{\mathrm{D}}(p\mid\theta,\lambda,x_b)] - E[U_s^{\mathrm{N}}(x_s^{\mathrm{N}},p)]\}$，根据 L 对 λ、θ 的一阶必要条件，可得 $\mu = 1$。

$$\begin{aligned} L &= E[U_b^{\mathrm{D}}(\lambda,\theta,x_b)] + E[U_s^{\mathrm{D}}(p\mid\theta,\lambda,x_b)] - E[U_s^{\mathrm{N}}(x_s^{\mathrm{N}},p)] \\ &= \omega(x - x_0)Q - (1-\theta)k(x - x_0)^2 - [p_0 + \lambda(x - x_0)]Q \\ &\quad + \{p_0 + \lambda(x - x_0) - [r_0 + \eta(x - x_0)]\}Q - k\theta(x - x_0)^2 \\ &\quad + \rho\{p - [r_0 + \eta(x - x_0)]\}(\bar{a} + \alpha x - \beta p) - \frac{\{p - [r_0 + \eta(x - x_0)]\}\sigma^2}{2R} - E[U_s^{\mathrm{N}}(x_s^{\mathrm{N}},p)] \end{aligned}$$

对 x_b 求导，令 $\frac{\partial L}{\partial x_b} = 0$，计算可得 $x_b^* = \dfrac{(\omega-\eta)Q + \rho\dfrac{(\alpha-\beta\eta)}{2\beta}(\bar{a}+\alpha x_0 - r_0\beta) - \dfrac{(\alpha-\beta\eta)}{4R\beta}\sigma^2}{2k - \dfrac{\rho(\alpha-\beta\eta)^2}{2\beta}} + x_0$。

要取得极值，需满足 $\frac{\partial^2 L}{\partial x_b^2} < 0$，又因为 $\frac{\partial^2 L}{\partial x_b^2} = -2k + \frac{\rho(\alpha-\beta\eta)^2}{2\beta}$，则有 $2k - \frac{\rho(\alpha-\beta\eta)^2}{2\beta} > 0$。

由以上计算可得定理 3.1。

定理 3.1　在委托代理模型中，当 $2k - \frac{\rho(\alpha-\beta\eta)^2}{2\beta} > 0$ 时，有质量水平 x_b 的唯一最优解。

$$x_b^* = \dfrac{(\omega-\eta)Q + \rho\dfrac{(\alpha-\beta\eta)}{2\beta}(\bar{a}+\alpha x_0 - r_0\beta) - \dfrac{(\alpha-\beta\eta)}{4R\beta}\sigma^2}{2k - \dfrac{\rho(\alpha-\beta\eta)^2}{2\beta}} + x_0 \qquad (3.16)$$

由定理 3.1 可得 θ 和 λ 的关系，即

$$\begin{aligned} &[p_0 + \lambda(x_b - x_0) - r_0 - \eta(x_b - x_0)]Q - k\theta(x_b - x_0)^2 + \rho[p - r_0 - \eta(x_b - x_0)](\bar{a} + \alpha x_b - \beta p) \\ &\quad - \frac{p - r_0 - \eta(x_b - x_0)}{2R}\sigma^2 \geqslant E[U_s^{\mathrm{N}}(x_s^{\mathrm{N}},p)] \end{aligned}$$

由模型可以推得，$\alpha - \beta\eta > 0$，$\rho(\bar{a}+\alpha x_0 - r_0\beta) > \frac{\sigma^2}{2R}$，$\omega > \lambda > \eta$，则对参数求导 $\frac{\partial x_b^*}{\partial R} > 0$，$\frac{\partial x_b^*}{\partial \sigma^2} < 0$。

x_b^* 由 $\dfrac{\partial L}{\partial x_b}=0$ 求解得到，可以将最优值 x_b^* 看成是 $\dfrac{\partial\{E[U_b^D(\lambda,\theta,x_b)]+E[U_s^D(p\,|\,\theta,\lambda,x_b)]\}}{\partial x_b}=0$
的解，即最优值 x_b^* 在最大化业主和供应商的期望效用之和时取得。

推论 3.1　在委托代理模型中：①产品最优质量水平 x 随着供应商风险承受水平 R 的增加而增加，随着产品未来市场需求方差 σ^2 的增加而减少；②业主的激励并不会引起产品质量的直接提升，其激励的目的在于满足供应商的保留效用；③最优质量水平 x 在最大化业主和供应商的期望效用之和时得到。

3.3.3　供应商质量培育的 Stackelberg 博弈模型

业主作为博弈领导者，决定采购价格激励系数 λ 和投资成本分担比例 θ。供应商作为博弈跟随者，决定产品质量水平 x 以及未来市场的产品价格 p。这样，供应商质量培育的 Stackelberg 博弈模型为

$$\text{Max}\quad E[U_b^D(\lambda,\theta\,|\,x_s)] \tag{3.17}$$

$$\text{Max}\quad E[U_s^D(x_s,p\,|\,\lambda,\theta)] \tag{3.18}$$

式（3.17）表示业主的期望效用最大化；式（3.18）表示供应商的期望效用最大化。

采用逆向递推法，首先给定 λ 和 θ，对 $E[U_s^D(x_s,p\,|\,\lambda,\theta)]$ 求导，由一阶条件求得最优的 x_s，再将最优的 x_s 代入 $E[U_b^D(\lambda,\theta\,|\,x_s)]$ 中并分别对 λ，θ 求导，得到最优的 λ 和 θ 值。由此可得如下定理 3.2。

定理 3.2　①当业主以采购价格激励系数 λ 为激励手段时，将投资成本分担比例 θ 作为固定参数，最优采购价格激励系数 λ 和最优质量水平 x_s 分别为

$$\lambda^*=\dfrac{\left[2k-\dfrac{\rho(\alpha-\beta)^2}{2\beta}\right]\left[\eta Q-\dfrac{\rho(\alpha-\beta\eta)}{2\beta}(\bar{a}+\alpha x_0-r_0\beta)+\dfrac{(\alpha\ \beta\eta)}{4R\beta}\sigma^2\right]+\omega Q\left[2k\theta-\dfrac{\rho(\alpha-\beta\eta)^2}{2\beta}\right]}{2Q\left[k(1+\theta)-\dfrac{\rho(\alpha-\beta\eta)^2}{2\beta}\right]} \tag{3.19}$$

$$x_s^*(\theta)=\dfrac{(\omega-\eta)Q+\dfrac{\rho(\alpha-\beta\eta)}{2\beta}(\bar{a}+\alpha x_0-r_0\beta)-\dfrac{(\alpha-\beta\eta)}{4R\beta}\sigma^2}{2\left[k(1+\theta)-\dfrac{\rho(\alpha-\beta\eta)^2}{2\beta}\right]}+x_0 \tag{3.20}$$

②当业主以投资成本分担比例 θ 为激励手段时，将采购价格激励系数 λ 作为固定参数，最优投资成本分担比例 θ 和最优质量水平 x_s 分别为

$$\theta^* = \frac{\rho(\alpha - \beta\eta)^2}{4\beta k} + \frac{\left[2k - \dfrac{\rho(\alpha - \beta\eta)^2}{2\beta}\right]\left[(\lambda - \eta)Q + \dfrac{\rho(\alpha - \beta\eta)}{2\beta}(\bar{a} + \alpha x_0 - r_0\beta) - \dfrac{(\alpha - \beta\eta)}{4R\beta}\sigma^2\right]}{k\left[2Q(\omega - \lambda) + (\lambda - \eta)Q + \dfrac{\rho(\alpha - \beta\eta)}{2\beta}(\bar{a} + \alpha x_0 - r_0\beta) - \dfrac{(\alpha - \beta\eta)}{4R\beta}\sigma^2\right]}$$

（3.21）

$$x_s^*[\lambda] = \frac{2Q(\omega - \lambda) + (\lambda - \eta)Q + \dfrac{\rho(\alpha - \beta\eta)}{2\beta}(\bar{a} + \alpha x_0 - r_0\beta) - \dfrac{(\alpha - \beta\eta)}{4R\beta}\sigma^2}{2\left[2k - \dfrac{\rho(\alpha - \beta\eta)^2}{2\beta}\right]} + x_0 \quad （3.22）$$

由模型可以推得，$\alpha - \beta\eta > 0$，$\rho(\bar{a} + \alpha x_0 - r_0\beta) > \dfrac{\sigma^2}{2R}$，$\omega > \lambda > \eta$。

固定 θ 的值，λ 对参数求导可得 $\dfrac{\partial \lambda}{\partial Q} > 0$，$\dfrac{\partial \lambda}{\partial R} < 0$，$\dfrac{\partial \lambda}{\partial \sigma^2} > 0$。

$x_s^*[\theta]$ 对参数求导可得 $\dfrac{\partial x_s^*[\theta]}{\partial R} > 0$，$\dfrac{\partial x_s^*[\theta]}{\partial \sigma^2} < 0$，$\dfrac{\partial x_s^*[\theta]}{\partial \lambda} < 0$。

固定 λ 的值，θ 对各个参数求导可得 $\dfrac{\partial \theta}{\partial Q} < 0$，$\dfrac{\partial \theta}{\partial R} > 0$，$\dfrac{\partial \theta}{\partial \sigma^2} < 0$。

$x_s^*[\lambda]$ 对各个参数求导可得 $\dfrac{\partial x_s^*[\lambda]}{\partial R} > 0$，$\dfrac{\partial x_s^*[\lambda]}{\partial \sigma^2} < 0$，$\dfrac{\partial x_s^*[\lambda]}{\partial \theta} < 0$。

推论 3.2　在供应商质量培育的 Stackelberg 博弈模型中：①产品最优质量水平 x 随着供应商风险承受水平 R 的增加而增加，随着产品未来市场需求方差 σ^2 的增加而减少；②供应商承担的投资成本分担比例和业主对供应商的采购价格激励系数对产品质量的提升有着直接的影响，并且激励强度越高，越有利于质量水平的提升；③当投资成本分担为激励手段时，业主对于供应商投资成本的分担比例随着供应商风险承受水平的增加而减少，当采购价格激励为激励手段时，业主对供应商的采购价格激励随着供应商风险承受水平的增加而减少。

比较委托代理模型下的最优质量水平 x_b^* 和 Stackelberg 博弈模型下的最优质量水平 $x_s^*[\theta]$ 和 $x_s^*[\lambda]$：

$$x_b^* - x_s^*[\lambda] = \frac{(\lambda - \eta)Q + \dfrac{\rho(\alpha - \beta\eta)}{2\beta}(\bar{a} + \alpha x_0 - r_0\beta) - \dfrac{(\alpha - \beta\eta)}{4R\beta}\sigma^2}{2\left[2k - \dfrac{\rho(\alpha - \beta\eta)^2}{2\beta}\right]} > 0$$

所以，$x_b^* > x_s^*[\lambda]$。

因为 $2\left[k(1 + \theta) - \dfrac{\rho(\alpha - \beta\eta)^2}{2\beta}\right] - \left[2k - \dfrac{\rho(\alpha - \beta\eta)^2}{2\beta}\right] = 2k\theta - \dfrac{\rho(\alpha - \beta\eta)^2}{2\beta} > 0$，则

$$2\left[k(1+\theta)-\frac{\rho(\alpha-\beta\eta)^2}{2\beta}\right]>2k-\frac{\rho(\alpha-\beta\eta)^2}{2\beta}，所以，\ x_b^*>x_s^*[\theta]。$$

委托代理模型下业主与供应商的总期望效用为

$$E(U_{s+b}^1)=E[U_b^D(\lambda,\theta,x_b^*)]+E[U_s^D(p\,|\,\theta,\lambda,x_b^*)]$$

$$=\omega(x_b^*-x_0)Q-k(x_b^*-x_0)^2-[r_0+\eta(x_b^*-x_0)]Q$$

$$+\rho\{p-[r_0+\eta(x_b^*-x_0)]\}(\bar{a}+\alpha x_b^*-\beta p)-\left\{\frac{p-[r_0+\eta(x_b^*-x_0)]}{2R}\right\}\sigma^2$$

Stackelberg 博弈模型下业主与供应商的总期望效用为

$$E(U_{s+b}^2)=E[U_b^D(\lambda,\theta\,|\,x_s^*)]+E[U_s^D(x_s^*,p\,|\,\theta,\lambda,)]$$

$$=\omega(x_s^*-x_0)Q-k(x_s^*-x_0)^2-[r_0+\eta(x_s^*-x_0)]Q$$

$$+\rho\{p-[r_0+\eta(x_s^*-x_0)]\}(\bar{a}+\alpha x_s^*-\beta p)-\left\{\frac{p-[r_0+\eta(x_s^*-x_0)]}{2R}\right\}\sigma^2$$

$$E(U_{s+b}^1)-E(U_{s+b}^2)=(x_b^*-x_s^*)\left\{(\omega-\eta)Q+2kx_0+\frac{\rho(\alpha-\beta\eta)}{2\beta}\left(\bar{a}+\beta\eta x_0-\beta r_0-\frac{\sigma^2}{2R\rho}\right)\right.$$

$$\left.-\frac{1}{2}\left[2k-\frac{\rho(\alpha-\beta\eta)^2}{2\beta}\right](x_b^*+x_s^*)\right\}$$

将 x_b^* 和 $x_s^*[\lambda]$ 代入，得

$$E(U_{s+b}^1)-E(U_{s+b}^2)=\frac{1}{8\left[2k-\dfrac{\rho(\alpha-\beta\eta)^2}{2\beta}\right]}\left[(\lambda-\eta)Q+\frac{\rho(\alpha-\beta\eta)}{2\beta}(\bar{a}+\alpha x_0-r_0\beta)\right.$$

$$\left.-\frac{(\alpha-\beta\eta)}{4R\beta}\sigma^2\right]^2>0$$

将 x_b^* 和 $x_s^*[\theta]$ 代入，得

$$E(U_{s+b}^1)-E(U_{s+b}^2)=\frac{\left[2k\theta-\dfrac{\rho(\alpha-\beta\eta)^2}{2\beta}\right]^2\left[(\omega-\eta)Q+\dfrac{\rho(\alpha-\beta\eta)}{2\beta}\left(\bar{a}+\alpha x_0-r_0\beta-\dfrac{\sigma^2}{2R\rho}\right)\right]^2}{8\left[2k-\dfrac{\rho(\alpha-\beta\eta)^2}{2\beta}\right]\left[k(1+\theta)-\dfrac{\rho(\alpha-\beta\eta)^2}{2\beta}\right]^2}>0$$

所以 $E(U_{s+b}^1)>E(U_{s+b}^2)$。

$$\frac{\partial x_b^*}{\partial R}=\frac{\dfrac{\alpha-\beta\eta}{4\beta R^2}\sigma^2}{2k-\dfrac{\rho(\alpha-\beta\eta)^2}{2\beta}},\quad \frac{\partial x_s^*[\theta]}{\partial R}=\frac{\dfrac{\alpha-\beta\eta}{4\beta R^2}\sigma^2}{2\left[k(1+\theta)-\dfrac{\rho(\alpha-\beta\eta)^2}{2\beta}\right]},\quad \frac{\partial x_s^*[\lambda]}{\partial R}=\frac{\dfrac{\alpha-\beta\eta}{4\beta R^2}\sigma^2}{2\left[2k-\dfrac{\rho(\alpha-\beta\eta)^2}{2\beta}\right]}$$

因为 $2\left[2k - \dfrac{\rho(\alpha-\beta\eta)^2}{2\beta}\right] > 2\left[k(1+\theta) - \dfrac{\rho(\alpha-\beta\eta)^2}{2\beta}\right] > 2k - \dfrac{\rho(\alpha-\beta\eta)^2}{2\beta}$ ，所以

$\dfrac{\partial x_b^*}{\partial R} > \dfrac{\partial x_s^*[\theta]}{\partial R} > \dfrac{\partial x_s^*[\lambda]}{\partial R}$ 。

推论 3.3 ①委托代理模型可以看成是供应链集中决策，而 Stackelberg 博弈模型可以看成是供应链中业主和供应商分散决策；②委托代理模型中的最优质量水平高于 Stackelberg 博弈模型下的最优质量水平；③委托代理模型中供应链的总期望效用大于 Stackelberg 博弈模型下供应链的总期望效用；④委托代理模型中供应商风险承受水平对最优质量水平的影响比 Stackelberg 博弈模型中的大。

3.3.4　供应商质量培育激励机制分析

从推论 3.1 我们可以得到在对称信息委托代理博弈模型中，激励强度 θ 和 λ 并不直接影响质量水平提升的程度，而且委托代理模型中当期工程参数、供应商参数和未来市场参数对最优质量 x 的影响与 Stackelberg 博弈模型相同。因此，本节主要分析 Stackelberg 博弈模型中各个参数对质量水平 x、投资成本分担比例 θ 以及采购价格激励系数 λ 的影响。

根据式（3.19）~式（3.22）对相应的参数求导，可得如表 3.2 所示的计算结果。由于各个参数对两种激励方式下的最优质量水平 $x_s^*[\theta]$ 和 $x_s^*[\lambda]$ 的影响完全一致，表 3.2 中统一用 x 来表示。

表 3.2　激励机制关键参数的灵敏度分析结果

项目	参数值的变化	质量水平 x 的变化	投资成本分担比例 θ 的变化	采购价格激励系数 λ 的变化
当期工程参数提升	质量提高给业主带来的效益系数 ω	↑	↓	↑
	业主在当期工程中的采购量 Q	↑	↓	↑
供应商参数提升	供应商当前生产产品的质量水平 x_0	↑	↑	↓
	生产单位产品与质量水平无关的固定成本 r_0	↓	↓	↑
	生产单位产品与质量水平相关的固定成本 η	↓	↓	↑
	供应商提升质量所投入成本的系数 k	↓	↓	↑
	供应商的风险承受水平 R	↑	↑	↓
未来市场参数提升	未来市场对产品潜在固定需求的均值 $\bar{a}$	↑	↑	↓

续表

项目	参数值的变化	质量水平 x 的变化	投资成本分担比例 θ 的变化	采购价格激励系数 λ 的变化
未来市场参数提升	未来市场潜在固定需求波动的方差 σ^2	↓	↓	↑
	未来市场需求中与产品质量水平相关的系数 α	↑	↑	↓
	未来市场需求中与产品价格相关的系数 β	↓	↓	↑
	未来市场收益的折现因子 ρ	↑	↑	↓
激励强度提升	投资成本分担比例 θ	↓	—	↑
	采购价格激励系数 λ	↓	↑	—

1. 当期工程参数

质量提高给业主带来的效益系数 ω 越大,越有利于产品质量的提升,业主提供的激励强度也越大。

业主在当期工程中的采购量 Q 越多,越有利于产品质量的提升。此时,可将采购量 Q 看成是业主的激励手段。同时,业主应给予更高的激励强度。由供应商和业主的期望效用函数可知,当采购量不断增加时,业主期望效用的增加要大于供应商期望效用的增加,两者博弈的均衡点会改变,此时激励强度增加。

2. 供应商参数

供应商当前生产产品的质量水平 x_0 越高,越有利于产品的提升。同时业主给予的激励会减少。首先在供应商的选择上,业主更倾向于选择自身能力更强的供应商(Mahapatra et al.,2012)。其次,培育前产品的质量水平越高,业主提供的激励强度就越小。

生产单位产品与质量水平无关的固定成本 r_0 越大,提升质量所需要的生产单位产品与质量水平相关的固定成本 η 越多,供应商提升质量所投入成本的系数 k 越大,则总生产成本会越大,越不利于产品质量的提升。但是,为了激励供应商参与培育,业主需要给予更大的激励强度。

供应商的风险承受水平 R 越高,说明供应商越能够应对未来市场的不确定变化,所以越有利于质量水平的提升,同时,业主所需要提供的激励强度也越小。当 R 值趋近于无穷大,即供应商是风险中性时,供应商能够得到更高的质量水平。

3. 未来市场参数

未来市场对产品潜在固定需求的均值 $\bar{a}$ 越高,说明供应商在未来市场可能获得的期望效用越多，这会使得供应商更愿意参与培育，更有利于提升质量水平。相应地，业主所需要提供的激励强度就越小。

未来市场潜在固定需求波动的方差 σ^2 越大，说明未来市场的需求越不稳定，供应商在未来市场获得的期望效用会越小。此时，将不利于供应商参与培育，也不利于质量水平的提升。因此，业主需要提供更高的激励强度，提高供应商的参与意愿。

未来市场需求中与产品质量水平相关的系数 α 越大，说明产品的质量水平越高，其市场需求量越高，那么供应商在未来市场中获得的期望效用就会越大，越有利于提升产品质量水平，同时也会降低业主的激励强度。

未来市场需求中与产品价格相关的系数 β 越大，说明产品的市场价格越高，其市场需求量越低，那么供应商从未来市场中获得的期望效用就会越小，越不利于产品质量水平的提升。相应地，业主需要提供更高的激励强度。

未来市场收益的折现因子 ρ 越高，说明未来收益转化到本期的收益就越大，这有利于质量水平的提升，同时也会降低业主的激励强度。

4. 激励强度

当投资成本分担比例 θ 为决策变量时，采购价格激励系数 λ 越大，业主投资成本分担比例会越小，同时质量水平会降低。当采购价格激励系数 λ 为决策变量时，投资成本分担比例 θ 增大，采购价格激励系数会增加，同时质量水平会降低。这说明在供应商培育项目中两种激励方式互补，并且投资成本分担激励比采购价格激励对质量水平的影响更大，因为采购价格激励只是增加了供应商的当期效用，而业主在当期工程中分担的投资成本在未来市场中仍能够给供应商带来效用。因此，从质量提升的角度来看，选择投资成本分担的激励方式更有助于供应商提升质量。

3.4　供应商产能培育激励机制

产能即生产能力，是供应商单位时间内所能生产的预制件产品数量。对于供应商而言，产能不足会导致产品难以及时供应，造成工程工期延迟；而供应商产能过剩，也会导致过多的生产成本和仓储成本等。对于业主而言，供应商产能的提升可以保证工程的如期交付甚至提前交付，提升业主的效益。本节将对供应商产能培育的激励机制进行设计和分析。

3.4.1　基本模型描述

（1）模型参数

业主会向供应商采购一定数量的预制件产品。若当前供应商生产能力没有达到工程要求，则业主需要对供应商的产能进行培育。

与 3.3 节类似，假设：①业主的激励措施包括投资成本分担和采购价格激励两种方式；②业主为风险中性，而供应商为风险厌恶，这主要是因为当期工程的预制件产品需求是确定的，业主仅需考虑当期工程，而供应商需考虑未来市场需求的不确定性；③业主和供应商的成本和收益信息是对称的。

供应商未提升产能时的产能为 q_0，产能提升后的值为 q（$q>0$），则所提升的产能为 $(q-q_0)$。单位产能的投资成本为 k，则产能提升投资成本为 $k(q-q_0)$。与 3.3 节一样，业主对供应商采用两种激励方式，即投资成本分担和采购价格激励。供应商承担的投资成本分担比例为 θ（$\theta\in[0,1]$），业主承担的比例为 $(1-\theta)$。与供应商质量培育不同的是，由于工程预制件的需求量是一定的，供应商产能提升虽然能够给业主带来收益，但是对于业主而言并不是越高越好。所以，假设业主对供应商采购价格激励系数为 λ，产能提升后业主对供应商的采购价格为 $p+\lambda$，其中 p 为产品市场售价。

假设产品的未来市场需求 D 是随机的，需求概率密度函数为 $f(\cdot)$，累计分布函数为 $F(\cdot)$，满足广义递增失效率（increasing generalized failure rate，IGFR）条件。

由于未来市场需求是随机的，为了使模型更贴近实际，需考虑供应商的风险态度。假设供应商是风险厌恶的，并且采用风险价值（value at risk，VaR）模型来度量供应商所面临的市场风险（Tapiero，2005）。假设 Π_0 为供应商未来市场的保留收益，δ 为供应商风险规避系数（即 VaR 风险度量下的置信水平），则供应商的风险 $P(\Pi_{sf}\leq\Pi_0)\leq\delta$。模型其他主要符号说明见表 3.3。

表 3.3　其他主要符号列表

参数符号	符号含义
q_0	供应商当前产能
q	供应商培育后的产能
r	单位产品生产成本
p	产品市场定价
k	边际产能投资成本
Q	业主在当期工程中的采购量
h	供应商的产量剩余成本
λ	业主对供应商的采购价格激励系数
θ	供应商承担的投资成本分担比例
ρ	未来市场收益的折现因子
ω	产能提高给业主带来的效益系数
δ	供应商风险规避系数
Π_{s0}^{N}	供应商不参与培育时的收益

参数符号	符号含义
Π_0	供应商未来市场的保留收益
Π_s	供应商参与培育时所获得的收益
Π_{sc}	供应商参与培育时在当期工程所获得的收益
Π_{sf}	供应商参与培育时在未来市场预期所能获得的收益
Π_b	业主对供应商进行质量培育所获得的收益

（2）供应商和业主的收益函数

当供应商不参与培育时，会自行提升产能以适应市场需求。此时，供应商需要承担提升产能所花费的成本，相应的收益为

$$\Pi_{s0}^{N} = \rho[(p-r)\text{Min}(D,q^{N}) - h(q^{N}-D)^{+}] - k(q^{N}-q_0) \tag{3.23}$$

当供应商接受业主的产能培育时，其产能必须达到工程项目的要求，即 $q \geq Q$。假设在未来市场中供应商同样可以按照培育后的产能进行生产，此时，供应商的收益为当前工程的收益与未来市场的收益之和。其中，供应商当前工程的收益为

$$\Pi_{sc} = (p+\lambda-r)Q - h(q-Q) - \theta k(q-q_0) \tag{3.24}$$

供应商未来市场的收益为

$$\Pi_{sf} = (p-r)\text{Min}(D,q) - h(q-D)^{+} \tag{3.25}$$

则供应商的总收益为

$$\begin{aligned}\Pi_s &= (p+\lambda-r)Q - h(q-Q) - \theta k(q-q_0) \\ &\quad + \rho[(p-r)\text{Min}(D,q) - h(q-D)^{+}]\end{aligned} \tag{3.26}$$

与此同时，业主的总收益为

$$\Pi_b = [\omega(q-q_0) - (p+\lambda)]Q - (1-\theta)k(q-q_0) \tag{3.27}$$

3.4.2　供应商产能培育的委托代理模型

在供应商产能培育的委托代理模型中，业主的决策变量为供应商培育后的产能 q、采购价格激励系数 λ 和投资成本分担比例 θ，供应商只能选择是否参与该项目。业主最大化自身的期望收益，供应商参与培育的期望收益不低于其保留收益，并且未来市场的风险不大于供应商风险规避系数 δ。则供应商产能培育的委托代理模型可表示为

$$\text{Max } E[\Pi_b(q,\lambda,\theta)] \tag{3.28}$$

$$\text{s.t.}\begin{cases} E(\Pi_{s}) \geqslant E(\Pi_{s0}^{N}) \\ q \geqslant Q \\ P(\Pi_{sf} \leqslant \Pi_{0}) \leqslant \delta \end{cases} \tag{3.29}$$

式（3.28）表示业主的目标函数，式（3.29）表示供应商的参与约束和风险约束。

由于 $\Pi_{sf} = (p-r)\text{Min}(D,q) - h(q-D)^{+} = q(p-r) - (p-r+h)(q-D)^{+}$，可知 $\Pi_{sf} \leqslant q(p-r)$。因此，风险约束 $P(\Pi_{sf} \leqslant \Pi_{0}) \leqslant \delta$ 可分成如下三种情况：①若 $\Pi_{0} \geqslant q(p-r)$，则有 $P(\Pi_{sf} \leqslant \Pi_{0}) = 1$；②若 $\Pi_{0} \leqslant 0$，则有 $P(\Pi_{sf} \leqslant \Pi_{0}) = 0$；③若 $0 < \Pi_{0} < q(p-r)$，则有 $q \geqslant D$，$P[(p-r+h)D - hq \leqslant \Pi_{0}] \leqslant \delta$，可转化为 $(p-r+h)F^{-1}(\delta) - hq - \Pi_{0} \geqslant 0$。

对于该委托代理模型中 $P(\Pi_{sf} \leqslant \Pi_{0}) \leqslant \delta$ 约束条件而言，第一种情况一定不满足约束条件，第二种情况一定满足约束条件，所以在本节中我们重点分析第三种情况。

供应商的保留收益应该是其不参与项目时的最大收益，即

$$\text{Max } E[\Pi_{s0}^{N}(q^{N})] \tag{3.30}$$

$$\text{s.t. } P(\Pi_{sf0} \leqslant \Pi_{0}) \leqslant \delta \tag{3.31}$$

由于 $\Pi_{sf}^{N} = (p-r)\text{Min}(D,q^{N}) - h(q^{N}-D)^{+}$，可以将式（3.31）转化为 $(p-r+h)F^{-1}(\delta) - hq^{N} - \Pi_{0} \geqslant 0$。

针对式（3.30）和式（3.31），由 KKT（Karush-Kuhn-Tucker）条件可得

$$\begin{cases} (p-r) - (p-r+h)F(q^{N}) - k + \mu_{0}(-h) = 0 \\ \mu_{0}[(p-r+h)F^{-1}(\delta) - hq^{N} - \Pi_{0}] = 0 \end{cases}$$

当 $\mu_{0} = 0$ 时，则有 $q^{N^{*}} = F^{-1}\left(\dfrac{p-r-k}{p-r+h}\right)$；当 $\mu_{0} > 0$ 时，则有 $q^{N^{*}} = \dfrac{1}{h}[(p-r+h)F^{-1}(\delta) - \Pi_{0}]$。

此时，供应商的保留收益可表示为

$$E(\Pi_{s0}^{N}) = \rho\left[(p-r)q^{N^{*}} - (p-r+h)\int_{0}^{q^{N^{*}}}F(t)\mathrm{d}t\right] - k(q^{N^{*}} - q_{0})$$

故可将上述委托代理模型表示为

$$\text{Max } E[\Pi_{b}(q,\lambda,\theta)] = [\omega(q-q_{0}) - (p+\lambda)]Q - (1-\theta)k(q-q_{0})$$

$$\text{s.t.} \begin{cases} (p+\lambda-r)Q-h(q-Q)-\theta k(q-q_0)+\rho\left[(p-r)q-(p-r+h)\int_0^q F(D)\mathrm{d}D\right] \geqslant E(\Pi_{s0}^{\mathrm{N}}) \\ q-Q \geqslant 0 \\ (p-r+h)F^{-1}(\delta)-hq-\Pi_0 \geqslant 0 \end{cases}$$

由 KKT 条件可得

$$\begin{cases} \omega Q-(1-\theta)k+\mu_1\{-h-\theta k+\rho[(p-r)-(p-r+h)F(q)]\}+\mu_2+\mu_3(-h)=0 \\ -Q+\mu_1 Q-\mu_3 F^{-1}(\delta)=0 \\ kq+\mu_1(-kq)=0 \\ \mu_1\left\{(p+\lambda-r)Q-h(q-Q)-\theta k(q-q_0)+\rho\left[(p-r)q-(p-r+h)\int_0^q F(D)\mathrm{d}D\right]-E(\Pi_{s0}^{\mathrm{N}})\right\}=0 \\ \mu_2(q-Q)=0 \\ \mu_3[(p-r+h)F^{-1}(\delta)-hq-\Pi_0]=0 \end{cases}$$

式中，μ_1、μ_2、μ_3 均大于等于 0。

可以确定，$\mu_1=1$，以及 $(p+\lambda-r)Q-h(q-Q)-\theta k(q-q_0)+\rho\left[(p-r)q-(p-r+h)\int_0^q F(t)\mathrm{d}t\right]-E(\Pi_{s0}^{\mathrm{N}})=0$，则说明第一个约束条件，即供应商参与约束得到满足。

对于拉格朗日乘子 $\mu_2 \geqslant 0$ 和 $\mu_3 \geqslant 0$，它们共有四种不同的组合形式。但根据实际情况，μ_2 和 μ_3 不能同时为 0，否则产能过剩成本 $h=0$。所以，有以下三种情况需要进行讨论。

1）第一种情况：$\mu_2>0,\mu_3=0$。此时，$(p-r+h)F^{-1}(\delta)-hq-\Pi_0>0$，解得 $q_1^*=Q$。

2）第二种情况：$\mu_2=0,\mu_3>0$。此时，$q-Q>0$，解得 $q_2^*=\dfrac{1}{h}[(p-r+h)F^{-1}(\delta)-\Pi_0]$。

3）第三种情况：$\mu_2>0,\mu_3>0$。此时，可以解得 $q_3^*=Q$，且 $(p-r+h)F^{-1}(\delta)-hQ-\Pi_0=0$。

根据以上计算结果，我们可以得到定理 3.3。

定理 3.3 在供应商产能培育的委托代理模型中，产能的最优值为

$$q^*=\begin{cases} Q, & \omega Q-(1-\theta)k \leqslant 0 \\ \dfrac{1}{h}[(p-r+h)F^{-1}(\delta)-\Pi_0], & \omega Q-(1-\theta)k>0 \end{cases} \tag{3.32}$$

通过模型约束条件可得到 q 的取值范围为 $\left[Q,\dfrac{1}{h}[(p-r+h)F^{-1}(\delta)-\Pi_0]\right]$，所

以由 KKT 条件所得的最优值 q_1^* 和 q_2^* 实际上分别为 q 的上下界。由于 $\dfrac{\partial E[\Pi_b]}{\partial q} =$ $\omega Q - (1-\theta)k$ ，当 $\omega Q - (1-\theta)k > 0$ 时， $E[\Pi_b]$ 随着 q 值的增加而线性增加，最优值在 $q = \dfrac{1}{h}[(p-r+h)F^{-1}(\delta) - \Pi_0]$ 处取得；当 $\omega Q - (1-\theta)k \leqslant 0$ 时， $E[\Pi_b]$ 随着 q 值的增加而线性减少，最优值在 $q = Q$ 处取得。为了方便计算，假设业主的收益是线性变化的，由定理 3.3 可得 λ 和 θ 的关系，即

$$(p+\lambda-r)Q - h(q-Q) - \theta k(q-q_0) + \rho\left[(p-r)q - (p-r+h)\int_0^q F(D)\mathrm{d}D\right] \geqslant \rho E(\Pi_{s0})$$

推论 3.4　在供应商产能培育的委托代理模型中：①产能最优值在最大化业主和供应商的期望收益之和时取得，即产能最优值在工程供应链整体期望收益最优时得到；②业主的激励不会引起产能的直接提升，激励的目的在于满足供应商的保留收益；③产能的最优值随着供应商的风险规避系数的增加而增加。

3.4.3　供应商产能培育的 Stackelberg 博弈模型

在供应商产能培育的 Stackelberg 博弈模型中，业主作为领导者，其决策变量为采购价格激励系数 λ 和投资成本分担比例 θ 。供应商作为追随者，其决策变量为产能 q 。业主和供应商分别最大化自身的期望收益，并且供应商面临的未来市场风险不大于其风险规避系数。

该 Stackelberg 博弈模型可表示为

$$\text{Max } E[\Pi_b(\lambda,\theta)] \tag{3.33}$$

$$\text{Max } E[\Pi_s(q)] \tag{3.34}$$

$$\text{s.t.} \begin{cases} q \geqslant Q \\ P(\Pi_{sf} \leqslant \Pi_0) \leqslant \delta \end{cases} \tag{3.35}$$

式（3.33）表示业主的目标函数；式（3.34）表示供应商的目标函数；式（3.35）表示供应商的风险约束条件。

对式（3.33）按照 3.4.1 小节的方式进行处理，博弈模型为

$$\text{Max } E[\Pi_b(\lambda,\theta)] = [\omega(q-q_0) - (p+\lambda)]Q - (1-\theta)k(q-q_0) \tag{3.36}$$

$$\text{Max } E[\Pi_s(q)] = (p+\lambda-r)Q - h(q-Q) - \theta k(q-q_0)$$
$$+ \rho\left[(p-r)q - (p-r+h)\int_0^q F(D)\mathrm{d}D\right] \tag{3.37}$$

$$\text{s.t.} \begin{cases} q-Q \geqslant 0 \\ (p-r+h)F^{-1}(\delta) - hq - \Pi_0 \geqslant 0 \end{cases} \tag{3.38}$$

对模型采用逆向递推法，给定 λ 和 θ，将式（3.37）和式（3.38）联立求解，可得最优的产能值 q^*。由 KKT 条件可得

$$
\begin{cases}
-h-\theta k+\rho[(p-r)-(p-r+h)F(q)]+\mu_1-\mu_2 h=0 \\
\mu_1(q-Q)=0 \\
\mu_2[(p-r+h)F^{-1}(\delta)-hq-\Pi_0]=0
\end{cases}
$$

对于拉格朗日乘子 $\mu_1 \geqslant 0$ 和 $\mu_2 \geqslant 0$，其组合有四种不同的情况。

1）第一种情况：$\mu_1=0$ 和 $\mu_2=0$。此时，$q-Q>0$ 且 $(p-r+h)F^{-1}(\delta)-hq-\Pi_0>0$，可解得

$$
q_1^*=F^{-1}\left(\frac{(p-r)-\dfrac{h+\theta k}{\rho}}{p-r+h}\right) \tag{3.39}
$$

2）第二种情况：$\mu_1=0$ 和 $\mu_2>0$。此时，$q-Q>0$，可解得 $\mu_2=\dfrac{1}{h}\{-h-\theta k+\rho[(p-r)-(p-r+h)F(q^*)]\}$，以及

$$
q_2^*=\frac{1}{h}[(p-r+h)F^{-1}(\delta)-\Pi_0] \tag{3.40}
$$

3）第三种情况：$\mu_1>0$ 和 $\mu_2=0$。此时，$(p-r+h)F^{-1}(\delta)-hq-\Pi_0>0$，可解得 $\mu_1=h+\theta k-\rho[(p-r)-(p-r+h)F(Q)]$，以及

$$
q_3^*=Q \tag{3.41}
$$

4）第四种情况：$\mu_1>0$ 和 $\mu_2>0$。此时，可解得 $q_4^*=Q$，且 $(p-r+h)F^{-1}(\delta)-hQ-\Pi_0=0$。

由以上计算结果可得定理 3.4。

定理 3.4　在供应商产能培育的 Stackelberg 博弈模型中，产能的最优值为

$$
q^*=\begin{cases}
F^{-1}\left(\dfrac{(p-r)-\dfrac{h+\theta k}{\rho}}{p-r+h}\right), & q_2^*<q_1^*<q_3^* \\
Q, & q_1^*<q_2^* \\
\dfrac{1}{h}[(p-r+h)F^{-1}(\delta)-\Pi_0], & q_1^*>q_3^*
\end{cases} \tag{3.42}
$$

由 KKT 条件求得的最优解实际为产能 q 的取值范围的上下界以及极值点。又由于 $\dfrac{\mathrm{d}^2 E[\Pi_s(q)]}{\mathrm{d}q^2}=-\rho(p-r+h)f(q)<0$，存在极大值 q_1^*。当 $q_1^* \in \left[Q,\dfrac{1}{h}[(p-r+h)F^{-1}(\delta)-\Pi_0]\right]$ 时，最大值 q^* 在极大值 q_1^* 处取得；当 $q_1^* \notin \left[Q,\dfrac{1}{h}[(p-r+h)F^{-1}(\delta)-\Pi_0]\right]$ 时，最大值 q^* 在端点处取得。

将最优的产能 q^* 代入式（3.11）中，分别对 λ 和 θ 求偏导，可得

$$\frac{\partial \Pi_b}{\partial \lambda} = -Q - (1-\theta)k\frac{\partial q^*}{\partial \lambda}$$

$$\frac{\partial \Pi_b}{\partial \theta} = k(q^* - q_0) - (1-\theta)k\frac{\partial q^*}{\partial \theta}$$

1）对于第一种情况，$\frac{\partial q_1^*}{\partial \lambda} = 0$，$\frac{\partial q_1^*}{\partial \theta} = \frac{k}{\rho(p-r+h)f(q_1^*)}$，代入上式并由一阶

条件可得

$\frac{\partial \Pi_b}{\partial \lambda} = -Q < 0$，$\frac{\partial \Pi_b}{\partial \theta} = k(q^* - q_0) - (1-\theta)k\dfrac{k}{\rho(p-r+h)f(q_1^*)} = 0$，则 $\lambda = 0$，θ^*

满足：

$$k\left[F^{-1}\left(\frac{(p-r)-\dfrac{h+\theta^*k}{\rho}}{p-r+h}\right) - q_0\right] - (1-\theta)k\frac{k}{\rho(p-r+h)f\left[F^{-1}\left(\dfrac{(p-r)-\dfrac{h+\theta^*k}{\rho}}{p-r+h}\right)\right]} = 0$$

2）对于第二种情况至第四种情况，都有 $\frac{\partial q^*}{\partial \lambda} = 0$，$\frac{\partial q^*}{\partial \theta} = 0$，则 $\frac{\partial \Pi_b}{\partial \lambda} = -Q < 0$，

$\frac{\partial \Pi_b}{\partial \theta} = k(q^* - q_0) > 0$，即业主期望收益随着采购价格激励系数 λ 的增加而减小，

随着投资成本分担比例 θ 的增加而增加，故 $\lambda = 0$，$\theta = 1$。

根据以上计算结果，可得定理 3.5。

定理 3.5　在供应商产能培育的 Stackelberg 博弈模型中，最优价格补贴 λ 为 0，最优投资成本分担比例 θ 有两种情况。当 $q_1^* \in \left[Q, \dfrac{1}{h}[(p-r+h)F^{-1}(\delta) - \Pi_0]\right]$ 时，

θ 满足等式 $\left[F^{-1}\left(\dfrac{(p-r)-\dfrac{h+\theta^*k}{\rho}}{p-r+h}\right) - q_0\right]\rho(p-r+h)f\left[F^{-1}\left(\dfrac{(p-r)-\dfrac{h+\theta^*k}{\rho}}{p-r+h}\right)\right] - (1-$

$\theta)k = 0$；当 $q_1^* \notin \left[Q, \dfrac{1}{h}[(p-r+h)F^{-1}(\delta) - \Pi_0]\right]$ 时，$\theta = 1$。

推论 3.5　在供应商产能培育的 Stackelberg 博弈模型中：①业主对供应商的价格补贴激励是无效的，而投资成本分担对产能提升有直接的影响，且投资成本分担比例越高，越有利于产能的提升；②产能的最优值随着供应商的风险规避系数的增加而增加。

3.4.4　供应商产能培育激励机制分析

由以上的计算结果可知，如果仅仅是为提升产能，业主不会采用采购价格激励方式，而只会采用投资成本分担的激励方式。由于投资成本分担比例 θ 的形式比较复杂，此处仅分析各个参数对最优产能 q^* 的影响。此外，委托代理模型中的最优产能 q^* 与 Stackelberg 博弈模型中的最优产能 q^* 受参数影响变化趋势相同，此处以 Stackelberg 博弈模型为例，分析最优产能的变化趋势。根据式（3.39）～式（3.41），可得激励机制关键参数的灵敏度分析结果（表 3.4）。

表 3.4　激励机制关键参数的灵敏度分析结果

项目	参数值变化	最优产能 q_1^*	最优产能 q_2^*	最优产能 q_3^*
当期工程参数提升	产能提高给业主带来的效益系数 ω	—	—	—
	业主在当期工程中的采购量 Q	—	—	↑
供应商参数提升	单位产品生产成本 r	↓	↓	—
	边际产能投资成本 k	↓	—	—
	供应商的产量剩余成本 h	↓	↓	—
	供应商风险规避系数 δ	—	↑	—
	供应商未来市场的保留收益 Π_0	—	↓	—
未来市场参数提升	产品市场定价 p	↑	↑	—
	未来市场收益的折现因子 ρ	↑	—	—
激励强度提升	供应商承担的投资成本分担比例 θ	↓	—	—
	业主对供应商的采购价格激励系数 λ	—	—	—

1. 当期工程参数

产能提高给业主带来的效益系数 ω 对供应商产能培育没有直接的影响。
业主在当期工程中的采购量 Q 越大，供应商提升自身产能的动力越大。

2. 供应商参数

单位产品生产成本 r 越高，则边际产能投资成本 k 越高。这说明总生产成本越高，越不利于产能的提升。
供应商的产量剩余成本 h 越高，供应商的期望收益越低，这将不利于产能的提升。

供应商风险规避系数 δ 越高，越能更好地应对未来市场的不确定性，更有助于产能的提升。

如果供应商未来市场的保留收益 Π_0 较高，则说明供应商需要在未来市场获得更高的收益来保证其最低收益。根据之前的分析可知，要使得 VaR 约束有意义，则产能 q 必须大于市场需求 D。这使得供应商未来市场收益随着产能的提升而降低，未来市场的风险增大，不利于产能的提升。

3. 未来市场参数

产品市场定价 p 越高，供应商单位产品所获得的收益越多，越有利于产能的提升。

未来市场收益的折现因子 ρ 越高，未来收益转化到本期的收益就越大，越有利于产能的提升。

4. 激励强度

供应商承担的投资成本分担比例 θ 越高，其越不愿参与产能培育。反之，若业主承担更多的投资成本，则供应商更愿意参与培育，即激励强度越高，越有利于产能的提升。

参 考 文 献

曹柬, 胡丽玲, 姚清钦, 等. 2015. 基于激励理论的政府与逆向供应链系统协调机制. 系统工程学报, 30 (6): 821-835.

代建生. 2016. 风险规避供应链的最优两部定价契约. 系统工程学报, 31 (1): 66-77.

孔融, 董明, 刘少轩. 2012. 考虑产能投资分担的供应链契约协调研究. 上海交通大学学报, 46 (12): 1994-1998.

石丹, 李勇建. 2015. 不同激励机制下供应商产能投资问题研究. 系统工程理论与实践, 35 (1): 86-94.

徐最, 朱道立, 朱文贵. 2007. 补偿契约模式下的供应链产能投资研究. 科技导报, 25 (7): 71-76.

鄢冬瑾, 曾伟, 王红卫. 2017. 风险厌恶下的重大工程供应商培育激励机制分析. 系统工程学报, 32 (3): 325-334.

杨丹琴, 肖条军, 沈厚才. 2011. 不对称信息下产能预定协调机制研究. 系统科学与数学, 31 (10): 1232-1240.

朱晨卉. 2013. 产能投资及合作创新情形下供应链联盟机制研究. 上海交通大学硕士学位论文.

Back W E, Grau D, Mejia-Aguilar G. 2013. Effectiveness evaluation of contract incentives on project performance. International Journal of Construction Education and Research, 9 (4): 288-306.

Banker R D, Khosla I, Sinha K K. 1998. Quality and competition. Management Science, 44 (44): 1179-1192.

Basar T, Olsder G J. 1982. Dynamic Noncooperative Game Theory. London: Academic Press.

Cachon G P, Lariviere M A. 2001. Contracting to assure supply: how to share demand forecasts in a supply chain. Management Science, 47 (5): 629-646.

Chen Y J, Seshadri S. 2006. Supply chain structure and demand risk. Automatica, 42 (8): 1291-1299.

Choi S, Ruszczyński A. 2011. A multi-product risk-averse newsvendor with exponential utility function. European Journal of Operational Research, 214 (1): 78-84.

Hahn C K, Watts C A, Kim K Y. 1990. The supplier development program: a conceptual model. Journal of Supply Chain

Management，26（2）：2-7.

He Y，Liu Z，Usman K. 2014. Coordination of cooperative advertising in a two-period fashion and textiles supply chain. Mathematical Problems in Engineering，（9）：1-10.

Humphreys P K，Li W L，Chan L Y. 2001. The impact of supplier development on buyer-supplier performance. Omega，32（2）：131-143.

Humphreys P，Trevor C，Li W L，et al. 2011. An investigation into supplier development activities and their influence on performance in the Chinese electronics industry. Teaching & Teacher Education，22（2）：137-156.

Konukcu S，Anumba C J，Carrillo P M. 2008. The need for the creation of knowledge chains in construction. Helsinki：CIB W102 Conference on Performance and Knowledge Management：179-191.

Krause D R，Ellram L M. 1997a. Critical elements of supplier development the buying-firm perspective. European Journal of Purchasing & Supply Management，3（1）：21-31.

Krause D R，Ellram L M. 1997b. Success factors in supplier development. International Journal of Physical Distribution & Logistics Management，27（1）：39-52.

Krause D R，Handfield R B，Tyler B B. 2007. The relationships between supplier development，commitment，social capital accumulation and performance improvement. Journal of Operations Management，25（2）：528-545.

Laffont J J，Martimort D. 2002. The Theory of Incentives：The Principal-agent Model. Princeton：Princeton University Press.

Li Q，Liu Z，He Y. 2014. Impact of risk aversion on price and quality decisions under demand uncertainty via the CARA utility function. Mathematical Problems in Engineering，（1）：1-15.

Li W，Humphreys P K，Yeung A C L，et al. 2007. The impact of specific supplier development efforts on buyer competitive advantage：an empirical model. International Journal of Production Economics，106（1）：230-247.

Li W，Humphreys P K，Yeung A C L，et al. 2012. The impact of supplier development on buyer competitive advantage：a path analytic model. International Journal of Production Economics，135（1）：353-366.

Mahapatra S K，Das A，Narasimhan R. 2012. A contingent theory of supplier management initiatives：effects of competitive intensity and product life cycle. Journal of Operations Management，30（5）：406-422.

Meyer A D，Nakane J，Miller J G，et al. 1989. Flexibility：the next competitive battle the manufacturing futures survey. Strategic Management Journal，10（2）：135-144.

Modi S B，Mabert V A. 2007. Supplier development：improving supplier performance through knowledge transfer. Journal of Operations Management，25（1）：42-64.

Murat E，Wu S D. 2005. Managing high-tech capacity expansion via reservation contracts. Production & Operations Management，14（2）：232-251.

Praxmarer-Carus S，Sucky E，Durst S M. 2013. The relationship between the perceived shares of costs and earnings in supplier development programs and supplier satisfaction. Industrial Marketing Management，42（2）：202-210.

Suprapto M，Bakker H L M，Mooi H G，et al. 2016. How do contract types and incentives matter to project performance？International Journal of Project Management，34（6）：1071-1087.

Tapiero C S. 2005. Value at risk and inventory control. European Journal of Operational Research，163：769-775.

Taylor T A，Plambeck E L. 2007. Simple relational contracts to motivate capacity investment：price only vs. price and quantity. Manufacturing & Service Operations Management，9（1）：94-113.

Tomlin B. 2003. Capacity investments in supply chains：sharing the gain rather than sharing the pain. Manufacturing & Service Operations Management，5（4）：317-333.

Veldman J，Gaalman G. 2014. A model of strategic product quality and process improvement incentives. International

Journal of Production Economics，149：202-210.

Xie G，Yue W，Wang S. 2010. Quality decision in a make-to-order supply chain with uncertain demand. Tokyo：International Conference on Service Systems and Service Management：1-5.

Xie G，Yue W，Wang S. 2014. Quality improvement policies in a supply chain with Stackelberg games. Journal of Applied Mathematics，2014（3）：1-9.

Xie G，Yue W，Wang S，et al. 2011. Quality investment and price decision in a risk-averse supply chain. European Journal of Operational Research，214（2）：304-410.

Yoo S H，Shin H，Park M S，et al. 2015. New product development and the effect of supplier involvement. Omega，51：107-120.

Zeng W，Zhang J，Wang H，et al. 2018a. Supplier development and its incentives in infrastructure mega-projects：a case study on Hong Kong-Zhuhai-Macao Bridge project. Frontiers of Engineering Management，5（1）：88-97.

Zeng W，Wang H，Li H，et al. 2018b. Incentive mechanisms for supplier development in mega construction projects. IEEE Transactions on Engineering Management，（99）：1-14.

Zhu K，Zhang R Q，Tsung F. 2007. Pushing quality improvement along supply chains. Management Science，53（3）：421-436.

第4章 预制件生产的二阶段激励机制

4.1 引　　言

4.1.1 预制件生产的二阶段激励的关键问题

在预制件的生产过程中，通常存在多阶段生产的情形，即首批与后续批次的生产。在这种多阶段生产的情形下，供应商对于努力程度的决策不仅需要考虑当前批次的收益，还考虑后续批次的收益以及声誉的影响。业主的重要任务就是通过多种方式激励预制件供应商完成首批部件的达标生产，并有效地组织后续大规模生产，这就是预制件生产的二阶段激励问题。在该问题中，业主可考虑的激励手段是供应商的工期和质量。在业主与供应商的博弈过程中，供应商的声誉因素也可能与激励机制的设计有关。本书将主要讨论预制件生产的二阶段激励的两个关键问题。

（1）考虑工期-质量目标协调均衡的二阶段动态激励

预制件的首批生产往往需要经过一个摸索阶段，该阶段易出现设计变更、设备更换、工艺变化等问题，质量控制难度较大，且进度慢、成本高；后续批次生产是在首批基础上开展的大规模生产活动，其质量水平也处于首批质量水平的波动范围内。对于业主而言，一方面，预制件的生产需要满足工期要求，若发生延误，则后续的工序无法顺利开展，会造成严重损失；另一方面，预制件的生产也需要满足质量要求，若质量不达标，会造成预制件无法正常安装，甚至带来安全隐患。然而，工期和质量往往是一对矛盾体。质量培育需要较长的时间，但是紧迫的工期又无法提供充裕的时间。因此，需要从工期和质量目标均衡协调的视角出发，结合首批生产和后续批次生产的动态关系，合理设计二阶段激励机制，并调整激励强度，以实现预制件生产的工期和质量均衡优化。

（2）考虑双重声誉的二阶段动态激励

在预制件生产中，供应商在完成业主委托任务的同时，还可以收获良好的口碑，从而形成良好的企业声誉，继而在后续的招投标及合作中获得竞争优势，即供应商具有声誉敏感性。供应商的声誉主要包括显性声誉和隐形声誉。显性声誉是指供应商当前预制件生产的资质和能力，隐形声誉是指供应商完成当前预制件生产之后所获得的口碑，影响着供应商的未来收益。业主可以根据供应商对于显性声誉和隐形声誉的敏感性来设计激励机制，进一步提高供应商的努力水平，增加双方的收益，这即为考虑双重声誉的二阶段动态激励。对于声誉激励的有效性主要从两个方面考虑：首先，供应商的不同生产线、生产人员、管理人员均存在着一定的客观差异性，可以通过声誉激励的方式有效地调动供应商发挥其核心能力；其次，供应商也存在着较强的提高声誉的冲动，通过对生产资料进行更新及对人员进行严格培训，即本次合作的良好表现实现未来收益的提升。因此，业主可以利用供应商一定程度上"赔本赚吆喝"的心理，通过声誉激励的方式调动其改善生产资料和进行人员能力提升的努力。

本章将预制件生产分为两个阶段，通过协调多目标及考虑双重声誉因素来设计激励机制，这一定程度上反映了预制件生产的特殊性，较为贴合工程实际，可为预制件生产过程中业主对供应商实现有效激励提供指导。

4.1.2　相关问题的研究现状

预制件生产的激励因素可分为显性激励因素和隐性激励因素。显性激励因素主要有工期、质量、成本等，隐性激励因素主要有代理人声誉、社会责任声誉等。下面从显性激励和隐性激励两个方面来讨论研究现状。

（1）显性激励

对于显性激励，很多学者从契约设计及多目标激励的角度进行研究。Turner和 Simister（2001）指出项目契约在项目组织中具有重要地位，是各方目标统一的基础。王晓州（2004）指出委托人应重点关注契约的设计以及管理上的安排，以便能够在代理人追逐自身利益最大化的同时，也能兼顾委托人的利益。汪应洛和杨耀红（2005）考虑多总价合同的情形，建立多合同的主从递阶博弈模型，提出了最优工期的激励方法。马士华和陈建华（2006）建立了承包商与项目公司之间多任务协调的激励模型，以达到双方收益均衡的目的。陈建华（2006）将工程承包合同期划分为两个观测期，缩短激励契约的时间跨度，以提高承包商努力情况的透明度进而促使其更加努力。Chan 等（2010）提出了基于成本目标的激励机制来协调业主和承包商的利益。李真等（2012）针对业主与承包商群体的一对多结构，考虑了如何通过菜单合同模式对承包商群体进行激励以优化工程质量。还有一些学者开展了基于多目标的显性激励研究。施建刚等（2012）以工期-质量为目标，构建并剖析了工期-质量协调均衡的项目导向型供应链跨组织激励模型。翁东风和何洲汀（2010）提出用成本-工期-质量的多目标激励机制来协调业主与承包商的利益关系。

（2）隐性激励

对于隐性激励，很多学者主要研究声誉机制。Fama（1980）最早提出了隐性
激励可以作为显性激励的一个不完备的替代，代理人即使没有显性激励，也会努力
工作以改善自己在代理人市场上的声誉，从而提高未来的竞争力。Kreps 等（1982）、
Kreps 和 Wilson（1982）用重复博弈模型研究声誉机制，建立了 KMRW（Kreps，
Milgrom，Roberts，Wilson）声誉模型。随后，研究者在此基础上进行了多方面的
探索。肖条军和盛昭瀚（2003）建立了两阶段基于信号博弈的声誉模型，研究了企
业在动态环境中的基于两阶段声誉模型的最优研发战略。刘惠萍和张世英（2005）
构建了经理人声誉机制与显性机制相结合的最优动态激励模型。Healy（2007）研
究了在重复合作市场中声誉的预测效用。Rahman 和 Kumaraswamy（2008）指出
信任感可以提供有效的激励机制，从而实现关系契约下的建设安排工作。Chi 和
Hou（2010）运用期望效用、博弈论和动态规划方法研究了基于能力声誉与合作
声誉的运营项目团队成员的激励机制。段永瑞等（2012）将个人激励与团队激励
相结合，研究了声誉机制的影响。费显政等（2010）研究了企业社会责任声誉溢
出效应，为企业认识、预防和应对声誉的溢出效应提供了理论指导和激励建议。
孔峰和张微（2012）分析了基于固定工资和声誉的国企经理的行为选择特征。

综上所述，现有激励机制设计方面的研究成果较为丰富，但主要是工期、质
量、成本等多目标激励，而在工程领域中考虑声誉激励的研究较少。本章主要考
虑重大工程预制件二阶段生产的特点，分别从动态激励及其与声誉激励的结合角
度，设计预制件生产的二阶段激励机制。

4.2　考虑工期-质量目标协调均衡的二阶段动态激励

4.2.1　二阶段动态激励问题描述与建模

1. 问题描述

重大工程的预制件产品体量大、制造工艺复杂、技术难度高。供应商现有的
生产线往往难以满足重大工程预制件生产的要求，而且重大工程对于预制件生产
的工期有严格的要求。因此，业主激励供应商的主要控制目标为工期和质量。因
为预制件生产是二阶段的形式，所以相应地将合同期分为两个激励观测期。在预
制件的首批生产中，其产品的质量决定了后续生产的质量，该观测期的激励因素
着重考虑质量激励。而预制件后续生产为大规模批量生产，更侧重于工期与质量
的协调均衡，该观测期的激励因素主要考虑工期与质量激励的均衡。对于工期和
质量两个控制目标，工期控制目标信息易于观测，但质量控制目标信息除受到供

应商努力程度和外部环境的影响外，还会受到监理单位的信用、技术检测水平等随机因素的影响，难以观测。因而在第二阶段对质量控制目标进行修正。业主作为委托人委托供应商提供预制件，供应商作为代理人首先选择自身关于工期和质量的努力水平，业主为了激励供应商付出更多的努力，根据观测到的供应商的努力程度提供合适的激励，并使得供应商获得的收益不低于不提供激励时的保留收益。因此，本节基于委托代理模型来建立工期-质量目标协调均衡的二阶段动态激励模型，预制件生产的二阶段激励问题主要解决如下问题。

1）业主在两阶段内关于工期和质量激励有何变化？

2）供应商的内在因素和外在环境因素如何影响激励效果？

3）二阶段动态激励与单阶段激励有什么不同？

2. 基本模型

在工程项目中，为了激励供应商进行生产创新和质量提升，业主根据供应商的工期和质量努力水平进行激励，以实现自身收益最大化。供应商作为代理人，在保证接受委托合同所获得收益不小于保留效用的前提下寻找最优努力水平。

具体来说，二阶段中的每一阶段动态激励的委托代理模型如下：

$$\text{Max } E[U(\beta_1, \beta_2, \overline{w})] \tag{4.1}$$

$$\text{s.t. } (\text{IR})E[V(e_1, e_2 \mid \beta_1, \beta_2, \overline{w})] \geqslant \overline{w} \tag{4.2}$$

$$(\text{IC})\text{Max } E[V(e_1, e_2 \mid \beta_1, \beta_2, \overline{w})] \tag{4.3}$$

式（4.1）表示最大化业主的期望收益，β_1、β_2、$\overline{w}$ 分别为业主对供应商工期和质量的边际激励强度，以及支付给供应商的固定报酬；式（4.2）表示委托代理模型的参与约束条件，即在业主提供的激励强度下，供应商进行技术创新和提高质量所获得的期望收益应不低于保留效用；式（4.3）表示委托代理模型的激励相容条件，即在业主的激励强度下，供应商选择最优的努力水平，以最大化期望收益；e_1、e_2 分别为供应商关于工期和质量的努力水平。

3. 模型描述

1）业主和供应商都是完全理性与独立的，业主是风险中性的，供应商是风险规避的，供应商的风险规避量为 ρ，$\rho > 0$。同时，业主不可直接观测供应商的努力水平。

2）供应商的工期和质量努力水平为 $e = (e_1, e_2)$，$e > 0$，努力产出函数为

$$M(e_1, e_2) = k_1 e_1 + k_2 e_2 + \varepsilon_0 \tag{4.4}$$

式中，k_1、k_2 为工期和质量努力的产出系数；ε_0 为影响产出的外生随机变量，假定 $\varepsilon_0 \sim N(0, \delta^2)$。假设工期和质量控制目标的两阶段努力产出系数都是不同的，且有 $k_1^{\text{I}} \leqslant k_1^{\text{II}}$、$k_2^{\text{I}} \geqslant k_2^{\text{II}}$。

3）供应商努力成本函数为

$$C(e_1,e_2) = \frac{1}{2}\mu(e_1^2 + 2\lambda e_1 e_2 + e_2^2), \quad \mu > 0 \qquad (4.5)$$

式中，μ 为努力水平成本化的努力成本系数；λ 为控制目标努力成本的边际替代率，即某一控制目标努力水平的提高对另一目标的影响。当 $\lambda < 0$ 时，意味着某一控制目标努力水平的提高会促进另一控制目标的实现，即工期-质量控制目标之间存在成本互补的关联性；当 $\lambda = 0$ 时，工期-质量控制目标的努力成本相互独立；当 $\lambda > 0$ 时，工期-质量控制目标间存在成本替代性。可知，供应商努力水平越高，则努力成本越大，边际成本越大。因此，努力成本函数是努力水平的严格单调增函数，有 $\dfrac{\partial C}{\partial e} > 0$ 和 $\dfrac{\partial^2 C}{\partial e^2} > 0$，则 $-1 < \lambda < 1$。

4）工期和质量控制目标的观测信息为 $x = (x_1, x_2)$，与供应商努力水平的关系为

$$x_1 = e_1 + \varepsilon_1, \quad x_2 = e_2 + \varepsilon_2 + \xi \qquad (4.6)$$

式中，ε_i 为随机影响因素；x_1 可用产品进度指标、工程提前量等来衡量；x_2 为质量抽检及对工程实体观测的结果，可用产品合格度、优良度等来衡量。假定 $\varepsilon_1 \sim N(0, \sigma_1^2)$，$\varepsilon_2 \sim N(0, \sigma_2^2)$，其中 σ_1^2、σ_2^2 分别为工期和质量观测信息的精确度。ξ 用于表示监理单位的信用、技术检测水平等内部因素的随机变量，假定 $\xi \sim N(\bar{\xi}, \sigma_\xi^2)$，其中 $\bar{\xi}$ 为 ξ 的均值，σ_ξ^2 为 ξ 的方差。ξ、ε_1、ε_2 三者相互独立。因此有 $x_1 \sim N(e_1, \sigma_1^2)$，$x_2 \sim N(e_2 + \bar{\xi}, \sigma_2^2 + \sigma_\xi^2)$。

5）假设业主提供给供应商的报酬为线性形式：

$$W = \bar{w} + \beta_1 x_1 + \beta_2 x_2 \qquad (4.7)$$

式中，$\bar{w}$ 为支付给供应商的固定报酬；β_1、β_2 分别为业主对供应商工期和质量控制目标的激励强度。

6）第一阶段达到均衡状态时，供应商质量努力水平为 e_2^{I}，且观测到的质量信息为 x_2^{I}。在第二阶段开始之前，业主根据信息 x_2^{I} 修正随机变量 ξ 的后验概率，得到第二阶段中关于随机变量 ξ 的均值与方差。

$$\upsilon = E(\xi \mid x_2^{\mathrm{I}}) = (1-\tau)E(\xi) + \tau(x_2^{\mathrm{I}} - e_2^{\mathrm{I}}) = (1-\tau)\bar{\xi} + \tau(x_2^{\mathrm{I}} - e_2^{\mathrm{I}}) \qquad (4.8)$$

$$\mathrm{Var}(\upsilon) = \frac{\sigma_2^2 \sigma_\xi^2}{\sigma_2^2 + \sigma_\xi^2} = \tau \sigma_2^2 \qquad (4.9)$$

$$\mathrm{Var}(\xi \mid x_2^{\mathrm{I}}) = \frac{\sigma_2^2 \sigma_\xi^2}{\sigma_2^2 + \sigma_\xi^2} = \tau \sigma_2^2 \qquad (4.10)$$

式中，$\tau = \dfrac{\mathrm{Var}(\xi)}{\mathrm{Var}(\varepsilon_2) + \mathrm{Var}(\xi)} = \dfrac{\sigma_\xi^2}{\sigma_2^2 + \sigma_\xi^2}$。

式（4.8）表明，τ 越大，x_2^{I} 中 ξ 占比越大。第一阶段有关质量控制目标的信息不确定性越大，则修正量 τ 越大。特别地，如果 $\sigma_\xi^2 = 0$，即系统内部因素对质量控制目标信息没有影响，则 $\tau = 0$，业主将不进行修正；如果 $\sigma_\xi^2 \to +\infty$，即内部因素影响非常大，则 $\tau \to 1$，业主将完全根据观测到的信息 x_2^{I} 修正对 ξ 的判断。一般情况下，$0 < \tau < 1$。

模型的主要符号说明见表 4.1。

表 4.1　主要符号列表

参数符号	符号含义
e_1	供应商的工期努力水平
e_2	供应商的质量努力水平
k_1	供应商工期努力的产出系数
k_2	供应商质量努力的产出系数
ε_0	影响产出的外生随机变量，服从均值为 0、方差为 δ^2 的正态分布
μ	努力成本系数
λ	努力成本的边际替代率
ε_1	影响工期观测的随机变量
ε_2	影响质量观测的随机变量
x_1	业主关于供应商工期控制目标的观测信息
x_2	业主关于供应商质量控制目标的观测信息
ξ	监理单位影响质量观测的随机变量
$\bar{w}$	业主支付给供应商的固定报酬
β_1	业主对供应商的工期激励强度
β_2	业主对供应商的质量激励强度
ρ	供应商的风险规避量
U_1^{I}	第一阶段业主的确定性等价收入
U_2^{I}	第一阶段供应商的确定性等价收入
U_1^{II}	第二阶段业主的确定性等价收入
U_2^{II}	第二阶段供应商的确定性等价收入

4.2.2　二阶段动态激励的收益求解

对于二阶段动态激励问题，一般的求解思路如下：首先求解第二阶段最优激励，其次结合第二阶段的结果来求解第一阶段最优激励。

1. 第二阶段最优激励

根据以上假设，第二阶段风险规避的供应商确定性等价收入为

$$U_2^{\mathrm{II}} = \bar{w}^{\mathrm{II}} + \beta_1^{\mathrm{II}} e_1^{\mathrm{II}} + \beta_2^{\mathrm{II}} (e_2^{\mathrm{II}} + \upsilon) - C(e_1^{\mathrm{II}}, e_2^{\mathrm{II}}) - \frac{1}{2}\rho(\beta_1^{\mathrm{II}^2}\sigma_1^2 + \beta_2^{\mathrm{II}^2}\vartheta^2) \quad (4.11)$$

式中，$\vartheta^2 = \mathrm{Var}(\upsilon) + \mathrm{Var}(\varepsilon_2) = \tau\sigma_2^2 + \sigma_2^2 = (1+\tau)\sigma_2^2$。

第二阶段风险中性的业主的确定性等价收入为

$$U_1^{\mathrm{II}} = k_1^{\mathrm{II}} e_1^{\mathrm{II}} + k_2^{\mathrm{II}} e_2^{\mathrm{II}} - \bar{w}^{\mathrm{II}} - \beta_1^{\mathrm{II}} e_1^{\mathrm{II}} - \beta_2^{\mathrm{II}} (e_2^{\mathrm{II}} + \upsilon) \quad (4.12)$$

在第二阶段，业主对供应商关于工期-质量目标协调激励问题可以描述为如下的最优化问题：

$$\underset{\bar{w}^{\mathrm{II}}, \beta_1^{\mathrm{II}}, e_1^{\mathrm{II}}}{\mathrm{Max}}\, U_1^{\mathrm{II}} = \underset{\bar{w}^{\mathrm{II}}, \beta_1^{\mathrm{II}}, e_1^{\mathrm{II}}}{\mathrm{Max}}\, k_1^{\mathrm{II}} e_1^{\mathrm{II}} + k_2^{\mathrm{II}} e_2^{\mathrm{II}} - \bar{w}^{\mathrm{II}} - \beta_1^{\mathrm{II}} e_1^{\mathrm{II}} - \beta_2^{\mathrm{II}} (e_2^{\mathrm{II}} + \upsilon) \quad (4.13)$$

$$\mathrm{s.t.} \begin{cases} (\mathrm{IR})\,\bar{w}^{\mathrm{II}} + \beta_1^{\mathrm{II}} e_1^{\mathrm{II}} + \beta_2^{\mathrm{II}} (e_2^{\mathrm{II}} + \upsilon) - C(e_1^{\mathrm{II}}, e_2^{\mathrm{II}}) - \frac{1}{2}\rho(\beta_1^{\mathrm{II}^2}\sigma_1^2 + \beta_2^{\mathrm{II}^2}\vartheta^2) \geqslant \bar{w}^{\mathrm{II}} \\ (\mathrm{IC})(e_1^{\mathrm{II}}, e_2^{\mathrm{II}}) \in \arg\mathrm{Max}[\bar{w}^{\mathrm{II}} + \beta_1^{\mathrm{II}} e_1^{\mathrm{II}} + \beta_2^{\mathrm{II}} (e_2^{\mathrm{II}} + \upsilon) - C(e_1^{\mathrm{II}}, e_2^{\mathrm{II}}) - \frac{1}{2}\rho(\beta_1^{\mathrm{II}^2}\sigma_1^2 + \beta_2^{\mathrm{II}^2}\vartheta^2)] \end{cases}$$

$$(4.14)$$

可求得第二阶段业主的激励强度 β_i^{II}（$i=1,2$）与供应商的努力水平 e_i^{II}（$i=1,2$）分别为

$$\begin{cases} \beta_1^{\mathrm{II}} = \dfrac{k_1^{\mathrm{II}} + (k_1^{\mathrm{II}} - \lambda k_2^{\mathrm{II}})\rho\mu\vartheta^2}{1 + \rho\mu\sigma_1^2 + \rho\mu\vartheta^2 + \rho^2\mu^2\sigma_1^2\vartheta^2(1-\lambda^2)} \\ \beta_2^{\mathrm{II}} = \dfrac{k_2^{\mathrm{II}} + (k_2^{\mathrm{II}} - \lambda k_1^{\mathrm{II}})\rho\mu\sigma_1^2}{1 + \rho\mu\sigma_1^2 + \rho\mu\vartheta^2 + \rho^2\mu^2\sigma_1^2\vartheta^2(1-\lambda^2)} \end{cases} \quad (4.15)$$

$$\begin{cases} e_1^{\mathrm{II}} = \dfrac{k_1^{\mathrm{II}}(1 + \rho\mu\vartheta^2 + \lambda^2\rho\mu\sigma_1^2) - \lambda k_2^{\mathrm{II}}(1 + \rho\mu\sigma_1^2 + \rho\mu\vartheta^2)}{\mu(1-\lambda^2)[1 + \rho\mu\sigma_1^2 + \rho\mu\vartheta^2 + \rho^2\mu^2\sigma_1^2\vartheta^2(1-\lambda^2)]} \\ e_2^{\mathrm{II}} = \dfrac{k_2^{\mathrm{II}}(1 + \rho\mu\sigma_1^2 + \lambda^2\rho\mu\vartheta^2) - \lambda k_1^{\mathrm{II}}(1 + \rho\mu\sigma_1^2 + \rho\mu\vartheta^2)}{\mu(1-\lambda^2)[1 + \rho\mu\sigma_1^2 + \rho\mu\vartheta^2 + \rho^2\mu^2\sigma_1^2\vartheta^2(1-\lambda^2)]} \end{cases} \quad (4.16)$$

2. 第一阶段最优激励

在不考虑贴现率的情况下，根据求得的第二阶段最优激励，业主的二阶段总确定性等价收入为

$$U_1 = U_1^{\mathrm{I}} + U_1^{\mathrm{II}}$$

$$= k_1^{\mathrm{I}} e_1^{\mathrm{I}} + k_2^{\mathrm{I}} e_2^{\mathrm{I}} - \overline{w}^{\mathrm{I}} - \beta_1^{\mathrm{I}} e_1^{\mathrm{I}} - \beta_2^{\mathrm{I}} (e_2^{\mathrm{I}} + \overline{\xi}) + k_1^{\mathrm{II}} e_1^{\mathrm{II}} + k_2^{\mathrm{II}} e_2^{\mathrm{II}} - \overline{w}^{\mathrm{II}} - \beta_1^{\mathrm{II}} e_1^{\mathrm{II}} - \beta_2^{\mathrm{II}} (e_2^{\mathrm{II}} + \upsilon)$$

$$(4.17)$$

供应商的二阶段总确定性等价收入为

$$U_2 = U_2^{\mathrm{I}} + U_2^{\mathrm{II}}$$

$$= \overline{w}^{\mathrm{I}} + \beta_1^{\mathrm{I}} e_1^{\mathrm{I}} + \beta_2^{\mathrm{I}} (e_2^{\mathrm{I}} + \overline{\xi}) - C(e_1^{\mathrm{I}}, e_2^{\mathrm{I}}) - \frac{1}{2} \rho (\beta_1^{\mathrm{I}2} \sigma_1^2 + \beta_2^{\mathrm{I}2} \sigma_2^2 + \beta_2^{\mathrm{I}2} \sigma_\xi^2) \quad (4.18)$$

$$+ \overline{w}^{\mathrm{II}} + \beta_1^{\mathrm{II}} e_1^{\mathrm{II}} + \beta_2^{\mathrm{II}} (e_2^{\mathrm{II}} + \upsilon) - C(e_1^{\mathrm{II}}, e_2^{\mathrm{II}}) - \frac{1}{2} \rho (\beta_1^{\mathrm{II}2} \sigma_1^2 + \beta_2^{\mathrm{II}2} \vartheta^2)$$

因此，最优决策问题为

$$\mathrm{Max}\, U_1$$

$$\text{s.t.} \begin{cases} (\mathrm{IR}) & U_2 \geqslant \overline{w}^{\mathrm{I}} + \overline{w}^{\mathrm{II}} \\ (\mathrm{IC}) & (e_1^{\mathrm{I}}, e_2^{\mathrm{I}}) \in \arg \mathrm{Max}\, U_2 \end{cases} \quad (4.19)$$

可求得第一阶段业主的激励强度与供应商的努力水平分别为

$$\begin{cases} \beta_1^{\mathrm{I}} = \dfrac{k_1^{\mathrm{I}} + (k_1^{\mathrm{I}} - \lambda k_2^{\mathrm{I}}) \rho \mu (\sigma_2^2 + \sigma_\xi^2)}{1 + \rho \mu \sigma_1^2 + \rho \mu (\sigma_2^2 + \sigma_\xi^2) + \rho^2 \mu^2 \sigma_1^2 (\sigma_2^2 + \sigma_\xi^2)(1 - \lambda^2)} \\[4mm] \beta_2^{\mathrm{I}} = \dfrac{k_2^{\mathrm{I}} + (k_2^{\mathrm{I}} - \lambda k_1^{\mathrm{I}}) \rho \mu \sigma_1^2}{1 + \rho \mu \sigma_1^2 + \rho \mu (\sigma_2^2 + \sigma_\xi^2) + \rho^2 \mu^2 \sigma_1^2 (\sigma_2^2 + \sigma_\xi^2)(1 - \lambda^2)} \end{cases} \quad (4.20)$$

$$\begin{cases} e_1^{\mathrm{I}} = \dfrac{k_1^{\mathrm{I}}[1 + \rho \mu (\sigma_2^2 + \sigma_\xi^2) + \lambda^2 \rho \mu \sigma_1^2] - \lambda k_2^{\mathrm{I}}[1 + \rho \mu \sigma_1^2 + \rho \mu (\sigma_2^2 + \sigma_\xi^2)]}{\mu (1 - \lambda^2)[1 + \rho \mu \sigma_1^2 + \rho \mu (\sigma_2^2 + \sigma_\xi^2) + \rho^2 \mu^2 \sigma_1^2 (\sigma_2^2 + \sigma_\xi^2)(1 - \lambda^2)]} \\[4mm] e_2^{\mathrm{I}} = \dfrac{k_2^{\mathrm{I}}[1 + \rho \mu \sigma_1^2 + \lambda^2 \rho \mu (\sigma_2^2 + \sigma_\xi^2)] - \lambda k_1^{\mathrm{I}}[1 + \rho \mu \sigma_1^2 + \rho \mu (\sigma_2^2 + \sigma_\xi^2)]}{\mu (1 - \lambda^2)[1 + \rho \mu \sigma_1^2 + \rho \mu (\sigma_2^2 + \sigma_\xi^2) + \rho^2 \mu^2 \sigma_1^2 (\sigma_2^2 + \sigma_\xi^2)(1 - \lambda^2)]} \end{cases} \quad (4.21)$$

4.2.3 二阶段动态激励模型的分析

在二阶段动态激励模型中，两个阶段最优激励强度和努力水平形式上是相同的，只是具体数值不同。本章以第二阶段为例，对模型的结果进行分析说明。

1. 供应商的努力水平对业主的激励强度的影响

结论 4.1 当 $\lambda \neq 0$ 时，业主对供应商的激励强度与供应商的努力水平呈线性关系。当 $-1 < \lambda < 0$ 时，激励强度 β_1（β_2）是供应商工期（质量）努力水平的增函数，是质量（工期）努力水平的减函数；当 $\lambda = 0$ 时，激励强度 β_1（β_2）是供应商工期（质量）努力水平的增函数，但对质量（工期）努力水平无影响；当 $0 < \lambda < 1$ 时，激励强度 β_i 是供应商两种努力水平的增函数。

2. 供应商的努力产出系数对业主的激励强度的影响

结论 4.2　工期-质量目标协调均衡时，激励强度同时受到供应商两个努力产出系数的影响。当 $-1 < \lambda < 0$ 时，供应商的努力产出系数越大（即 k_1、k_2 越大），业主对其激励强度越大；当 $\lambda = 0$ 时，供应商的工期（质量）努力产出系数只影响业主的工期（质量）激励强度，努力产出系数越大，对应的激励强度越大；当 $0 < \lambda < 1$ 时，激励强度 β_1（β_2）是供应商的工期（质量）努力产出系数的增函数，是质量（工期）努力产出系数的减函数。

3. 供应商的努力成本系数对业主的激励强度的影响

结论 4.3　工期-质量目标协调均衡时，供应商的努力成本系数越大，业主提供的激励强度越小，即激励强度 β_i 是努力成本系数 μ 的减函数。这是因为，对于给定的 β_i，若 μ 越大，则供应商的努力成本越高。

4. 供应商的风险规避量对业主的激励强度的影响

结论 4.4　工期-质量目标协调均衡时，供应商越是风险规避，业主的激励强度越小，即激励强度 β_i 是供应商风险规避量 ρ 的减函数。这是因为，对于给定的 β_i，若 ρ 越大，则供应商的风险成本越高。此时，业主会减小激励强度 β_i 以降低风险。

5. 观测信息的精确度对业主的激励强度的影响

结论 4.5　工期-质量目标协调均衡时，激励强度会同时受到工期与质量观测信息精确度的影响。观测信息的精确度越低，即 σ_1^2、σ_2^2 越大[因为 $\vartheta^2 = (1+\tau)\sigma_2^2$，所以 ϑ^2 越大，意味着 σ_2^2 越大]，业主对供应商的激励强度越小。这是因为，观测信息的精确度降低，业主与供应商之间的信息不对称性增加，业主会减小激励强度 β_i 以降低风险。

4.2.4　二阶段动态激励的算例分析

经模型分析可知，固定报酬 $\bar{w}$ 并不影响激励强度 β_i 和努力水平 e_i，可假设 $\bar{w} = 0$。定义可观测变量 x_1 为供应商的工程提前量，x_2 为供应商产品优良率的提高程度，k_1^{I}、k_2^{I}、k_1^{II}、k_2^{II} 分别为第一和第二阶段单位时间（每月）的工期和质量努力产出系数，β_1^{I}、β_1^{II} 分别为第一和第二阶段业主的工期缩短（每月）激励强度，β_2^{I}、β_2^{II} 分别为第一和第二阶段业主的产品优良率提高单位百分点的激励强度。

假设供应商的最大和最小工期分别为 24 个月和 20 个月，供应商承诺的产品优良率为 90%，即 $0 \leqslant x_1 \leqslant 4$，$0 \leqslant x_2 \leqslant 10$。其他相关参数取值为 $\rho = 0.8$，$\mu = 1$，$\sigma_1^2 = 0.01$，$\sigma_2^2 = 0.02$，$\sigma_\xi^2 = 0.005$，$\overline{\xi} = 0.1$，$k_1^{\mathrm{I}} = 25$，$k_2^{\mathrm{I}} = 45$，$k_1^{\mathrm{II}} = 45$，$k_2^{\mathrm{II}} = 30$。

将相关参数取值代入式（4.15）、式（4.16）、式（4.20）、式（4.21），在 $-1 < \lambda < 1$ 的情况下，分别对两个阶段的工期-质量的激励强度及供应商的努力水平进行比较，结果如图 4.1 和图 4.2 所示。

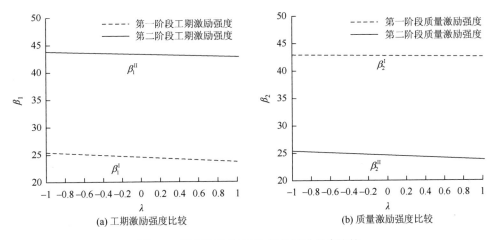

图 4.1 两个阶段的工期-质量激励强度比较

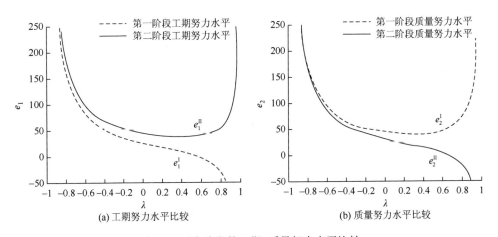

图 4.2 两个阶段的工期-质量努力水平比较

从图 4.1 可以看出，不管供应商努力成本的边际替代率如何，业主第二阶段的工期激励强度要高于第一阶段，而第一阶段的质量激励强度高于第二阶段。这表示，在第一阶段中业主更加注重对质量控制目标的激励，促使供应商达到较高的质量水平；而在第二阶段，业主则更加注重对工期控制目标的激励，以满足项目进度要求。

从图 4.2 可以看出，随着工期（质量）努力水平的提高，供应商的质量（工期）边际成本会逐渐增加，相应的质量（工期）努力水平会逐渐降低。不管供应商努力成本的边际替代率如何调整，供应商第二阶段的工期努力水平要高于第一阶段，而第一阶段的质量努力水平要高于第二阶段。这是因为，供应商会依据业主的工期和质量激励强度来对两个阶段的努力水平进行调整，这种调整不会因努力成本的边际替代率改变而改变。

4.3　考虑双重声誉的二阶段动态激励

4.3.1　考虑双重声誉的动态激励问题描述与建模

1. 问题描述

对于预制件供应商而言，良好的声誉不仅可以使其在招投标时有较大的竞争优势，而且可以增强其未来在市场的竞争力。由于供应商的声誉包括显性声誉和隐形声誉，本章同时考虑显性声誉激励和隐性声誉激励，基于委托代理模型构建双重声誉的动态激励模型。业主作为委托人委托供应商提供预制件，供应商作为代理人首先选择自身的努力水平，业主为了激励供应商付出更多的努力，根据观测到的努力程度和供应商声誉提供合适的激励，并使得供应商获得的收益不低于不提供激励时的保留收益。本节主要解决如下问题。

1）重大工程建设过程中双重声誉激励对预制件供应商的激励效果如何？

2）双重声誉激励机制发挥作用的有效性条件是什么？

3）双重声誉激励模型与未考虑声誉因素的激励模型有什么不同？

2. 模型描述

1）业主和供应商都是完全理性和独立的，业主是风险中性的，供应商是风险规避的，供应商的风险规避量为 ρ ，$\rho > 0$ 。同时，业主不可直接观测供应商的努力水平。

2）工期或质量等控制目标的努力水平 e^t ，t 为生产阶段 I 和 II 。工期或质量等控制目标的努力产出函数为

$$m^t = ke^t + \delta r^t + \varepsilon^t, \quad t = \text{I}, \text{II} \tag{4.22}$$

式中，m^t 为第 t 阶段的供应商产出（即供应商通过努力所创造的净收益，可理解为努力水平改善对工程工期或质量的贡献）；k 为努力产出系数；δ 为显性声誉的产出系数（即供应商将资质和能力转化为产出的系数）；r^t 为第 t 阶段供应商的显性声誉（即供应商的资质和能力），假定 $r^t \sim N(a, \sigma_r^2)$ ，其中 a 为均值、σ_r^2 为方

差；ε^t 为影响产出的外生随机变量（如市场、技术或环境的不确定性），假定 $\varepsilon^t \sim N(0, \sigma_\varepsilon^2)$，其中 σ_ε^2 为方差。

3）供应商的努力成本函数为

$$C(e^t) = \frac{\mu}{2(1+\theta)}(e^t)^2, \quad t = \text{I, II} \tag{4.23}$$

式中，μ 为努力成本系数，$\mu > 0$。努力成本函数是努力水平的严格单调递增的凸函数，即有 $\frac{\partial C}{\partial e} > 0$，$\frac{\partial^2 C}{\partial e^2} > 0$；$1+\theta$ 为隐性声誉系数，假设 $0 < \theta < 1$；为了便于表示，令 $\varphi = 1+\theta$，有 $1 < \varphi < 2$。

4）业主向供应商提供的报酬为线性形式：

$$W^t = w^t + \beta^t(m^t), \quad t = \text{I, II} \tag{4.24}$$

式中，w^t 为业主支付给供应商的固定报酬，β^t 为业主对供应商产出的激励强度。

5）第一阶段均衡状态时，供应商的努力水平为 $\hat{e}^\text{I}$，业主观测到的产出为 m^I。业主根据 m^I 和 $\hat{e}^\text{I}$ 对供应商的显性声誉进行修正，即对 $E(r^\text{II})$ 进行重新评估，可以得到：

$$\upsilon = E(r^\text{II} \mid m^\text{I}) = \frac{1}{\delta}[(1-\tau)\delta a + \tau(m^\text{I} - k\hat{e}^\text{I})] = \frac{\delta\sigma_r^2(m^\text{I} - k\hat{e}^\text{I}) + \sigma_\varepsilon^2 a}{\delta^2\sigma_r^2 + \sigma_\varepsilon^2} \tag{4.25}$$

$$\text{Var}(\upsilon) = \frac{\delta^2\sigma_r^4}{\delta^2\sigma_r^2 + \sigma_\varepsilon^2} = \tau\sigma_r^2 \tag{4.26}$$

式中，$\tau = \dfrac{\text{Var}(\delta r^\text{I})}{\text{Var}(\delta r^\text{I}) + \text{Var}(\varepsilon^\text{I})} = \dfrac{\delta^2\sigma_r^2}{\delta^2\sigma_r^2 + \sigma_\varepsilon^2}$。

这表明，业主观察到第一阶段产出 m^I 后，对 δr^II 的期望值是先验期望值 δa 和观测值 $m^\text{I} - k\hat{e}^\text{I}$ 的加权平均。也就是说，业主根据观测到的信息修正了对供应商资质和能力的判断，事前有关资质和能力的不确定性越大，修正越多。一般来说，$0 < \tau < 1$。

模型的其他主要参数符号说明见表 4.2。

表 4.2　其他主要符号列表

参数符号	符号含义
e^t	第 t 阶段供应商的工期或质量等控制目标努力水平
k	供应商的努力产出系数
δ	显性声誉产出系数，即供应商将资质和能力转化为产出的系数
r^t	供应商的显性声誉，可视为供应商的资质和能力

续表

参数符号	符号含义
ε^t	第 t 阶段影响产出的外生随机变量，服从均值为 0、方差为 σ_ε^2 的正态分布
m^t	第 t 阶段的供应商产出，即供应商通过努力所创造的净收益
μ	努力成本系数
φ	隐形声誉系数，有 $1 < \varphi < 2$
β^t	业主对供应商产出的边际激励强度
w^t	第 t 阶段业主支付给供应商的固定报酬
ρ	供应商的风险规避量
U^{I}	第一阶段业主的确定性等价收入
V^{I}	第一阶段供应商的确定性等价收入
U^{II}	第二阶段业主的确定性等价收入
V^{II}	第二阶段供应商的确定性等价收入

4.3.2　二阶段声誉动态激励的收益求解

1. 第二阶段最优收益激励

根据 4.3.1 小节的假设，第二阶段风险规避的供应商的确定性等价收入为

$$V^{\mathrm{II}} = w^{\mathrm{II}} + \beta^{\mathrm{II}}(ke^{\mathrm{II}} + \delta\upsilon) - \frac{\mu}{2\phi}(e^{\mathrm{II}})^2 - \frac{1}{2}\rho(\beta^{\mathrm{II}})^2(\delta^2\tau\sigma_r^2 + \sigma_\varepsilon^2) \qquad (4.27)$$

第二阶段风险中性的业主的确定性等价收入为

$$U^{\mathrm{II}} = ke^{\mathrm{II}} + \delta\upsilon - w^{\mathrm{II}} - \beta^{\mathrm{II}}(ke^{\mathrm{II}} + \delta\upsilon) \qquad (4.28)$$

在第二阶段，业主对供应商考虑声誉的激励问题可以描述为如下最优化问题：

$$\underset{w^{\mathrm{II}},\beta^{\mathrm{II}},e^{\mathrm{II}}}{\mathrm{Max}}\, U^{\mathrm{II}} = (1 - \beta^{\mathrm{II}})(ke^{\mathrm{II}} + \delta\upsilon) - w^{\mathrm{II}} \qquad (4.29)$$

$$\mathrm{s.t.}\begin{cases} (\mathrm{IR})w^{\mathrm{II}} + \beta^{\mathrm{II}}(ke^{\mathrm{II}} + \delta\upsilon) - \dfrac{\mu}{2\varphi}(e^{\mathrm{II}})^2 - \dfrac{1}{2}\rho(\beta^{\mathrm{II}})^2(\delta^2\tau\sigma_r^2 + \sigma_\varepsilon^2) \geqslant \overline{w}^{\mathrm{II}} \\[4mm] (\mathrm{IC})e^{\mathrm{II}} \in \arg\mathrm{Max}[V^{\mathrm{II}} = w^{\mathrm{II}} + \beta^{\mathrm{II}}(ke^{\mathrm{II}} + \delta\upsilon) - \dfrac{\mu}{2\varphi}(e^{\mathrm{II}})^2 - \dfrac{1}{2}\rho(\beta^{\mathrm{II}})^2(\delta^2\tau\sigma_r^2 + \sigma_\varepsilon^2)] \end{cases}$$

$$(4.30)$$

式中，$\bar{w}^{II}$ 为供应商的保留效用，此处假设 $\bar{w}^{II} = \eta(U^{II} + V^{II})$；$\eta$ 为供应商在第二阶段的讨价还价能力，即供应商的保留效用与期望收益和自身讨价还价能力相关。

求解上述模型，可得第二阶段业主的最优激励强度和供应商的最优努力水平：

$$\beta^{II} = \frac{k^2\varphi}{k^2\varphi + \rho\mu(\delta^2\tau\sigma_r^2 + \sigma_\varepsilon^2)} \tag{4.31}$$

$$e^{II} = \frac{k^3\varphi^2}{\mu k^2\varphi + \rho\mu^2(\delta^2\tau\sigma_r^2 + \sigma_\varepsilon^2)} \tag{4.32}$$

2. 第一阶段最优收益激励

假设不考虑贴现率，业主在两个阶段的确定性等价收入之和为

$$U = U^I + U^{II} = (1-\beta^I)(ke^I + \delta a) - w^I + (1-\beta^{II})(ke^{II} + \delta\upsilon) - w^{II} \tag{4.33}$$

供应商在两个阶段的确定性等价收入之和为

$$\begin{aligned}
V = V^I + V^{II} &= w^I + \beta^I(ke^I + \delta a) - \frac{\mu}{2\varphi}(e^I)^2 - \frac{1}{2}\rho(\beta^I)^2(\delta^2\sigma_r^2 + \sigma_\varepsilon^2) \\
&+ w^{II} + \beta^{II}(ke^{II} + \delta\upsilon) - \frac{\mu}{2\varphi}(e^{II})^2 - \frac{1}{2}\rho(\beta^{II})^2(\delta^2\tau\sigma_r^2 + \sigma_\varepsilon^2)
\end{aligned} \tag{4.34}$$

因此，最优决策问题为

$$\begin{aligned}
&\mathrm{Max}\, U \\
&\begin{cases} (\text{IR})\ V \geqslant \bar{w} \\ (\text{IC})\ e^I \in \arg \mathrm{Max}\, V \end{cases}
\end{aligned} \tag{4.35}$$

式中，$\bar{w}$ 为两个阶段的供应商总保留效用，是一个外生变量。由于第一阶段的产出会影响第二阶段的保留效用，高的产出会提高供应商在与业主谈判中的讨价还价能力，改善供应商的外部选择机会。

式（4.35）中的 IC 约束式应满足一阶条件 $\frac{\partial V}{\partial e^I} = 0$，因此可得

$$k\beta^I - \frac{\mu}{\varphi}e^I - \frac{\delta\sigma_r^2}{\delta^2\sigma_r^2 + \sigma_\varepsilon^2}\delta k\beta^{II} = 0 \tag{4.36}$$

又因 $\frac{\partial^2 V}{\partial(e^I)^2} = -\frac{\mu}{\varphi} < 0$，因此存在 e^I 使得 V 取最大值。这样，供应商第一阶段的最优努力水平为

$$e^I = \frac{\varphi(k\beta^I - k\tau\beta^{II})}{\mu} \tag{4.37}$$

将式（4.37）代入式（4.33）中，可得业主第一阶段的最优激励强度为

$$\beta^{\mathrm{I}} = \frac{k^2\varphi(1-\tau+\tau\beta^{\mathrm{II}})}{k^2\varphi+\rho\mu(\delta^2\sigma_r^2+\sigma_\varepsilon^2)} = \frac{k^2\varphi[k^2\varphi+\rho\mu(1-\tau)(\lambda^2\tau\sigma_r^2+\sigma_\varepsilon^2)]}{[k^2\varphi+\rho\mu(\delta^2\sigma_r^2+\sigma_\varepsilon^2)][k^2\varphi+\rho\mu(\delta^2\tau\sigma_r^2+\sigma_\varepsilon^2)]}$$

$$(4.38)$$

与此同时，可得供应商第一阶段的最优努力水平为

$$e^{\mathrm{I}} = \frac{k^3\varphi^2[(1-\tau)k^2\varphi-\rho\mu\delta^2\tau^2\sigma_r^2+(1-2\tau)\rho\mu\sigma_\varepsilon^2]}{\mu[k^2\varphi+\rho\mu(\delta^2\sigma_r^2+\sigma_\varepsilon^2)][k^2\varphi+\rho\mu(\delta^2\tau\sigma_r^2+\sigma_\varepsilon^2)]} \qquad (4.39)$$

4.3.3 二阶段声誉动态激励模型的分析与讨论

1. 声誉激励的有效性条件

结论 4.6   声誉激励是通过对固定报酬（w^{II}）的调整来影响供应商的未来收益（W^{II}）的。声誉激励的有效性条件是：$\eta > \beta^{\mathrm{II}} = \dfrac{k^2\varphi}{k^2\varphi+\rho\mu(\delta^2\tau\sigma_r^2+\sigma_\varepsilon^2)}$ 与

$\varphi > \dfrac{\rho\mu\delta^2\sigma_r^2\tau^2+\rho\mu\sigma_\varepsilon^2(2\tau-1)}{k^2(1-\tau)}$。

证明：由求解过程有 $w^{\mathrm{II}} = (\eta-\beta^{\mathrm{II}})ke^{\mathrm{II}} + (\eta-\beta^{\mathrm{II}})\delta E(r^{\mathrm{II}}|m^{\mathrm{I}}) + (1-\eta)\left[\dfrac{\mu}{2\varphi}(e^{\mathrm{II}})^2 + \dfrac{1}{2}\rho(\beta^{\mathrm{II}})^2(\delta^2\tau\sigma_r^2+\sigma_\varepsilon^2)\right]W^{\mathrm{II}} = w^{\mathrm{II}} + \beta^{\mathrm{II}}m^{\mathrm{II}}$。

供应商在第二阶段的收益不仅包括业主给出激励 β^{II} 的收益，还包括业主根据第一阶段的产出 m^{I} 对供应商的资质和能力的预期。

当 $\eta > \beta^{\mathrm{II}}$ 时，声誉激励是一种积极的影响，即供应商提高第一阶段的产出可以改善业主对其能力的预期，从而提高第二阶段的收益；当 $\eta < \beta^{\mathrm{II}}$ 时，这种作用却是相反的，改善业主对供应商能力的预期会降低供应商第二阶段的收益。因此，声誉激励发挥作用的条件是 $\eta > \beta^{\mathrm{II}}$。

与此同时，由式（4.13）可得，要使声誉激励发挥有效作用，还需满足 $\beta^{\mathrm{I}} - \tau\beta^{\mathrm{II}} > 0$，因此有 $\varphi > \dfrac{\rho\mu\delta^2\sigma_r^2\tau^2+\rho\mu\sigma_\varepsilon^2(2\tau-1)}{k^2(1-\tau)}$。

结论 4.7   显性声誉激励只在第一阶段内有激励作用，而隐性声誉激励在两个阶段都能够发挥激励作用。

两个阶段供应商的努力水平分别为 $e^{\mathrm{I}} = \dfrac{\varphi(k\beta^{\mathrm{I}}-k\tau\beta^{\mathrm{II}})}{\mu}$ 和 $e^{\mathrm{II}} = \dfrac{k\varphi}{\mu}\beta^{\mathrm{II}}$。可见，第二阶段供应商的最优努力水平只受到当期激励强度 β^{II} 的影响。因为是末阶段，

此时的最优努力水平不会受到显性声誉的影响。但从长期收益来看，第二阶段的努力水平仍会受到隐性声誉的影响。第一阶段供应商的最优努力水平不仅受到当期激励强度 β^{I} 的影响，还会受到显性声誉和隐性声誉的双重影响。

2. 敏感性分析

声誉激励的关键参数为 φ 与 τ。根据结论 4.7，隐性声誉激励对两个阶段都发挥作用，显性声誉激励只对第一阶段产生影响。下面讨论关键参数 φ 与 τ 对激励的敏感性分析。

结论 4.8 随着供应商逐渐加强对隐性声誉的关注，业主对供应商的激励强度在两个阶段均会提高，供应商的努力水平在两个阶段也会随之提升。

分别对 β^{I}、β^{II}、e^{I}、e^{II} 关于 φ 求偏导，可得 $\dfrac{\partial \beta^{\mathrm{I}}}{\partial \varphi} > 0$，$\dfrac{\partial \beta^{\mathrm{II}}}{\partial \varphi} > 0$，$\dfrac{\partial e^{\mathrm{I}}}{\partial \varphi} > 0$，

$\dfrac{\partial e^{\mathrm{II}}}{\partial \varphi} > 0$。因此有，业主对供应商的激励强度与隐性声誉系数呈正相关关系。供应商的努力水平与隐性声誉系数亦呈正相关关系。

结论 4.9 从长期合作的角度来看，在双重声誉激励的作用下，业主关于供应商资质或能力的修正会变大，而声誉激励的效果会变差。

分别对 β^{I}、e^{I} 关于 τ 求偏导，得 $\dfrac{\partial \beta^{\mathrm{I}}}{\partial \tau} < 0$，$\dfrac{\partial e^{\mathrm{I}}}{\partial \tau} = \dfrac{k\varphi}{\mu}\left(\dfrac{\partial \beta_1}{\partial \tau} - \dfrac{\partial \tau \beta_2}{\partial \tau}\right)$，而在 $e_1 > 0$

的条件下，$\dfrac{\partial \beta^{\mathrm{I}}}{\partial \tau} < 0$，$\dfrac{\partial \tau \beta^{\mathrm{II}}}{\partial \tau} > 0$，所以有 $\dfrac{\partial e^{\mathrm{I}}}{\partial \tau} < 0$。

因此有，业主对供应商的激励强度与供应商资质或能力的不确定性负相关，即供应商资质或能力的不确定性越大，修正越大，业主对供应商的激励强度越小。在声誉激励作用下，供应商的努力水平与其资质或能力的不确定性负相关。

4.3.4 不同声誉激励模型的比较分析

1. 未考虑声誉因素的显性激励模型

假设供应商的努力产出函数为 $m = ke + \varepsilon$，其中 ε 为影响产出的外生随机变量（如市场、技术或环境的不确定性）。假定 $\mathrm{Var}(m) = \sigma^2$，$\sigma^2 = \delta^2 \sigma_r^2 + \sigma_\varepsilon^2$。供应商的努力成本函数为 $C(e_t) = \dfrac{1}{2}\mu e^2$，业主提供给供应商的报酬为 $W = w + \beta m$。

不考虑声誉因素，业主对供应商的激励问题可以描述为如下的最优化问题：

$$\underset{w,\beta,e}{\mathrm{Max}}\, U = (1-\beta)ke - w \tag{4.40}$$

$$\begin{cases} (\text{IR})w + \beta ke - \dfrac{1}{2}\mu e^2 - \dfrac{1}{2}\rho \beta^2 \sigma^2 \geqslant \bar{w}_0 \\ (\text{IC})e \in \arg \text{Max}\left(w + \beta ke - \dfrac{1}{2}\mu e^2 - \dfrac{1}{2}\rho \beta^2 \sigma^2\right) \end{cases} \tag{4.41}$$

求解得此问题的最优解为：$\beta_0 = \dfrac{k^2}{k^2 + \rho\mu\sigma^2}$，$e_0 = \dfrac{k^3}{\mu k^2 + \rho\mu^2\sigma^2}$。

2. 双重声誉激励模型与未考虑声誉因素的显性激励模型的比较

结论 4.10　在双重声誉激励下，业主对供应商第二阶段的激励强度大于未考虑声誉因素时的激励强度，供应商第二阶段的努力水平比未考虑声誉因素时的努力水平高。

证明：分别比较两种激励模型的结果，有

$$\beta^{\text{II}} - \beta_0 = \frac{k^2\rho\mu[(\varphi-1)(\delta^2\sigma_r^2 + \sigma_\varepsilon^2) + \lambda^2\sigma_r^2(1-\tau)]}{[k^2\varphi + \rho\mu(\delta^2\tau\sigma_r^2 + \sigma_\varepsilon^2)](k^2 + \rho\mu\sigma^2)} > 0 \tag{4.42}$$

$$e^{\text{II}} - e_0 = \frac{k^3\rho[(\varphi^2-1)(\delta^2\sigma_r^2 + \sigma_\varepsilon^2) + \lambda^2\sigma_r^2(1-\tau)]}{[k^2\varphi + \rho\mu(\delta^2\tau\sigma_r^2 + \sigma_\varepsilon^2)](k^2 + \rho\mu\sigma^2)} > 0 \tag{4.43}$$

所以，$\beta^{\text{II}} > \beta_0$，$e^{\text{II}} > e_0$。

结论 4.11　当隐性声誉系数 φ 和显性声誉的修正 τ 共同作用满足式（4.44）中的第二个条件时，业主对供应商第一阶段的激励强度 β^{I} 小于未考虑声誉因素时的激励强度 β_0；而在第二阶段，$\beta^{\text{II}} > \beta_0$。因此，在此条件下，考虑双重声誉激励时业主的激励强度是不断增加的。当 φ 和 τ 满足式（4.45）中的第一个条件时，在业主提供的显性激励机制中引入双重声誉即可实现帕累托改进。

$$\begin{aligned} \beta^{\text{I}} - \beta_0 &= \frac{k^2\varphi[(\varphi-1)R - \tau T] + \rho\mu RT[\varphi(1-\tau)-1]}{[k^2\varphi + \rho\mu R]^2[k^2\varphi + \rho\mu T]} \\ &= \begin{cases} \geqslant 0, & \rho\mu RT[\varphi(1-\tau)-1] \geqslant k^2\varphi[\tau T - (\varphi-1)R] \\ < 0, & \rho\mu RT[\varphi(1-\tau)-1] < k^2\varphi[\tau T - (\varphi-1)R] \end{cases} \end{aligned} \tag{4.44}$$

式中，$R = \delta^2\sigma_r^2 + \sigma_\varepsilon^2$，$T = \delta^2\tau\sigma_r^2 + \sigma_\varepsilon^2$。

$$\begin{aligned} e^{\text{I}} - e_0 &= \frac{k^3\{(k^2 + \rho\mu R)\varphi^2[k^2\varphi(1-\tau) + \rho\mu(T - \tau R - \tau T)] - [k^2\varphi + \rho\mu R][k^2\varphi + \rho\mu T]\}}{\mu[k^2\varphi + \rho\mu R][k^2\varphi + \rho\mu T][k^2 + \rho\mu R]} \\ &= \begin{cases} \geqslant 0, & (k^2 + \rho\mu R)\varphi^2[k^2\varphi(1-\tau) + \rho\mu(T - \tau R - \tau T)] \geqslant [k^2\varphi + \rho\mu R][k^2\varphi + \rho\mu T] \\ < 0, & (k^2 + \rho\mu R)\varphi^2[k^2\varphi(1-\tau) + \rho\mu(T - \tau R - \tau T)] < [k^2\varphi + \rho\mu R][k^2\varphi + \rho\mu T] \end{cases} \end{aligned}$$

$$\tag{4.45}$$

式中，$R = \delta^2\sigma_r^2 + \sigma_\varepsilon^2$，$T = \delta^2\tau\sigma_r^2 + \sigma_\varepsilon^2$。

　　本章将通过算例分析来进一步验证上述结论。在算例中，令供应商的努力产出系数 $k=100$，显性声誉产出系数 $\lambda=1$，外生随机变量的方差 $\sigma_\varepsilon^2=100$，努力成本系数 $\mu=80$，供应商的风险规避度 $\rho=2$。

　　图 4.3 和图 4.4 分别反映了隐性声誉系数和显性声誉修正系数对双重声誉激励模型的第二阶段与未考虑声誉因素的显性激励模型最优激励强度与努力水平的影响。一方面，第二阶段业主对供应商的激励强度和供应商的努力水平均随着隐性声誉系数的增加而增大。这表明，随着隐性声誉系数的增大，业主对供应商的总声誉激励系数会变大，供应商为了获取更多的未来收益而提高自己的努力水平与声誉。另一方面，在双重声誉激励的作用下，第二阶段业主对供应商的激励强度与供应商的努力水平都会优于未考虑声誉因素时的情形。这样，分别验证了结论 4.8 与结论 4.10。

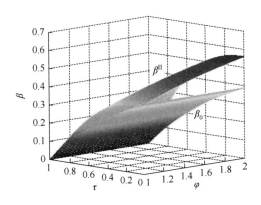
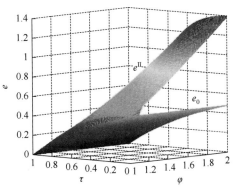

图 4.3　不同 φ、τ 值下 β^{II} 与 β_0 的比较　　　　图 4.4　不同 φ、τ 值下 e^{II} 与 e_0 的比较

　　图 4.3 和图 4.4 分别反映了隐性声誉系数和显性声誉修正对双重声誉激励模型的第一阶段与未考虑声誉因素的显性激励模型最优激励强度与努力水平的影响。从图 4.5 和图 4.6 中均可看出，随着供应商对隐性声誉的关注逐渐加强，业主对供应商第一阶段的激励强度会提高，供应商在第一阶段也会更加努力。从图 4.5 还可以看出，第一阶段业主对供应商的激励强度与隐性声誉系数正相关，与供应商资质或能力的不确定性负相关。当满足 $5\varphi^2+\varphi(5\tau^4-2\tau^3+5\tau^2+3)-8(\tau^2-\tau+1)>0$ 时，即图 4.5 中两个曲面的交线所在纵截面的右侧，第一阶段业主对供应商的激励强度大于未考虑声誉因素时的激励强度；当在左侧时，未考虑声誉因素时的激励强度更大。从图 4.6 可以看出，在满足有效性条件时，供应商的努力水平与显性声誉修正数负相关。当满足 $[5\varphi(1-\tau)+8(1-\tau+\tau^2)][5\varphi^2(1-\tau)-5\varphi(1-\tau)+8\varphi^2-8]-8\tau\varphi^2[5(1-\tau)+8]\geq 0$ 时，即图 4.6 中两个曲面的交线所在纵截面的右侧，第一阶段供应商的努力水平大于未考虑声誉因素时的努力水平，结合 $e_2>e_0$ 可以说明，此

时实现了帕累托改进；当在左侧时，未考虑声誉因素时的努力水平更高。因此，当显性声誉修正系数与隐性声誉系数的共同作用满足一定条件时，可以实现基于双重声誉激励的帕累托改进。这样，分别验证了结论 4.8、结论 4.9 与结论 4.10。

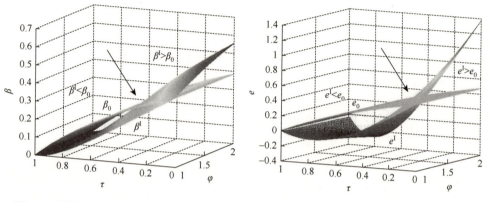

图 4.5　不同 φ、τ 值下的 β^{I} 与 β_0 的比较　　　图 4.6　不同 φ、τ 值下的 e^{I} 与 e_0 的比较

参 考 文 献

陈建华. 2006. 工程项目供应链整合管理激励协调模型研究. 华中科技大学博士学位论文.

段永瑞, 黄凯丽, 霍佳震. 2012. 考虑团队分享和协同效应的团队员工多阶段激励模型. 系统管理学报, 21 (2): 155-165.

费显政, 李陈微, 周舒华. 2010. 一损俱损还是因祸得福?——企业社会责任声誉溢出效应研究. 管理世界, (4): 74-82.

孔峰, 张微. 2012. 基于固定工资和声誉的国企经理行为动态分析. 系统管理学报, 21 (5): 716-720.

李真, 孟庆峰, 盛昭瀚, 等. 2012. 工程质量优化的承包商群体激励效率演化分析. 中国管理科学, 20 (3): 112-121.

刘惠萍, 张世英. 2005. 基于声誉理论的我国经理人动态激励模型研究. 中国管理科学, 13 (4): 78-86.

马士华, 陈建华. 2006. 多目标协调均衡的项目公司与承包商收益激励模型. 系统工程, 24 (11): 72-78.

施建刚, 吴光东, 唐代中. 2012. 工期-质量协调均衡的项目导向型供应链跨组织激励. 管理工程学报, 26 (2): 58-64.

汪应洛, 杨耀红. 2005. 多合同的激励优化与最优工期确定. 预测, 24 (2): 60-63.

王晓州. 2004. 建设项目委托代理关系的经济学分析及激励与约束机制设计. 中国软科学, (6): 77-82.

翁东风, 何洲汀. 2010. 基于多维决策变量的工程项目最优激励契约设计. 土木工程学报, 43 (11), 139-143.

肖条军, 盛昭瀚. 2003. 两阶段基于信号博弈的声誉模型. 管理科学学报, 6 (1): 27-31.

Chan D W M, Lam P T I, Chan A P C. 2010. Achieving better performance through target cost contracts: the tale of an underground railway station modification project. Facilities, 28 (5/6): 261-277.

Chi H, Hou J. 2010. Study on logistics project team member's incentive mechanism based on reputation. International Conference of Logistics Engineering & Management: 423-430.

Fama E F. 1980. Agency problems and the theory of the firm. Journal of Political Economy, 88 (2): 288-307.

Healy P J. 2007. Group reputations, stereotypes, and cooperation in a repeated labor market. American Economic Review, 97 (5): 1751-1773.

Kreps D M，Milgrom P，Roberts J，et al. 1982. Rational cooperation in the finitely repeated prisoners' dilemma. Journal of Economic Theory，27（2）：245-253.

Kreps D M，Wilson R. 1982. Sequential equilibria. Econometrica，50（4）：863-895.

Kwon H D，Lippman S A，Tang C S. 2011. Sourcing decisions of project tasks with exponential completion times: impact on operating profits. International Journal of Production Economics，134（1）：138-150.

Milgrom P，Roberts J. 1982. Limit pricing and entry under incomplete information: an equilibrium analysis. Econometrica，50（2）：443-459.

Rahman M M，Kumaraswamy M M. 2008. Relational contracting and teambuilding: assessing potential contractual and noncontractual incentives. Journal of Management in Engineering，24（1）：48-63.

Turner J R，Simister S J. 2001. Project contract management and a theory of organization. International Journal of Project Management，19（8）：457-464.

Xiao T J，Gang Y，Sheng Z H. 2004. Reputation，utility and technological innovation strategies. International Journal of Information Technology & Decision Making，3（1）：81-100.

第5章 预制件生产与装配协同调度

5.1 引　　言

5.1.1 预制件生产与装配协同调度的关键问题

预制件生产与装配协同调度就是在给定各预制件交货期的情况下，确定各预制件的生产加工顺序及合理的开工时间，使预制件提前生产导致的库存成本与延期生产导致的惩罚成本之和最小。这一问题本质上可归结为单机提前/拖期调度问题。结合预制件生产与装配的实际情况，这一问题可以分为如下三种情况。

1. 基本的单机提前/拖期调度问题

在基本的单机提前/拖期调度问题中，每个预制件都有一个确定时间点的交货期。一般来说，对于这样的单机提前/拖期调度问题，通常分两阶段进行求解：①采用批次划分的方法确定工件的加工顺序；②在给定顺序情况下，采用最优开工时间算法确定各工件的开始加工时间。但是，这往往需要先设定工件排序规则。不同的排序规则会得到不同的排产计划，需要较大的计算量才能得到有效的排序规则以及优化的调度方案。基本的单机提前/拖期调度问题是典型的 NP-hard 问题（Wan and Yen，2002；Baker and Scudder，1990）。随着问题规模增大，求解会越来越困难，这对于解决实际工程问题存在一定的局限。因此，迫切需要结合工程实践，设计不需要事先确定排序规则的最优开工时间算法，有效解决任意工序下的提前/拖期优化调度问题。

2. 单交货期时间窗的提前/拖期调度问题

单交货期时间窗的提前/拖期调度问题是基本的单机提前/拖期调度问题的扩展，即存在某一个预制件（工件）的交货期为确定的时间窗，其他的交货期为确定的时间点。将某一工件的交货期视为一个波动区间，更加贴近工程实际。对于这类问题的研究，交货期时间窗可作为决策变量和非决策变量两种情况。本章将针对交货期时间窗作为非决策变量的情况进行研究。针对单个工件的交货期为时间窗的问题，需要在基本问题的基础上，分析时间窗对于初始调度方案的影响规律，对单个时间窗的单机提前/拖期调度问题进行建模，并设计相应的优化调度算法，找出最优调度方案随时间窗大小的变化规律。

3. 多交货期时间窗的提前/拖期调度问题

在单交货期时间窗的提前/拖期调度问题上进一步扩展，就变为多交货期时间窗的提前/拖期调度问题。由于多交货期由确定的时间点调整为时间区间，问题的复杂性相应增加。Wan 和 Yen（2002）针对多交货期时间窗的提前/拖期调度问题，采用禁忌搜索算法进行求解，取得了一定的效果。遗传算法与禁忌搜索算法相结合的混合算法在解决高维组合优化问题时具有收敛速度快与优化效果好的优势（李大卫等，1998）。因此，本章将采用遗传算法与禁忌搜索算法相结合的混合算法对多交货期时间窗的提前/拖期调度问题进行求解和分析，以便在工程实际应用中取得更好的效果。

围绕上述三个问题，本章将依次建立预制件生产与装配的协同调度模型，并结合工程实践设计相应的智能求解算法，为实际工程中预制件生产与装配的协同调度提供有效的理论指导。

5.1.2　相关问题的研究现状

本书对基本的单机提前/拖期调度问题以及带有交货期时间窗的单机提前/拖期调度问题的国内外研究现状进行了阐述，并简要介绍求解优化调度问题的遗传算法及禁忌搜索算法。

1. 提前/拖期调度问题的研究现状

提前/拖期调度问题是 JIT 调度问题的分支，很多学者针对具有交货期的 JIT 调度问题进行了深入研究（Prot et al.，2011；Rasti-Barzoki and Hejazi，2013；Dvir，2012）。这类调度问题的优化目标主要是最小化提前/拖期的总成本，也有一些研究将目标定为最小化提前或者拖期工件的数量（Cheng et al.，2014），或者最小化完成作业所需加工机器的总数（Leeaabca，2012）。Baker 和 Scudder（1990）将提前/拖期调度问题按照交货期、惩罚权重以及工序之间是否存在逻辑关系分为七种不同的情形，如图 5.1 所示。其中，具有非公共交货期的单机提前/拖期调度问题已经得到了广泛研究（Sidney，1977；Lakshminarayan et al.，1978）。

在图 5.1 反映的七类问题中，非公共交货期的提前/拖期调度问题和预制件生产与装配协同调度问题密切相关。本书重点对这类问题的研究进行综述。Yano 和 Kim（1991）研究了提前/拖期惩罚的权重与工序完成时间成比例的调度问题，结合最早工期（earliest due date，EDD）、最早开始时间（earliest starting time，EST）、调整工期（modified due date，MDD）等排序规则提出了一种启发式优化方法。Lee 和 Choi（1995）运用了遗传算法求解各个工序的最优开始时间。Nadjafi 和 Shadrokh（2008，2009）采用了分支定界法解决了工序之间存在逻辑关系的提前/

拖期调度问题。Bauman 和 Józefowska（2006）采用左移-右移方法解决了单机提前/拖期调度问题。Janiak 等（2012）研究了每个工件的提前/拖期单位成本相互独立的调度问题。James 和 Buchanan（1997）首先用二进制方法表示了工序的不同排列，其次采用禁忌搜索算法解决了工件排序和工作开始时间的优化问题。Vanhoucke 等（2001）讨论了资源约束下的提前/拖期调度问题，针对工序之间存在逻辑关系的情况，运用深度优先分支定界法进行了求解。

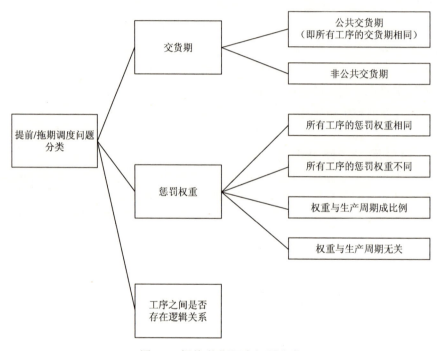

图 5.1　提前/拖期调度问题分类

目前，单机提前/拖期调度问题的求解大多需要预先设定排序规则，不同的排序规则会得到不同的调度方案，需要较大的计算量才能得到有效的排序规则以及优化的调度方案。

2. 带有交货期时间窗的单机提前/拖期调度问题的研究现状

带有交货期时间窗的单机提前/拖期调度问题起源于 JIT 思想。JIT 的主要目标是确保在需要时能够获得所需的材料，并将库存保持在尽可能低的水平。Koulamas（1996）指出了带有交货期时间窗的单机提前/拖期调度问题是 NP-hard 问题，并详细介绍了如何根据时间窗确定一个批次内工序的开始时间。Janiak 等（2014）分析了带有交货期时间窗的单机提前/拖期调度问题的计算复杂性，并提出了有效的解决方案及算法。Gerstl 和 Mosheiov（2013）研究了限制性和非限制性交货期时间窗的并行机器调度问题。此外,Janiak 和 Januszkiewicz(2008)还研究了离散交货时间窗的并行多机器调度问题。针对带有交货期时间窗的单机提前/拖期调度问题,除了将时间窗作为已知变量外(Li et al.,2014),也有学者将交货期时间窗作为决策变量(Baker and Dan,2009)。Zhu 等(2007)将交货期作为决策变量,研究工件加工时间不确定的单机提前/拖期调度问题。

3. 遗传算法及禁忌搜索算法研究现状

Holland 在 20 世纪 70 年代首次提出了遗传算法。这种算法是一种随机搜索方法,借鉴了生物的进化规律。具体来说,在每一代种群中,对个体进行适应度评估与选择,并对其交叉和变异操作,以产生新的个体与种群。在新的种群中,适应度高的个体以更大的概率得以保留,而适应度低的个体将会逐渐消亡。目前,遗传算法被广泛应用于求解单机提前/拖期调度问题。Reeves(1995)运用遗传算法求解了这类调度问题,结果表明,遗传算法优于模拟退火(simulated annealing,SA)算法、邻近搜索算法。Liepins 等(1987)设计了基于最短加工时间(shortest processing time,SPT)和最小松弛时间(least slack time first,LST)的遗传算子,用于求解以拖期时间最小目标的单机提前/拖期调度问题,并指出基于 SPT 的遗传算子性能更优。

禁忌搜索(tabu search)算法是 Glover 于 1986 提出的随机搜索算法。它是对局部领域搜索的一种扩展,是一种全局逐步寻优算法。禁忌搜索算法通过引入一个灵活的存储结构和相应的禁忌准则来避免迂回搜索,并通过藐视准则来赦免一些被禁忌的优良状态,进而保证多样化的有效探索以最终实现全局优化(邢文训,2005)。与传统的优化算法相比,该算法具有较强的"爬山"能力,并且能够有更多机会获得全局最优解(Wan and Yen,2002;刘光远等,2014)。

本章将运用遗传算法和禁忌搜索算法对相关的问题进行求解与分析。针对单机提前/拖期调度问题,提出基于劣序剔除规则的改进遗传算法进行求解,并验证算法的有效性。针对交货时间窗单机提前/拖期问题,采用遗传算法与禁忌搜索相结合的混合算法,并与遗传算法求解结果进行比较分析,以验证混合算法的有效性。

5.2　预制件生产与装配的提前/拖期调度基本模型

5.2.1　提前/拖期调度问题描述及其基本模型

1. 提前/拖期调度问题描述

在生产过程中,一个工件的生产可能会涉及多道工序和若干设备,为了便于研究,经常将多设备的问题抽象为单机器问题。其中,单机提前/拖期调度问题是基于 JIT 思想的基本调度问题。在重大工程中，大型设备的数量往往是单一的，其生产调度问题一般可视为单机调度问题。以港珠澳大桥建设所需的钢箱梁为例，其预制化生产过程分为小节段生产和大节段拼装两个阶段。其中，小节段生产采用大规模、标准化的生产组织方式；钢箱梁（大节段）由若干小节段拼接而成。由于个体差异，通常采用定制化模式进行拼装和现场吊装。钢箱梁生产提前/拖期调度问题如图 5.2 所示。先在小节段拼装厂进行小节段生产和拼装，然后根据现场吊装计划安排钢箱梁大节段的拼装和运输。由于生产、运输船、浮吊等特种工具数量单一，钢箱梁的生产安装必须逐一进行。因此，钢箱梁的生产和装配过程可以抽象为单机器的生产加工过程。

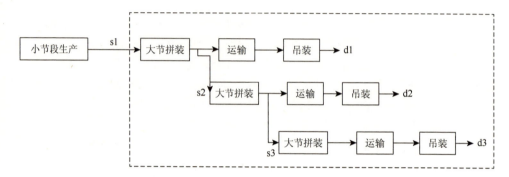

图 5.2　钢箱梁生产提前/拖期调度问题

钢箱梁由于体积大、重量重，在拼装现场不宜长期存储，更不允许到安装现场存储，必须严格按照现场吊装计划及时送到现场吊装。因此，钢箱梁的生产供应一般采用 JIT 模式。提前生产会在拼装现场产生较高库存成本，拖期生产则会延误工期，进而承受拖期惩罚，因此，如何根据现场吊装计划要求，合理安排钢箱梁生产拼装的作业计划成为工程建设中面临的巨大难题。

从上述分析可以看出，港珠澳大桥钢箱梁的生产拼装过程可抽象为单机提前/拖期调度问题。本章将对该问题进行建模，并设计具体的求解算法。

2. 单机提前/拖期调度模型

单机提前/拖期调度模型可描述为：单个机器加工 n 个工件，工件之间不存在先后逻辑约束关系，工件的生产周期和交货期之间均相互独立，每个工件的单位库存成本和单位延期惩罚成本也是相互独立的。假设 n 工件的预计交付时间分别为 $d_1, d_2, \cdots, d_n$，且 $d_n > \cdots > d_2 > d_1$，即每个工件的交货期都不一样且相互独立。假设每个工件的开始加工时间为 s_i，加工时间为 p_i，$i = 1, 2, 3, \cdots, n$。这样，各工件的实际生产完成时间为 $c_i = s_i + p_i$，提前完成时间为 $E_i = (d_i - c_i)^+$，拖期完成时

间为 $T_i = (c_i - d_i)^+$。单位库存成本为 α_i，单位拖期惩罚成本为 β_i。生产调度的目标是确定最优的排产计划 $S^* = (s_1^*, s_2^*, s_3^*, \cdots, s_n^*)$，使得所有工件生产的提前/拖期总成本最小，即

$$f(S) = \sum_{i=1}^{n} \{\alpha_i [d_i - (s_i + p_i)]^+ + \beta_i [(s_i + p_i) - d_i]^+\} = \sum_{i=1}^{n} (\alpha_i E_i + \beta_i T_i) \quad (5.1)$$

$$\text{s.t. } s_i \geqslant s_{i-1} + p_{i-1} \quad (5.2)$$

式（5.1）表示单机提前/拖期调度模型的目标函数；式（5.2）表示两个工件之间的先后关系约束，即后一个工件必须要在前一个工件加工完成后才能开始。模型的主要符号说明见表 5.1。

表 5.1　主要符号列表

参数符号	符号含义
s_i	工件 i 的开始加工时间
p_i	工件 i 的加工时间
c_i	工件 i 的完工时间
d_i	工件 i 的交货期
E_i	工件 i 的工期提前量
T_i	工件 i 的工期拖后量
α_i	工件 i 的提前惩罚权重，即单位库存成本
β_i	工件 i 的拖期惩罚权重，即单位拖期惩罚成本
B_k	工件分批后的第 k 个批次

在工程实践中，单位库存成本 α 往往小于单位拖期惩罚成本 β。此时，提前/拖期调度问题将转化为最小化劣序问题，即最小化误工排序问题。该类问题是 NP-hard 问题，难以运用传统的方法进行求解。本章将结合遗传算法和劣序剔除规则进行求解。

5.2.2　提前/拖期调度模型的求解

1. 最优开工时间算法

单机提前/拖期调度问题主要分为两阶段进行求解：首先确定工件的加工顺序，其次在给定加工顺序情况下确定各工件的开始加工时间。确定各工件最优开始加工时间的算法被称为最优开工时间算法。最优开工时间算法的基本思想是：在确定工件顺序后，根据各工件的交货期将所有工件分为不同的批次，对问题的

复杂度进行降解，并确定各批次的开始加工时间。批次的定义为：若工件 i 到工件 j，机器连续不断地工作，即机器在完成工件 i 到工件 j 的过程中没有空闲时间，那么就称工件 i 到工件 j 为一个批次。批次具有性质 5.1。

性质 5.1　批次与批次之间存在空闲时间，批次内的工序之间没有空闲时间。

由性质 5.1 可知，对于某一个批次，如果确定了批次内第一个工件的开始加工时间，则该批次内每一个工件的开始加工时间也就唯一确定了。通过批次的划分将多个工件的最优开始时间问题简化为多个批次的最优开始时间问题，可降低问题的复杂度。下面详细介绍批次划分以及确定最优开始时间的方法和步骤。

以 n 个工件为例，令第一个工件在交货期完成，即 $c_1 = d_1$，并创建第一个批次 B_1。对于第二个工件，若 $c_1 + p_2 \geqslant d_2$，则工件 2 属于第一个批次，工件 2 在工件 1 完成后立即开始加工，此时工件 2 拖期或者准时完成。否则，工件 2 则属于批次 B_2，工件 1 和工件 2 之间存在空余时间，此时工件 2 的完成时间等于交货期，即按时完成，没有提前的库存成本与拖期的惩罚成本。以此类推，若第 k 个工件属于批次 B_k，则对于第 $k+1$ 个工件，若 $c_k + p_{k+1} < d_{k+1}$，则工件 $k+1$ 刚好在交货期完成，并且创建一个新的批次 B_{k+1}。反之，若 $c_k + p_{k+1} \geqslant d_{k+1}$，则工件 $k+1$ 在工件 k 结束后立即开始，工件 $k+1$ 属于批次 B_k。

根据上述批次划分原则，可将所有工件分为若干个批次，批次与批次之间的时间间隔为机器的空闲时间，并且每个批次内的第一个工件都在交货期准时完成。特别地，若所有工件都满足 $c_{i-1} + p_i \geqslant d_i, i = 1, 2, \cdots, n$，则所有工件都属于同一个批次，至少第一个工件的完成时间等于交货期，按时完成。若每一个工件都满足 $c_{i-1} + p_i < d_i, i = 1, 2, \cdots, n$，则每一个工件都为一个批次，即 n 个工件分别属于 n 个批次，所有工件的完成时间均等于交货期，按时完成。

上述过程即为批次划分的方法。从第二个工件开始，每个工件都需要与前一个工序进行比较，以确定其批次划分，这个过程重复 $n-1$ 次。因此，批次划分过程的时间复杂度为 $O(n)$。完成批次划分后，就可以采用一定的算法确定各个批次的最优开始加工时间，即每个批次内第一个工件的最优开始加工时间。当批次的最优开始加工时间确定后，批次内每个工件的最优开始加工时间便可以确定。完成批次划分后，通过对批次进行左移的操作获得批次的最优开始加工时间。

某一批次的最优开始加工时间主要是考虑批次内各工件的总生产成本，包括库存成本和拖期惩罚成本。假定某一批次 B_k 中有 m 个工件，$c_{ki}(i = 1, 2, \cdots, m, m \leqslant n)$ 为批次 B_k 中第 i 个工件的完成时间，第 i 个工件的成本函数为

$$y_{ki} = \begin{cases} \beta_{ki}(c_{ki} - d_{ki}), c_{ki} \geqslant d_{ki}, & i = 1, 2, \cdots, m \\ -\alpha_{ki}(c_{ki} - d_{ki}), c_{ki} < d_{ki}, & i = 1, 2, \cdots, m \end{cases} \tag{5.3}$$

批次 B_k 的成本即为 m 个工件的成本之和：

$$C(B_k) = \sum_{i=1}^{m} y_{ki} = \begin{cases} \sum_{i=1}^{m} \beta_{ki}(c_{ki} - d_{ki}), \ c_{k1} = d_{k1} \\ -\sum_{i=1}^{j} \alpha_{ki}(c_{ki} - d_{ki}) + \sum_{i=j}^{m} \beta_{ki}(c_{ki} - d_{ki}), \ \text{其中} j \in (1, m) \\ -\sum_{i=1}^{m} \alpha_{ki}(c_{ki} - d_{ki}), \ c_{km} = d_{km} \end{cases} \quad (5.4)$$

式中，$c_{k1} = d_{k1}$ 为批次 B_k 内的第一个工件的完工时间等于交货期。按照前面的批次划分原则，该批次内的其他工件均为拖期完成或者准时完成。若 $c_{km} = d_{km}$，即批次 B_k 内的最后一个工件的完工时间等于交货期，则该批次内的其他工件均为提前完成或者准时完工。

定理 5.1　一个批次 B_k 内所有工件的总生产成本函数 $C(B_k)$ 为一个分段线性的凸函数，存在最优的批次开工时间 S_{B_k}，当且仅当 $c_{ki} = d_{ki}$ 时，$C(B_k)$ 取得最小值。

批次 B_k 的总生产成本函数 $C(B_k)$ 的斜率变化规律为

$$P_k = \left\{ -\sum_{i=1}^{m} \alpha_{ki}, -\sum_{i=1}^{m} \alpha_{ki} + \sum_{j=m}^{m} (\alpha_{kj} + \beta_{kj}), -\sum_{i=1}^{m} \alpha_{ki} + \sum_{j=m-1}^{m} (\alpha_{kj} + \beta_{kj}), \cdots, -\sum_{i=1}^{m} \alpha_{ki} + \sum_{j=1}^{m} (\alpha_{kj} + \beta_{kj}) \right\}$$

$$= \left\{ -\sum_{i=1}^{m} \alpha_{ki}, -\sum_{i=1}^{m} \alpha_{ki} + \sum_{j=m}^{m} (\alpha_{kj} + \beta_{kj}), -\sum_{i=1}^{m} \alpha_{ki} + \sum_{j=m-1}^{m} (\alpha_{kj} + \beta_{kj}), \cdots, \sum_{i=1}^{m} \beta_{ki} \right\}, \ i = 1, 2, \cdots, m$$

$$(5.5)$$

由式（5.5）可知，斜率集 P_k 存在从负值变为正值的转折点。图 5.3（a）和图 5.3（b）为包含三个工件批次的成本函数曲线图（Lee and Choi，1995）。从图 5.3 可以看出，该分段线性凸函数的最优点，即斜率由负值变为正值的转折点，在 B 点处。

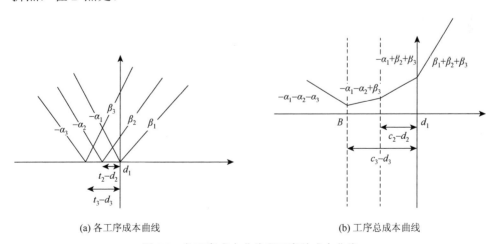

(a) 各工序成本曲线　　　　　　　　　　　(b) 工序总成本曲线

图 5.3　各工序成本曲线和工序总成本曲线

　　根据斜率的正负可以得到，批次 B_k 在 $c_{ki} = d_{ki}(i \in [1, m])$ 处的总成本最小。同时，由 $c_{ki} = d_{ki}$ 可以得到该工件对应的开工时间。由于一个批次内所有工件之间都没有空闲时间，可以得到批次 B_k 的开工时间 $S_{B_k} = s_{k1}$，即批次 B_k 的开工时间为该批次中第一个工件的开工时间。

　　定理 5.2　对于 n 个工件组成的加工系列，如果按照批次划分的原则得到 k 个批次，则 k 个批次的总生产成本函数也为一个分段线性的凸函数。

　　凸函数的和也为凸函数，由此可得定理 5.2。定理 5.2 表明单机的提前/拖期调度问题存在最优解，且最优解由每个批次的最优解组合而成。根据定理 5.1，可以得到一个批次的最优开工时间 S_{B_k}。但这是一个理想结果，其并没有考虑到前一个批次的结束时间以及零点对于开工时间的影响和限制。因此，实际的最优批次开工时间 $S_{B_k}^*$ 是在上述结果 S_{B_k} 的基础上进行调整得到的，具体的调整幅度见式（5.6）：

$$S_{B_k}^* = \begin{cases} S_{B_k} - \text{Min}\{\Delta_{k1}, \Delta_{k2}\}, k = 1 \\ S_{B_k} - \text{Min}\{\Delta_{k1}, \Delta_{k3}\}, k \neq 1 \end{cases} \tag{5.6}$$

　　由于批次 B_k 有 m 个工件，令 $c_{ki}'(i = 1, 2, \cdots, m, m \leqslant n)$ 为该批次内第 i 个工件在进行左移调整后的完成时间，批次 B_k 的完成时间为 $c_{B_k}^* = c_{km}'$。由定理 5.1 可知，B_k 中存在一个最优点使得该批次的总成本最小。假设该最优点对应批次内的第 j 个工件，即 $c_{kj} = d_{kj}$。此时，完成时间的移动幅度为 $\Delta_{k1} = c_{kj} - c_{kj}'$。本书分两种情况讨论左移操作的移动幅度。

　　1）情况 1，$k = 1$，即该批次为第一个批次。在进行左移操作时，需要考虑批次的开始时间不能小于 0，即第一个工件的开始时间必须满足 $c_{k1}' \geqslant 0$，$\Delta_{k2} = c_{k1} - c_{k1}' \leqslant c_{k1}$。因此，最大的移动幅度 $\Delta_{k2} = c_{k1}$。

　　2）情况 2，$k \neq 1$，即该批次不是第一个批次。此时，批次 B_k 的开始时间不能早于前一个批次 B_{k-1} 的结束时间。因此，最大的移动幅度 $\Delta_{k3} = c_{k1} - c_{B_{k-1}}$。

　　对于 n 个工件组成的加工系列，总共划分为 k 个批次，可求得 k 个批次的最优开工时间分别为 $S_{B_1}^*, S_{B_2}^*, \cdots, S_{B_k}^*$。因此，工件系列的最优开工时间为 $S^* = (S_{B_1}^*, S_{B_2}^*, \cdots, S_{B_k}^*)$。

2. 劣序剔除规则

　　Lee 和 Choi（1995）提出的最优开工时间算法采用最早交货期（earliest due date，EDD）规则来确定工件的顺序。然而，不同的排序规则会导致不同的结果，不同的问题也需要采用不同的排序规则进行求解。

　　若工件的顺序任意排列，采用最优开工时间算法后会产生怎样的结果？假设随机产生的工件排列为（3、4、6、1、5、2），批次划分后根据定理 5.1 得到最优决策 $S = (20,89,69,83,96,112)$。工件之间不允许存在并行操作，即 $s_3 < c_2$ 不符合单机器加工的特点。因此，随机产生的工件排列顺序可能会导致一些不合理的情形，如 $s_i < c_{i-1}$，甚至会导致工序的开始加工时间早于 0 点，如 $s_i < 0$。通过分析，发现这些不合理的情形存在一个共同点，即存在某一工件，其最小完工时间大于其交货期。在这种情况下，工件必然是拖期完成的，其工件顺序为劣质的，相应的成本一定是较差的。因此，本章提出劣序剔除规则，在进行适应度计算之前需要剔除劣质工序，以提高优化效率。

通过上述分析，本章引入 M_i 为工序 i 的最小完工时间。其中，$M_1 = p_1$，$M_i = M_{i-1} + p_i$，$i = 2,3,\cdots,n$。可将上述异常情形表述为存在 $i \in [1,n]$，使得 $M_i > d_i$，即 $\sum_{j=1}^{i} p_j > d_i$。据此，可以得到性质 5.2。

性质 5.2　对于工件 i，若 $M_i > d_i$，即工件 i 的最小完工时间晚于交货期，则该工件的排序一定为劣序。

工件的最小完工时间与工件的顺序有关。当存在 $M_i > d_i$ 时，工件的排序不合理。因此，在最优开工时间算法中，需要根据性质 5.2 剔除存在 $M_i > d_i$ 的工件排序，再进行分批次计算最优开工时间，获得相应的排产计划。

3. 基于劣序剔除规则的改进遗传算法

单机提前/拖期调度问题是一个典型的组合优化问题，根据最优开工时间算法可以得到任一工序下的最优排产计划。但是，为了得到最小成本的工序与相应的排产计划，必须考虑所有可能的工序。本章采用基于劣序剔除规则的改进遗传算法进行求解。

基于劣序剔除规则的改进遗传算法利用过滤条件 $M_i > d_i$ 对交叉变异产生的新种群进行过滤操作，剔除不合理工序，提高算法的收敛速度和收敛效果。图 5.4 反映了该算法的基本流程。该算法的核心是：①利用最优开工时间算法来计算个体的适应度；②在交叉和变异操作之后利用劣序剔除规则过滤不合理的个体。

本章采用排序编码方式产生初始种群，如一个加工序列为 3、1、2、5、6、4，相应的编码为[3、1、2、5、6、4]。根据最优开工时间算法对初始种群进行批次划分，将多个工件的最优开始加工时间问题降解为求解多个批次的最优开始加工时间，进而得到初始种群的总生产成本，即初始种群的适应度值。

个体选择时采用轮盘赌选择策略。根据适应度选择个体，保证具有较大适应度值的个体以较大的概率遗传到下一代。在交叉操作的过程中，首先随机选择一个工件 j 作为初始种子，其次按照自适应选择概率选择两条染色体，并识别两条染色体中的共同节点。染色体变异采用的是随机单点变异算子，变异概率为 0.4。

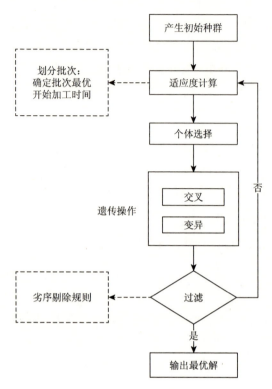

图 5.4 基于劣序剔除规则的改进遗传算法基本流程

根据提出的劣序剔除规则，对交叉变异得到的新的个体进行过滤。若存在 $i \in [1,n]$，使得 $M_i > d_i$，则该个体对应的工序为劣序，重新进行遗传操作。若不存在 $i \in [1,n]$，使得 $M_i > d_i$，则对产生的新种群再次进行批次划分和求解批次的最优开始加工时间，进而得到新种群的总生产成本，即新种群的适应度。

上述适应度计算、个体选择、交叉、变异以及过滤操作会迭代地进行，直至达到终止条件，并输出该调度问题的最优解或近似最优解。

4. 算例分析

本书将运用基于劣序剔除规则的改进遗传算法对某跨海大桥钢箱梁生产与现场吊装的协同调度问题进行求解和分析，并且与传统的遗传算法进行比较，验证改进算法的有效性。

在某跨海大桥的建设中需要大量的钢箱梁。通过实地调研，得到如表 5.2 所示的钢箱梁吊装计划。其中，p 为生产周期，d 为交货期，α 为提前的惩罚权重，β 为拖期的惩罚权重。

表 5.2 某跨海大桥某标段钢箱梁吊装需求计划

参数	参数值									
i	1	2	3	4	5	6	7	8	9	10
p_i	14	11	17	20	20	21	14	16	14	13
d_i	30	42	55	83	91	115	140	188	201	178
α_i	1	1	1	1	1	1	1	1	1	1
β_i	2	2	2	2	2	2	2	2	2	2

运用基于劣序剔除规则的改进遗传算法求解得到的最优加工顺序为（1、2、3、4、5、6、7、10、8、9），最优开工时间为（13、27、38、55、75、95、126、159、172、188）。调度方案如图 5.5 所示。其中，E（3）表示提前 3 个单位时间完工，D 表示准时完工，T（4）表示拖期 4 个单位时间完工。

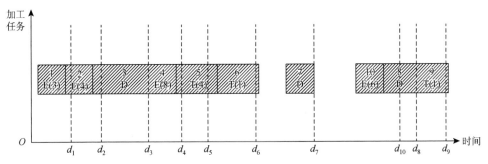

图 5.5 某跨海大桥钢箱梁生产调度方案

为验证基于劣序剔除规则的改进遗传算法的有效性，将上述结果与无劣序剔除规则的传统遗传算法进行对比实验，结果如图 5.6 所示。其中，实线代表的是

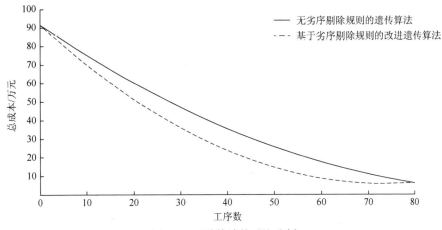

图 5.6 两种算法的对比分析

无劣序剔除规则的传统遗传算法，虚线代表的是基于劣序剔除规则的改进遗传算法。可以看出改进的遗传算法在收敛速度上具有明显优势，更快得到最优解。

为了进一步验证算法的有效性，针对不同的工件规模和参数设置，设计多组实验对两种算法进行对比分析。工件的加工时间在[10, 25]上服从均匀分布，交货期从小到大排序，其中最早的交货期在[20, 40]中随机产生，每两个交货期之间的差值在[1, 20]中随机产生。单位拖期成本高于单位提前库存成本。因此，单位拖期惩罚成本在[1, 10]区间内均匀分布，单位提前库存成本为单位拖期成本的 k 倍，并且 k 是[0, 1]的均匀随机变量。种群规模为 100，交叉概率为 0.8，变异概率为 0.05。在工件数为 10、20、30、50、100 及 200 等不同情况下，分别对无劣序剔除规则的遗传算法和基于劣序剔除规则的改进遗传算法进行对比实验，得到的总成本以及迭代次数如图 5.7 所示。

可以看出，基于劣序剔除规则的改进遗传算法在优化效果和收敛速度方面相比于无劣序剔除规则的遗传算法有一定程度的优势，特别是在收敛速度方面效果明显。随着工件数量的增多，这种优势体现得越明显。

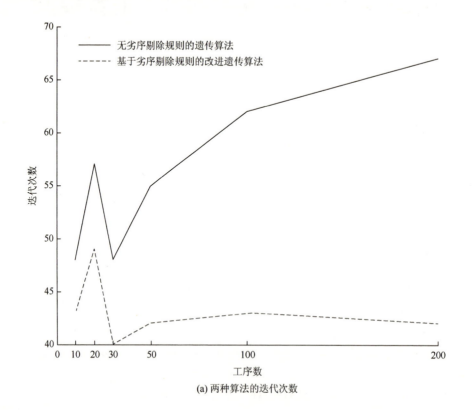

(a) 两种算法的迭代次数

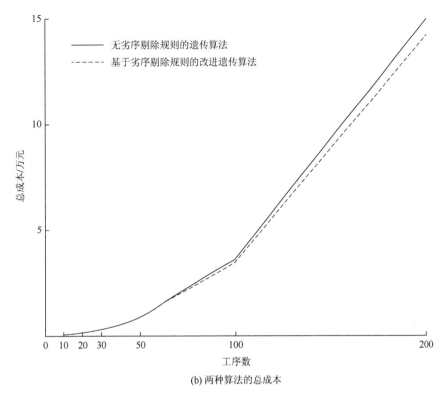

(b) 两种算法的总成本

图 5.7　两种算法的迭代次数和总成本

5.3　单交货期时间窗的提前/拖期调度模型及求解

5.3.1　问题描述及模型

对于 n 个工件的生产计划，假设 n 个工件的加工时间分别为 $p_i, t = 1, 2, \cdots, n$，开始加工时间为 s_i，完工时间为 c_i，且 $c_i = s_i + p_i$，各工件提前完成的单位库存成本为 α_i，拖期的单位惩罚成本为 β_i。工件 t 的交货时间窗为 $[d_t - \Delta, d_t + \Delta]$，其中 Δ 为时间窗的区间半长。当工件 t 在时间窗范围内完工时，该工件为按时完成，没有提前的库存成本和拖期的惩罚成本。如果工件 t 的完成时间 c_t 早于时间窗的下限 $d_t - \Delta$，则该工件为提前完成，提前量为 $E_t = (d_t - \Delta) - c_t$，库存成本为 $\alpha_t \cdot E_t$；如果工件 t 的完成时间 c_t 晚于时间窗的上限 $d_t + \Delta$，则该工件为拖期完成，拖期量为 $T_t = c_t - (d_t + \Delta)$，惩罚成本为 $\beta_t \cdot T_t$。其余 $n-1$ 个工件的交货期分别为 $d_i, i = 1, 2, \cdots, t-1, t+1, \cdots, n$。因此，单交货期时间窗的单机提前/拖期调度模型为

$$f(S) = \sum_{i=1}^{t-1} \{\alpha_i [d_i - (s_i + p_i)]^+ + \beta_i [(s_i + p_i) - d_i]^+\}$$

$$+ \sum_{i=t+1}^{n} \{\alpha_i [d_i - (s_i + p_i)]^+ + \beta_i [(s_i + p_i) - d_i]^+\} \qquad (5.7)$$

$$+ \{\alpha_t [(d_t - \Delta) - (s_t + p_t)]^+ + \beta_t [(s_t + p_t) - (d_t + \Delta)]^+\}$$

$$\text{s.t. } s_i \geqslant s_{i-1} + p_{i-1} \qquad (5.8)$$

$$d_t - \Delta > d_{t-1} \qquad (5.9)$$

$$d_t + \Delta < d_{t+1} \qquad (5.10)$$

式（5.7）表示模型的目标函数，主要由两个部分组成，即交货期为时间窗的和交货期为非时间窗的工件的生产成本。式（5.8）～式（5.10）表示模型的约束条件，其中式（5.8）表示工件之间不能并行加工，式（5.9）与式（5.10）表示工件 t 的交货期时间窗与前后工件的交货期不交叉。

5.3.2　时间窗对最优开工时间的影响

通过对最优开工时间算法的分析，最优开工时间与时间窗的区间半长 Δ 具有如下关系。

定理 5.3　①当 $t=1$，即第一个工件的交货期为时间窗时，工序开始加工时间一定会发生变化。②当 $t>1$ 时，若 $d_t \leqslant c_{t-1} + p_t$，则时间窗不会对最优开工时间造成影响；若 $d_t > c_{t-1} + p_t$，且当 $\Delta \in (0, d_t - (c_{t-1} + p_t)]$ 时，时间窗不会对初始调度方案造成影响。

1）当第一个工件的交货期为时间窗时，根据最优开工时间算法中的定义，第一个工件的完成时间等于交货期，则 $c_1 = d_1 - \Delta$，这时第一个工件的开始加工时间也相应地发生了变化。在这种情形下，最优开工时间一定会发生变化，即时间窗会对工序的开工时间造成影响。

2）当 $t>1$，且 $d_t \leqslant c_{t-1} + p_t$ 时，工件 t 与前一个工件 $t-1$ 属于同一个批次。当交货期调整为时间窗后，因为 $d_t \leqslant c_{t-1} + p_t$，$d_t - \Delta \leqslant c_{t-1} + p_t$。因此，工件 t 与前一个工件 $t-1$ 仍然属于同一个批次。同一个批次内工件的左移幅度不受工件交货期的影响。因此，这种情形下时间窗一定不会对工序的开始加工时间造成影响。

当 $t>1$，且 $d_t > c_{t-1} + p_t$ 时，工件 t 与前一个工件 $t-1$ 不属于同一个批次。当交货期调整为时间窗后，若 $\Delta \geqslant d_t - (c_{t-1} + p_t)$，则工件 t 与前一个工件 $t-1$ 属于同一个批次。工件 t 与工件 $t-1$ 是否属于同一个批次对工件的开始加工时间存在不同影响。因此，当 $\Delta \in (0, d_t - (c_{t-1} + p_t)]$ 时，批次的划分不会发生变化，时间窗不会对工件的开始加工时间造成影响。

定理 5.3 说明了当工件 t 与前一个工件属于同一个批次时，工件的交货期调整为时间窗不会对最优开工时间造成影响。因此，当一个工件的完工时间大于工件的原有交货期与加工时间之差时，即使交货期调整为时间窗，决策者也不需要对工件的最优开工时间进行调整。

5.3.3　基于改进遗传算法的求解策略

对于单交货期时间窗的提前/拖期调度问题，仍可采用本书提出的改进遗传算法进行求解。在该算法中，批次划分与劣序剔除过程略有不同，其具体的流程如图 5.8 所示。改进的遗传算法能够很好地结合启发式规则，其求解的结果以及收敛速度相较于其他的算法都有一定的优势。

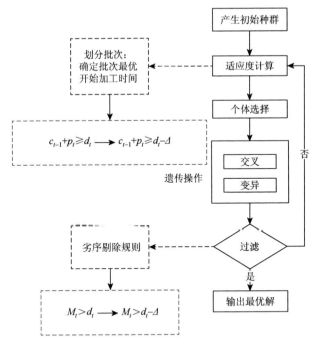

图 5.8　基于改进遗传算法求解单交货期时间窗提前/拖期调度问题的流程

本书将以表 5.1 的数据为基础，将第四个工件的交货期 d_4 调整为时间窗[80, 86]，即 $\Delta = 3$。运用改进后的遗传算法对单交货期时间窗的提前/拖期调度问题进行求解，并且对总成本以及最优开工时间的变化进行分析比较。

最优排产工序为（1、2、3、4、5、6、7、10、8、9），最优开工时间为（13、27、38、55、75、95、126、159、172、188）。其中，工件 4 的完工时刻为 75，提前完成。单交货期时间窗调度方案和非时间窗调度方案对比情况如图 5.9 所示。可以看出，当工件 4 的交货期调整为时间窗后，相对于非时间窗的调度方案，工件加工顺序以及开始时间与非时间窗的情形相同。该结果进一步验证了定理 5.3，即 $\Delta \in (0, d_4 - (c_3 + p_4)]$，也就是 $\Delta \in (0, 5]$ 时，工件 4 的交货期调整为时间窗不会对工序的开始加工时间造成影响。但是，若 $\Delta > 5$，批次的划分将会发生变化，工序的开始加工时间也会发生变化，具体如图 5.10 所示。

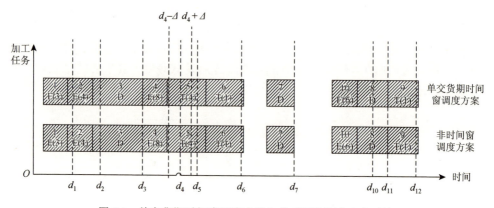

图 5.9　单交货期时间窗调度方案和非时间窗调度方案对比

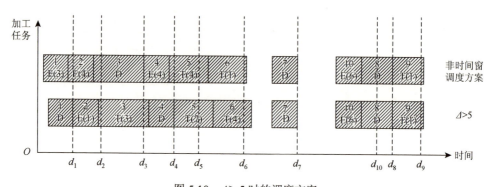

图 5.10　$\Delta > 5$ 时的调度方案

那么，当时间窗区间半长 Δ 发生变化时，调度方案的总成本会发生怎样的变化呢？下面具体分析区间半长 Δ 对总成本的影响。图 5.11 反映了总成本随时间窗区间半长的变化曲线。通过图 5.11 可以看出，当 $\Delta \in (0, 5]$ 时，总成本随着时间窗区间半长的增加线性递减。在这个区间内，工件 4 始终保持提前完工，结合定理 5.3 可以得到如下性质。

性质 5.3 当 $\Delta \in (0, d_t - (c_{t-1} + p_t)]$ 时，总成本随着时间窗区间半长的增加而线性递减。

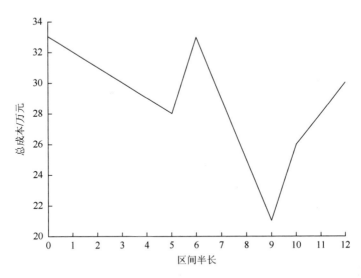

图 5.11 总成本随时间窗区间半长的变化

从图 5.11 还可以看出，当 $\Delta > 5$ 时，总成本先会骤然增加，再随着时间窗区间半长的增加而减少。这是因为受到提前/拖期惩罚权重的影响，当 $\Delta \in [6,9]$ 时，工件 4 均为准时完工，工序保持不变并且逐渐左移，最优开工时间左移，使得整体的拖期成本减少，提前库存成本增加。但是，减少的拖期成本大于增加的提前库存成本，因而总成本随着时间窗区间半长的增加而减少。当 $\Delta > 9$ 时，工件 4 的完工状态变为拖期完成，最优开工时间左移，整体的拖期成本增加，总成本再次呈现上升趋势。

通过上述分析，可以看出当 $\Delta \in (0,5]$ 时，即 $\Delta \in (0, d_t - (c_{t-1} + p_t)]$ 时，工件加工顺序以及最优开工时间均保持不变，并且总成本随着时间窗区间半长的增加而线性递减。因此，在保持工序以及最优开工时间不变的前提下，当 $\Delta = d_t - (c_{t-1} + p_t)$ 时，总成本最小。

5.4 多交货期时间窗的提前/拖期调度模型及求解

5.4.1 问题描述及模型

在单交货期时间窗的提前/拖期调度问题中，时间窗是以固定交货期为中心的对称区间。在本章的多交货期时间窗的提前/拖期调度问题中，假设每个工件的交货期均为时间窗，并相互之间不交叉。对于 n 个工件加工，它们的交货期时间窗分别为

$[e_i, d_i]$，式中，e_i 为工件 i 的最早交货期，d_i 为工件 i 的最晚交货期。若工件 i 在时间窗范围内完工，则该工件为按时完成，没有库存成本和惩罚成本。工件 i 的完成时间 c_i 早于 e_i，则工件 i 为提前完成，提前量为 $E_i = e_i - c_i$，提前的库存成本为 $\alpha_i \cdot E_i$；如果工件 i 的完成时间 c_i 晚于 d_i，则工件 i 拖期完成，拖期量为 $T_i = c_i - d_i$，拖期的惩罚成本为 $\beta_i \cdot T_i$。这样，工件 i 在时刻 c_i 完成的提前/拖期成本为

$$g_i(c_i) = \alpha_i \times \mathrm{Max}\{0, e_i - c_i\} + \beta_i \times \mathrm{Max}\{0, c_i - d_i\} \tag{5.11}$$

批次划分过程相对于非时间窗的问题也有相应的改进和调整。令第一个工件在其最早交货期完成，即 $c_1 = e_1$，为第一个批次 B_1。对于第二个工件，若 $c_1 + p_2 \geqslant e_2$，则工件 2 属于第一个批次，工件 2 在工件 1 完成后立即开始加工，此时工件 2 拖期或者准时完成。否则，工件 2 则属于批次 B_2，工件 1 和工件 2 之间的加工时间存在空闲，此时工件 2 的完成时间在交货期时间窗内，工件 2 按时完成，没有提前的库存成本以及拖期的惩罚成本。

以此类推，若第 k 个工件属于批次 B_k，则对于第 $k+1$ 个工件，若 $c_k + p_{k+1} \leqslant e_{k+1}$，则工件 $k+1$ 刚好在交货期时间窗内完成，并且创建一个新的批次 B_{k+1}。反之，若 $c_k + p_{k+1} \geqslant e_{k+1}$，则工件 $k+1$ 在工件 k 结束后立即开始，工件 $k+1$ 属于批次 B_k。根据上述批次划分原则，可将所有工件分为若干个批次，批次与批次之间的间隔为机器的空闲时间，并且每个批次中的第一个工件都在交货期时间窗内完成。特别地，若所有工件都满足 $d_{i-1} + p_i \geqslant e_i, i = 1, 2, \cdots, n$，则所有工件都属于同一个批次，至少第一个工件的完成时间在交货期时间窗内，按时完成。若每一个工件都满足 $d_{i-1} + p_i < e_i, i = 1, 2, \cdots, n$，则每一个工件都单独为一个批次，即 n 个工件分别属于 n 个批次，此时所有工件的完成时间均在交货期时间窗内，按时完成。

多交货期时间窗的提前/拖期调度模型可以表述为

$$\mathrm{Min}\, f(S) = \sum_{i=1}^{n} \{\alpha_i [e_i - (s_i + p_i)]^+ + \beta_i [(s_i + p_i) - d_i]^+\} \tag{5.12}$$

$$\text{s.t.}\ s_i \geqslant s_{i-1} + p_{i-1} \tag{5.13}$$

$$e_i \geqslant d_{i-1} \tag{5.14}$$

$$e_i < d_i \tag{5.15}$$

式（5.12）表示模型的目标函数，即确定最优开始时间 $S^* = (s_1^*, s_2^*, s_3^*, \cdots, s_n^*)$，使工件的提前/拖期总成本最小。式（5.13）～式（5.15）表示模型的约束条件，其中，式（5.13）表示工件之间不能并行加工；式（5.14）表示各个工件的时间窗之间不允许交叉；式（5.15）表示工件的最早完工时间必须小于最晚完工时间。

5.4.2　基于遗传算法与禁忌搜索的混合算法

遗传算法与禁忌搜索都可以用来求解带有时间窗的提前/拖期调度问题，但是

二者都具有一定的局限性。遗传算法存在"早期收敛"和"遗传漂移"问题。而禁忌搜索对于初始解的选取具有依赖性，并且在搜索过程中只能有一个初始解，不能像遗传算法那样对群体进行操作。因此，李大卫等（1998）提出了遗传算法和禁忌搜索相结合的混合算法，保留了遗传算法和禁忌搜索各自的优点。

　　遗传算法和禁忌搜索相结合的混合算法的核心是将禁忌搜索运用于遗传算法的交叉和变异算子中，即构造嵌入禁忌搜索的混合交叉算子和混合变异算子。混合交叉算子使用禁忌表记录染色体的适应值。在进行混合交叉操作时，将子代的适应值与父代适应值的平均数进行比较，如果子代的适应值更高，则保留该子代染色体；如果子代的适应值更低，但不属于禁忌值，也保留；如果子代的适应值低，且属于禁忌值，则淘汰子代。混合变异算子与标准变异算子不同之处在于混合变异算子通过调用评价函数确定解的移动值来代替变异概率，并且根据移动值和禁忌表确定新的子代，以获得更好的优良解。本章将运用混合算法求解多交货期时间窗的提前/拖期调度问题，其流程如图 5.12 所示。

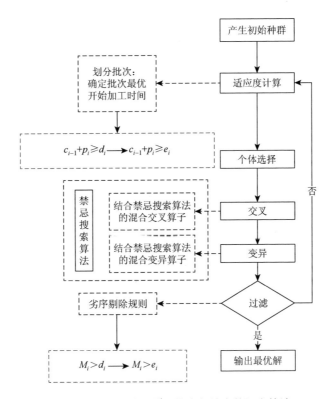

图 5.12　遗传算法与禁忌搜索相结合的混合算法

　　为了验证混合算法的有效性，对传统的遗传算法和混合算法进行比较分析。

令工件数量的规模分别为 10、20、30、50、100、200。工件的加工时间 p 在区间 $[10, 25]$ 中均匀分布。交货期时间窗为 $[d_i - \varDelta, d_i + \varDelta]$，其中 d_i 在 $[20, 40]$ 中随机产生，相邻工件交货期上限之间的差值在 $[10, 20]$ 中随机产生，并且 $\varDelta$ 在区间 $[1, 5]$ 均匀分布。单位拖期惩罚成本在区间 $[1, 10]$ 内均匀分布，单位提前库存成本为单位拖期惩罚成本的 k 倍，并且 k 是 $[0, 1]$ 的均匀随机数，交叉概率 p_c 为 0.8。混合算法和传统遗传算法的求解结果如图 5.13 所示。

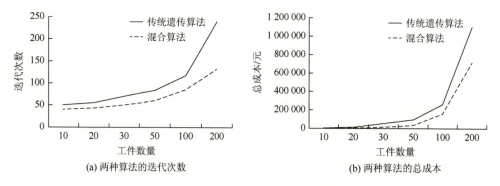

(a) 两种算法的迭代次数　　　　　　(b) 两种算法的总成本

图 5.13　两种算法的迭代次数和总成本

从图 5.13 可以看出，混合算法的迭代次数以及总成本均优于传统遗传算法。这说明禁忌搜索的引入能够改善遗传算法的求解效率和优化效果。从迭代次数以及总成本的比较可以看出，随着工件数量的增加，混合算法的优势越来越明显。

参 考 文 献

李大卫，王莉，王梦光. 1998. 遗传算法与禁忌搜索算法的混合策略. 系统工程学报，3：28-34.

刘光远，贺一，温万惠. 2014. 禁忌搜索算法及应用. 北京：科学出版社.

邢文训. 2005. 现代优化计算方法. 北京：清华大学出版社.

Baker K R，Dan T. 2009. Safe scheduling: setting due dates in single-machine problems. European Journal of Operational Research，196（1）：69-77.

Baker K R，Scudder G D. 1990. Sequencing with earliness and tardiness penalties：a review. Operations Research，38（1）：22-36.

Bauman J，Józefowska J. 2006. Minimizing the earliness-tardiness costs on a single machine. Computers & Operations Research，33（11）：3219-3230.

Cheng M，Tadikamalla P R，Shang J. 2014. Bicriteria hierarchical optimization of two-machine flow shop scheduling problem with time-dependent deteriorating jobs. European Journal of Operational Research，234（3）：650-657.

Dvir S. 2012. The just-in-time scheduling problem in a flow-shop scheduling system. European Journal of Operational Research，216（3）：521-532.

Gerstl E，Mosheiov G. 2013. Due-window assignment with identical jobs on parallel uniform machines. European Journal of Operational Research，229（1）：41-47.

James R J W, Buchanan J T. 1997. A neighborhood scheme with a compressed solution space for the early/tardy scheduling problem. European Journal of Operational Research, 102 (3): 513-527.

Janiak A, Janiak W, Kovalyov M Y, et al. 2012. Soft due window assignment and scheduling of unit-time jobs on parallel machines. 4OR, 10 (4): 347-360.

Janiak A, Janiak W A, Krysiak T, et al. 2014. A survey on scheduling problems with due windows. European Journal of Operational Research, 242 (2): 347-357.

Janiak A, Januszkiewicz R. 2008. Scheduling of unit-time jobs with distinct due windows on parallel processors. IFAC Proceedings Volumes, 41 (3): 118-121.

Koulamas C. 1996. Single-machine scheduling with time windows and earliness/tardiness penalties. European Journal of Operational Research, 91 (1): 190-202.

Lakshminarayan S, Lakshmanan R, Papineau R L. 1978. Technical note—optimal single-machine scheduling with earliness and tardiness penalties. Operations Research, 26 (6): 1079-1082.

Lee C Y, Choi J Y. 1995. A genetic algorithm for job sequencing problems with distinct due dates and general early-tardy penalty weights. Computers & Operations Research, 22 (8): 857-869.

Leeaabca S. 2012. Improving fleet utilization for carriers by interval scheduling. European Journal of Operational Research, 218 (1): 261-269.

Li G, Luo M L, Zhang W J. 2014. Single-machine due-window assignment scheduling based on common flow allowance, learning effect and resource allocation. International Journal of Production Research, 53 (4): 1228-1241.

Liepins G E, Hilliard M R, Palmer M, et al. 1987. Greedy genetics. International Conference on Genetic Algorithms, Cambridge: 90-99.

Nadjafi B A, Shadrokh S. 2008. An algorithm for the weighted earliness-tardiness unconstrained project scheduling problem. Journal of Applied Sciences, 8 (9): 1651-1659.

Nadjafi B A, Shadrokh S. 2009. A branch and bound algorithm for the weighted earliness-tardiness project scheduling problem with generalized precedence relations. Scientia Iranica, 16 (1): 55-64.

Prot D, Bellenguez-Morineau O, Lahlou C. 2011. New complexity results for parallel identical machine scheduling problems with preemption, release dates and regular criteria. European Journal of Operational Research, 231 (2): 282-287.

Rasti-Barzoki M, Hejazi S R. 2013. Minimizing the weighted number of tardy jobs with due date assignment and capacity-constrained deliveries for multiple customers in supply chains. European Journal of Operational Research, 228 (2): 345-357.

Reeves C R. 1995. A genetic algorithm for flow-shop sequencing. Computers and Operations Research, 22 (1): 5-13.

Sidney J B. 1977. Optimal single-machine scheduling with earliness and tardiness penalties. Operations Research, 25(1): 62-69.

Vanhoucke M, Demeulemeester E, Herroelen W. 2001. An exact procedure for the resource-constrained weighted earliness-tardiness project scheduling problem. Annals of Operations Research, 102 (1-4): 179-196.

Wan G H, Yen P C. 2002. Tabu search for single machine scheduling with distinct due windows and weighted earliness/tardiness penalties. European Journal of Operational Research, 142 (2): 271-281.

Yano C A, Kim Y D. 1991. Algorithms for a class of single-machine weighted tardiness and earliness problems. European Journal of Operational Research, 52 (2): 167-178.

Zhu G, Bard J F, Yu G. 2007. A two-stage stochastic programming approach for project planning with uncertain activity durations. Journal of Scheduling, 10 (3): 167-180.

第6章 工程现场关键设备资源共享与配置优化

6.1 引 言

施工设备是工程建设活动中不可或缺的生产要素，其中包括成本高、数量少的关键设备资源。对关键设备资源进行有效的配置是满足工程施工需求、保证项目顺利完成的基础。现场环境复杂、不确定性因素众多，关键设备资源的短缺时有发生，这导致工程总工期延迟、施工成本增加。为了保证工程工期、提高设备利用率，承包商需要对关键设备资源进行共享。另外，设备资源配置的不合理会产生设备资源配置冗余，导致成本增加和资源浪费。因此，工程管理方需从整体角度考虑，兼顾工程工期、设备配置成本等诸多方面，对关键设备资源进行统一调度，制订关键设备资源的配置方案。

6.1.1 关键设备资源共享问题及研究现状

关键设备资源共享问题是指在工程项目建设过程中，为了提高设备使用效率，保证工程按期完工，业主、承包商等各个主体之间通过协商，共享对工程施工进度、质量影响较大的关键设备资源的使用权。关键设备资源的所有权一般分为两种：业主所有和承包商所有。相应地，关键设备资源共享的协调机制一般分为组合拍卖、协商和博弈三种。关键设备资源的所有权直接决定了协调机制的适用性：当业主拥有关键设备资源时，组合拍卖和协商方式适用于业主主导协调过程的设备共享问题；当承包商拥有关键设备资源时，博弈适用于承包商之间的设备共享问题。

组合拍卖模式是借助市场机制对多项目间的资源冲突进行消解的一种协调机制。在组合拍卖中，承包商作为竞买者对设备资源的使用权进行竞拍，业主作为拍卖者确定本轮竞拍的获胜者，然后调整拍卖品价格，进行下一轮拍卖直到所有竞买者均接近各自最优方案（王磊等，2014）。Lee 等（2003）在组合拍卖机制中考虑了紧序关系成本（P-tato），对资源受限的子项目配置决策进行了优化。Confessore 等（2007）建立了分散式资源受限多项目调度问题（decentralised resource constrained multi-project scheduling problem，DRCMPSP）的一般模型，并利用基于松弛动态规划的启发式算法来解决迭代组合拍卖机制中的拍卖问题和投标问题。应瑛等（2009）以最小化项目误期赔偿为目标，提出基于组合拍卖方法以解决各项目之间的资源冲突。Wang 等（2012）提出了融合局部优化与共享资源竞标出价的项目调度方法，可减小多项目计划工期与最佳工期的平均差距。

另外一些学者对资源共享的协商机制进行了研究。协商主体一般由提出共享资源需求的承包商和负责协商、调解的协调方（业主）构成。其通过有效的协商机制协调和解决承包商之间的设备资源冲突。Lau 等（2006）采用谈判协调机制来解决分散式多项目资源冲突协调问题，分析了各主体间信息共享程度对于协调机制的影响。Homberger（2007，2012）提出了基于协调中心的谈判协调机制，利用各主体与虚拟中心协调者（如业主）进行协商，直到所有项目的平均工期达到一定要求。

还有一些学者对资源共享的博弈模式进行了研究。博弈的参与方一般由提出共享资源需求的承包商和负责协商的协调方（业主）构成，通过有效的协商机制解决承包商之间的设备资源冲突。Samaddar 等（2006）基于主从博弈模型，提出了项目不同阶段实现共享资源的条件。Asgari 等（2013）将设备分为临时设备和固定设备，在考虑承包商共享最大设备保有量的前提下，建立了设备共享的合作博弈模型，并用 shapley 值法对合作收益进行分配。Hafezalkotob 等（2018）在 Asgari 等（2013）建立的模型的基础上，考虑了设备共享所涉及的使用、运输、安装等多种成本，建立了不同施工阶段设备共享的合作博弈模型。

从上面的研究可以看出，组合拍卖和协商两种模式都适用于业主掌握共享资源的情况，其相比传统的按项目优先权分配资源的方式能更灵活地反映承包商对资源需求的重要程度。当设备资源为各个承包商所有时，业主的协调作用受到一定的限制，此时需要对分散情形下的资源共享模式进行研究。当前研究主要着眼于达成共享合作后如何分配合作收益，而工程实际中承包商之间如何实现共享，以及设备共享对施工进度的影响，尚需进一步研究。

6.1.2　关键设备资源配置优化问题及研究现状

在工程实践中，设备资源配置的不合理可能产生设备资源瓶颈、资源不足或短缺，致使项目活动难以按计划执行，最终导致工期延误。另外，设备资源配置的不合理也会产生设备资源配置冗余、资源闲置率过高等问题，从而导致成本增加和资源浪费。因此，上层决策者如业主、总承包商，需从整体角度考虑，兼顾工程工期、设备配置成本以及设备利用率等诸多方面，对关键设备资源进行统一调度，制订关键设备资源的配置方案。具体来说，设备资源配置指的是确定每个时段的关键设备的选择和投入量，并指派每个关键设备负责的工序、开工时间以及地点等。

目前，对关键设备资源配置优化问题的研究包括以下三个方面。

1. 资源受限的项目调度研究

项目调度是项目管理的基本问题之一。项目调度在安排活动开始时间的同时，也间接地配置了执行活动所需的资源，如关键设备资源。在资源受限的项目调度问题（resource constrained project scheduling problem，RCPSP）以及扩展的多模式设备资源受限的项目调度问题中，资源的总可用量是已知且固定的，即在有限的资源条件下求解项目活动的最优调度计划，以达到工期最短的目标（Hartmann and Briskorn，2010；Ballestin and Blanco，2011；Gomes et al.，2014；Afshar-Nadjafi，2014；van Peteghem and Vanhoucke，2014）。资源受限的项目调度问题是 NP-hard 问题，采用元启发式算法进行求解，在拓展性、操作便利性等方面具有更好的优势（Koulinas et al.，2014；Bettemir and Sonmez，2014）。Koulinas 等（2014）提出了基于粒子群算法的超启发式算法求解 RCPSP 问题，并做了大量的算例实验以验证算法的有效性。Amirian 和 Sahraeian（2017）采用模拟蛙跳算法求解项目选择与项目调度的集成优化问题。

2. 工程资源优化问题

工程资源优化问题包括项目进度管理和资源配置优化两类问题。项目进度管理问题主要包括资源均衡、资源成本/投资等问题。资源均衡问题考虑了可更新资源利用的均衡性，在项目调度时使可更新资源使用量在计划范围内尽可能均衡（资源需求波动尽可能小）（Coughlan et al.，2015；何立华和张连营，2015；Bianco et al.，2016；Li and Demeulemeester，2016）。何立华和张连营（2015）将资源波动成本作为资源均衡度量指标，通过最小化资源波动对施工生产力和成本造成的负面影响进行工程项目调度优化。资源成本/投资问题是在满足规定的截止工期前提下进行项目调度，以实现资源总成本最小的目标（Afshar-Nadjafi，2014；Qi et al.，2015）。

资源配置优化旨在合理选择并配置资源，有效降低施工成本，提高资源利用率，确保项目按期完工。资源配置优化问题考虑已知的进度计划、时间窗、空间位置等条件，解决如何制订资源配置优化方案的问题，如设备租赁、设备选择、设备调度等。Yeoh 和 Chua（2017）研究了多阶段施工过程中的起重机选择和租赁计划，建立了相应的四维集合覆盖模型。Kim B S 和 Kim Y W（2016）考虑了施工对环境的影响，以及工程进度和成本，提出了一种土方设备选择方法。马英等（2010）研究了如何利用一些机器或设备资源，在需要满足任务到达时间、完工限定时间、任务加工顺序、资源对加工时间的影响等限制条件下，最优地完成给定的任务。Kim K J 和 Kim K（2010）针对大型工程设备的拥堵，采用多主体系统仿真方法模拟工程现场，对设备调度方案进行了评估。Guillén-Burguete 等（2012）考虑了活动任务的位置信息以及作业设备的转移，建立了最优的设备调度模型。饶卫振等（2016）以大型建筑工程为背景，建立了大规模项目设备调度模型，利用远缘杂交遗传算法进行求解。Hattab 等（2017）研究塔吊的准实时优化调度问题，利用仿真模型，计算塔吊在三维空间中的运动和识别可能的碰撞冲突，以合理地将塔吊分配给活动任务。

3. 设备配置与项目调度集成优化问题

项目调度与资源配置优化问题相辅相成，二者相互依赖、相互影响。在工程实践中，资源的配置方案直接影响着工程进度。资源配置不合理往往产生资源瓶颈，致使项目活动难以按计划执行，最终导致工期延误。另外，项目调度计划决定了各阶段资源的配置。合理的项目调度计划不仅可以缩短工期，还可以在一定程度上改善资源的使用情况。合理安排工序以确定施工期内的资源需求是制订设备资源配置计划的重要前提。因此，一些学者将项目调度与资源配置进行集成优化，形成工程进度-成本的多目标优化问题。进度-成本问题指项目工期和资源投入成本的双目标权衡下的项目调度问题（张静文等，2007；张静文和单绘芳，2012；El-Kholy，2015；Fernandez-Viagas and Framinan，2015）。Ashuri 和 Tavakolan（2013）研究了工程项目进度计划的工期-成本-资源波动的多目标优化问题。Li 和 Demeulemeester（2016）考虑了活动工期不确定性，通过遗传算法求解得到资源利用和活动开始时间的波动双目标最小化的鲁棒调度方案。Chen 等（2012）提出了一种智能调度系统，采用仿真技术分配各类工程资源，如设备、人力等，根据工程目标和约束找到接近最优的项目进度和资源计划。Afshar-Nadjafi（2014）以资源成本最小为目标，研究了可再生资源租入和租出决策条件下的多模式项目调度问题。

在工程建设过程中，某些关键设备如大型塔吊、浮吊等，一般会有较长的租赁期。为避免频繁退租带来的弊端，设备供应商往往会根据租赁期的长短，适当调整租赁价格（程鸿群等，2001）。本章将考虑设备租赁价格与租赁期的关系，研究多时间尺度下的关键设备资源配置与项目调度集成优化问题。

6.2　承包商之间的关键设备资源共享

在一个类似高速公路、桥梁的工程项目中，参与主体一般包括一个业主、多个分标段承包商。处在关键路径上的标段，其工期将影响项目整体工期，而不在关键路径上的标段则不会影响（Callahan et al.，1992）。现场施工过程中经常因设备故障、施工环境等不确定因素导致设备短缺。由于承包商都是追求自身利益最大化的主体,他们之间存在关键设备资源共享的可能。具体来说,需要设备的承包商首先对其他承包商提出设备共享租金条件并最大化自己的收益;其次,其他承包商接受设备共享租金,并决定其设备共享量,最大化自己的收益,参与双方通过博弈最终达到纳什均衡。一般情况下,处于关键路径上的承包商由于其工期直接影响项目总工期,将被视为领导者;而其他提供共享设备的承包商则作为追随者。这样,承包商之间的关键设备共享问题可以概括为 Stackelberg 主从博弈模型。

6.2.1　承包商之间的关键设备资源共享机制研究

1. 承包商之间的关键设备资源共享问题及基本模型

假设承包商之间的关键设备资源共享问题涉及工程项目业主和两个承包商三个主体,其中需要共享设备承包商 A 处于关键路径上,提供关键设备的承包商 B 不在关键路径上,如图 6.1 所示。为了保证工程进度,业主通常与承包商签订固定总价加激励合同。进度激励的强度与承包商负责的工程是否在工程进度网络的关键路径上有关。承包商 A 的工期直接影响工程总工期,业主与其签订正/负工期激励合同,即以约定的计划工期为限,工期提前给予奖金,延期时则处以罚金。而对于不在关键路径上的承包商 B,工期提前不会影响总工期,而超过一定范围的延期则会影响总工期,所以业主与承包商 B 签订负激励合同。

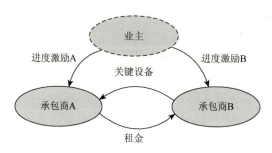

图 6.1　承包商之间的关键设备共享问题

当工程现场出现设备短缺的承包商与其他承包商进行设备共享协商时,需要设备的承包商 A 先提出一个对提供设备的承包商 B 的补偿(租金),提供设备的承包商 B 再基于这一补偿来决定共享设备的数量,考虑所获设备租金和设备减少带来的工期滞后罚金,实现自身收益最大化。这是一个以承包商 A 为主导、承包商 B 为追随的 Stackelberg 主从博弈问题。

　　建设工程中较为常见的进度激励形式分为两种：线性激励和非线性激励（Shr and Chen，2003）。在线性激励下，承包商因工期提前获得的单位工期奖金或因延期受到的罚金与提前或延期的工期线性相关。而在非线性激励下，承包商因工期提前/延期而接受的单位时间内的奖金/罚金与工期提前/延期呈非线性关系。具体形式如下。

　　1）线性激励

$$AI = I_{\text{linear}} \cdot (T - T_0) \tag{6.1}$$

　　2）非线性激励

$$AI = I_{\text{unlinear}} \cdot (T - T_0)^2 \tag{6.2}$$

　　下面讨论关键设备共享对承包商 A 和 B 所承担的工程进度的影响。假设承包商 A、B 的设备班组成员熟练程度相同，并且台班产量相同，记为 D_{w}。对承包商 A 来说，租赁前计划工期记为 t_{a1}，计划设备有 m_a 台，工程量按台班数乘以台班产量计算，即 $t_{a1} \cdot m_a \cdot D_{\text{w}}$。承包商 A 租用设备的台班数为 M_t，承租后的工期记为 t_{a2}。租赁前后工程量不变，即 $t_{a1} \cdot m_a \cdot D_{\text{w}} = t_{a2} \cdot m_a \cdot D_{\text{w}} + M_t \cdot D_{\text{w}}$，可得出承包商 A 租赁前后的工期变化为

$$\sigma t_a = t_{a1} - t_{a2} = \frac{M_t}{m_a} \tag{6.3}$$

　　对承包商 B 来说，租赁前计划工期 t_{b1}，计划设备 m_b 台，工程量 $t_{b1} \cdot m_b \cdot D_{\text{w}}$。租赁后工期记为 t_{b2}。类似地，承包商 B 租赁前后工程量不变，可得出其租赁前后的工期变化为

$$\sigma t_b = t_{b1} - t_{b2} = \frac{M_t}{m_b} \tag{6.4}$$

　　工程实际中，施工成本是项目工期的分段线性凸函数（Shr and Chen，2003）。可以利用二次多项式函数 $C(t) = a_2 t^2 + a_1 t + a_0$（$a_2$、$a_1$ 为项目工期成本系数，与承包商施工能力有关，a_0 为常数，且 $a_2 > 0, a_0 > 0, a_1 < 0$）近似地描述这一关系。$a_2$、$a_1$、$a_0$ 值可以根据同类工程项目历史统计数据通过回归分析方法得到。这样，承包商 A 的成本-工期函数为

$$C(t_a) = a_2 t^2 + a_1 t + a_0 \tag{6.5}$$

承包商 B 的成本-工期函数为

$$C(t_b) = b_2 t^2 + b_1 t + b_0 \tag{6.6}$$

2. Stackelberg 主从博弈模型及求解

（1）线性激励下的设备共享博弈模型

1）承包商 A 的收益函数。作为承租方的承包商 A，其收益函数由三部分组成：施工合同收益（$C_a + I_a$），设备租金 $P \cdot M_t$，以及施工成本 $C(t)$。设备共享前的收益函数：

$$U_{a1} = C_a - C(t_{a1}) \tag{6.7}$$

设备共享后的收益函数：

$$U_{a2} = C_a + I_a - P \cdot M_t - C(t_{a2}) \tag{6.8}$$

作为主导方，承包商 A 的决策问题就是选择租金单价 P，以最大化自身收益，即求解最优化问题：

$$\underset{P, M_t}{\text{Max}} U_{a2} = C_a + I_a - P \cdot M_t - C(t_{a2}) \tag{6.9}$$

$$\text{s.t. } P > 0, \ t_{a1} > t_{a2} > 0 \tag{6.10}$$

2）承包商 B 的收益函数。作为出租方的承包商 B，其收益函数由三部分构成：施工合同收益（$C_a - I_b$），租金收益 $P \cdot M_t$，施工成本 $C(t)$。I_a、I_b 分别为业主对承包商 A、B 的线性激励强度。设备共享前的收益函数：

$$U_{b1} = C_b - C(t_{b1}) \tag{6.11}$$

设备共享后的收益函数：

$$U_{b2} = C_b + I_b - P \cdot M_t - C(t_{b2}) \tag{6.12}$$

作为追随方，承包商 B 的决策问题就是在给定租金单价 P 之下，选择最优出租台班数以寻求自身收益最大化，即求解最优化问题：

$$\underset{P, M_t}{\text{Max}} U_{b2} = C_b + I_b + P \cdot M_t - C(t_{b2}) \tag{6.13}$$

$$\text{s.t. } M_t > 0, \ t_{b2} > t_{b1} > 0 \tag{6.14}$$

3）关键设备共享博弈模型求解。针对这一主从博弈模型，我们采用逆向归纳法进行求解。首先，计算承包商 B 对承包商 A 任意租金 P 的最优反应，令 $\dfrac{\partial U_b}{\partial M_t} = 0$，可得

$$M_t^* = \frac{m_b}{2b_2}(P \cdot m_b - I_b - 2b_2 t_{b1} - b_1) \tag{6.15}$$

二阶导数 $\dfrac{\partial^2 U_b}{\partial M_t^2} = -\dfrac{2b_2}{m_b^2} < 0$，$U_b$ 是 M_t 的凸函数。然后，将式（6.15）代入式（6.9），可求得最优台班单价：

$$P^* = \frac{(a_2 m_b^2 + m_a^2 b_2)\beta + b_2 m_a m_b \alpha}{a_2 m_b^3 + 2 m_a^2 m_b b_2} \tag{6.16}$$

式中，$\alpha = I_a + 2 a_2 t_{a1} + a_1$，$\beta = I_b + 2 b_2 t_{b1} + b_1$。最后，将式（6.16）代入式（6.15），求得最优台班数：

$$M_t^* = \frac{m_a m_b (m_b \alpha - m_a \beta)}{2(a_2 m_b^2 + 2 m_a^2 b_2)} \tag{6.17}$$

下面进一步分析关键设备共享对承包商 A、B 的进度以及收益的影响。将式（6.17）代入式（6.3），可计算租赁后承包商 A 的进度变化为

$$t_{a1} - t_{a2} = \frac{M_t}{m_a} = \frac{m_b (m_b \alpha - m_a \beta)}{2(a_2 m_b^2 + 2 m_a^2 b_2)} \tag{6.18}$$

则承包商 A 的收益变化为

$$\sigma U_a = U_{a2} - U_{a1} = I_a \cdot \sigma t_a - P \cdot M_t + C(t_{a1}) - C(t_{a2}) \tag{6.19}$$

将式（6.16）、式（6.17）代入式（6.19），并对其进行简化处理，可得承包商 A 收益的变化量为

$$\sigma U_a = U_{a2} - U_{a1} = \frac{(m_b \alpha - m_a \beta)^2}{4(a_2 m_b^2 + 2 m_a^2 b_2)} \tag{6.20}$$

承包商 B 收益的变化量为

$$\sigma U_b = U_{b2} - U_{b1} = P \cdot M_t - I_b \cdot \sigma t_b + C(t_{b1}) - C(t_{b2}) = \frac{b_2 M_t^2}{m_b^2} \tag{6.21}$$

双方整体收益变化量为

$$\begin{aligned}
\sigma U_{a+b} &= \sigma U_a + \sigma U_b \\
&= \frac{(a_2 m_b^2 + 3 b_2 m_a^2)}{4(a_2 m_b^2 + 2 b_2 m_a^2)^2} \cdot (m_b I_a - m_a I_b + 2 a_2 m_b t_{a1} - 2 b_2 m_a t_{b1} + a_1 m_b - b_1 m_a)
\end{aligned} \tag{6.22}$$

（2）非线性激励下的设备共享博弈模型

当业主对承包商 A 采取非线性激励时，激励总额 AK_a 可表示为 $AK_a = K_a \times \sigma t_a^2$。同理，可得业主对承包商 B 的激励总额 AK_b（$AK_b = K_b \times \sigma t_b^2$）。$K_a$、$K_b$ 分别是业主对承包商 A、B 的非线性激励强度。

因为模型求解过程与线性激励下的主从博弈模型相同，下面直接给出非线性激励下的设备共享博弈的结果。承包商 A 的最优台班单价：

$$P^* = \{m_b^2(b_1 + 2b_2t_{b1})k_a - [m_a^2(b_1 + 2b_2t_{b1}) + m_am_b(a_1 + 2a_2t_{a1})]k_b$$
$$-[(a_2m_b^2 + b_2m_a^2)(b_1 + 2b_2t_{b1}) + m_am_bb_2(a_1 + 2a_2t_{a1})]\} \quad (6.23)$$
$$\div(m_b^3k_a - 2m_a^2m_bk_b - a_2m_b^3 - 2b_2m_a^2m_b)$$

承包商 B 的最优租赁台班数：

$$M_t^* = \frac{m_b^2}{2(b_2 + k_b)}P - \frac{m_b(b_1 + 2b_2t_{b1})}{2(b_2 + k_b)} \quad (6.24)$$

下面分析在非线性激励下，设备共享对承包商 A、B 收益变化的影响。相比较租赁之前，承包商 A 收益的变化量为

$$\sigma U_a = U_{a2} - U_{a1} = \frac{(m_b\alpha - m_a\beta)^2}{4(a_2m_b^2 + 2m_a^2b_2)} \quad (6.25)$$

承包商 B 收益的变化量为

$$\sigma U_b = \frac{k_b + b_2}{m_b^2}M_t^2 \quad (6.26)$$

设备共享后双方整体收益的变化量为

$$\sigma U_{a+b} = \sigma U_a + \sigma U_b$$
$$= \frac{k_a - a_2}{m_a^2} - \frac{k_b + b_2}{m_b^2}M_t^2 + \frac{a_1 + 2a_2t_{a1}}{m_a} - \frac{b_1 + 2b_2t_{b1}}{m_b}M_t \quad (6.27)$$

3. 算例分析

某大型工程项目，其主体工程作为一个标段由承包商 A 承建，固定总价为 5000 万元，合同工期为 400 天。同时，另一非主体工程标段由承包商 B 承建，固定总价为 1000 万元，合同工期为 300 天。承包商 A 拥有某类型工程设备 50 台，承包商 B 拥有同类设备 100 台。业主对工程进度进行激励，在线性激励下，激励强度 $I_a = 0.5$ 万元/天。在非线性激励下，激励强度 $K_a = 0.03$ 万元/天^2。相关参数指标为 $a_2 = 0.03$，$a_1 = -20$，$a_0 = 5000$，$b_2 = 0.02$，$b_1 = -10$，$b_0 = 1000$。当承包商 A 出现设备短缺，将以租金单价 P 向承包商 B 租赁设备，承包商 B 在考虑延期罚金和施工成本下，决定设备共享量为 M_t。

在线性激励下，应用上述模型，可得到承包商 A 的最优租金单价 $P = 0.03$ 万元/台班，获得的收益 $U_a = 66.01$ 万元。承包商 B 的最优租赁台班数 $M_t = 2031$ 台班，获得的收益 $U_b = 8.25$ 万元。

在非线性激励下，应用上述模型，可得到承包商 A 最优租金单价 $P = 0.05$ 万元/台班，获得的收益 $U_a = 90$ 万元。承包商 B 最优的租赁台班数 $M_t = 3000$ 台班，获得的收益 $U_b = 45$ 万元。

上述问题中设备共享的实质在于设备短缺的承包商 A 将进度提前后所获的部分奖励作为设备租金来弥补承包商 B 因共享设备所可能导致的延期罚金以及增加的成本。设备共享过程中，业主设置的激励强度以及承包商施工成本都影响着设备共享结果。下面主要分析业主激励强度与承包商施工成本对模型均衡解的影响。

（1）线性激励下的模型均衡解分析

1）线性激励系数 I_a 对模型均衡解的影响。当其他条件一定时，承包商 A 的线性激励 I_a 从 1 增大到 10，I_a 对租金单价和台班数的影响如图 6.2 所示，I_a 对承包商收益的影响如图 6.3 所示。

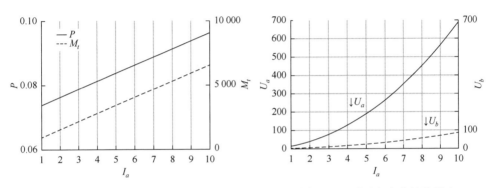

图 6.2　I_a 对租金单价和台班数的影响　　　　图 6.3　I_a 对承包商收益的影响

随着承包商 A 的线性激励系数 I_a 的增加，租金单价 P、设备台班数 M_t，以及承包商 A 和 B 的收益 U_a、U_b 都呈递增趋势。这是因为随着业主对承包商 A 激励系数的增加，承包商 A 更具有压缩工期的动力。为了促使工期提前，承包商 A 将提供更高的租金，以刺激承包商 B 共享更多的设备资源。设备共享可使承包商 A 的工期提前，获得更多的进度奖励。随着设备台班数的增加，承包商 B 的收益也在增加，说明设备租金收益足以补偿工期延误导致的成本增加以及进度罚金。

2）线性激励系数 I_b 对模型均衡解的影响。当其他条件一定时，承包商 B 的线性激励系数 I_b 从 1 增大到 10，I_b 对租金单价和台班数的影响如图 6.4 所示，I_b 对承包商收益的影响如图 6.5 所示。

随着 I_b 的增加，设备台班数 M_t、双方承包商的收益 U_a 和 U_b 都呈递减趋势，租金单价 P 呈递增趋势。这是因为随着业主对承包商 B 激励强度的增加，承包商 B 由于共享设备资源而受到的延期惩罚更多，从而对共享设备的积极性下降，体现在其共享台班数 M_t 相应减少。同时，I_b 的增加意味着承包商 A 租赁设备的成本增加，从而导致租金单价 P 的上升。在这种情况下，承包商 A 难以租到大量设备资源来压缩工期，进而进度奖金会下降，最后总收益降低。承包商 B 的收益下

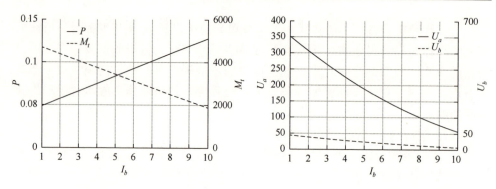

图 6.4 I_b 对租金单价和台班数的影响　　　　图 6.5 I_b 对承包商收益的影响

降，说明其收益很大程度上与延期罚金有关，设备租金难以补偿工期延误导致的进度罚金以及施工成本。

（2）非线性激励对模型均衡解的影响

1）非线性激励系数 K_a 对模型均衡解的影响。当其他条件一定时，承包商 A 的非线性激励 K_a 从 0 增大到 0.04，K_a 对租金单价和台班数的影响如图 6.6 所示，K_a 对承包商收益的影响如图 6.7 所示。

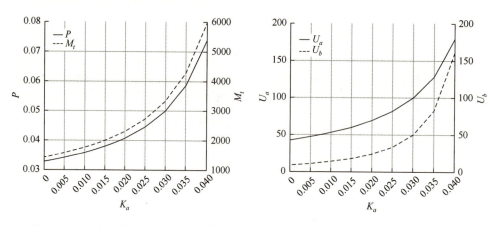

图 6.6 K_a 对租金单价和台班数的影响　　　　图 6.7 K_a 对承包商收益的影响

随着 K_a 的增加，租金单价 P、设备台班数 M_t，以及承包商 A 和 B 的收益 U_a、U_b 都呈递增趋势。即随着业主对承包商 A 激励强度的增加，承包商 A 更具有压缩工期的动力，并将提供更高的租金，以刺激承包商 B 共享更多的设备资源，从而获得更多的进度奖金。随着设备台班数的增加，承包商 B 的收益也在增加，说明其设备租金收入足以补偿工期延误导致的成本增加以及进度罚金。

2）非线性激励系数 K_b 对模型均衡解的影响。当其他条件一定时，承包商 B

的非线性激励系数 K_b 从 0 增大到 0.04，K_b 对租金单价和台班数的影响如图 6.8 所示，K_b 对承包商收益的影响如图 6.9 所示。

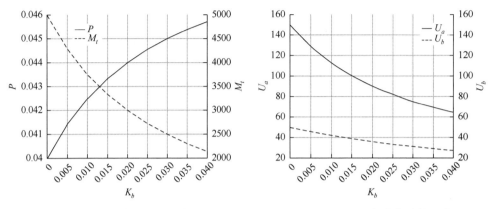

图 6.8　K_b 对租金单价和台班数的影响　　　图 6.9　K_b 对承包商收益的影响

随着 K_b 的增加，设备台班数 M_t，以及双方承包商的收益 U_a、U_b 都呈递减趋势，而租金单价 P 呈递增趋势。当业主对承包商 B 激励强度增加时，承包商 B 将受到更多延期惩罚，其对共享设备的积极性下降，表现在台班数 M_t 相应减少。同时 K_b 的增加，相当于增加了承包商 A 租借设备的成本，表现在租金单价 P 的上升，承包商 A 却难以租到更多设备资源，压缩工期的效果以及相应的进度奖金进而下降，最后总收益降低。承包商 B 的收益下降，说明其收益越来越受到延期罚金影响，设备租金难以补偿工期延误导致的成本增加以及进度罚金。

（3）施工成本对模型均衡解的影响

1）成本系数 a_2 对模型均衡解的影响。当其他条件一定时，承包商 A 的成本系数 a_2 从 0.01 增大到 0.09，a_2 对租金单价和台班数的影响如图 6.10 所示，a_2 对承包商收益的影响如图 6.11 所示。

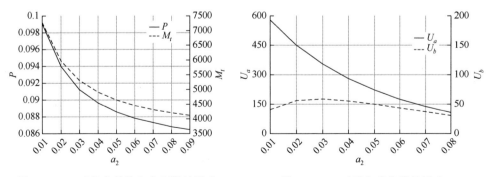

图 6.10　a_2 对租金单价和台班数的影响　　　图 6.11　a_2 对承包商收益的影响

随着成本系数 a_2 的增加，设备台班数 M_t、租金单价 P、承包商 B 的收益 U_b 都呈递减趋势，承包商 A 的收益 U_a 呈递减趋势。这是因为当激励系数一定，承包商 A 的施工成本增加时，其能够提供的设备租金相应减少，承包商 B 对共享设备的积极性自然下降，表现在台班数 M_t 相应减少。此时，承包商 A 收益的下降，原因在建设成本过重时，业主的进度奖励不足以补偿其压缩工期的成本。承包商 A 只有适当减少工期压缩以达到自身收益最大化。这也从侧面反映出业主设置合理的激励强度的必要性。

2）成本系数 b_2 对模型均衡解的影响。当其他条件一定时，承包商 B 的成本系数 b_2 从 0.01 增大到 0.08，b_2 对租金单价和台班数的影响如图 6.12 所示，b_2 对承包商收益的影响如图 6.13 所示。

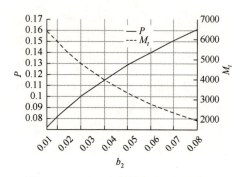

图 6.12 b_2 对租金单价和台班数的影响   图 6.13 b_2 对承包商收益的影响

随着成本系数 b_2 的增加，设备台班数 M_t、双方承包商的收益 U_a 和 U_b 都呈递减趋势，而租金单价 P 呈递增趋势。由于业主激励强度一定，当承包商 B 建设成本增加时，其共享设备的积极性下降，表现在台班数 M_t 相应减少，相当于间接增加了承包商 A 租赁设备的成本。同时，尽管租金单价 P 在上升，承包商 B 并不愿意租出更多设备资源，承包商 A 压缩工期的效果变差，这导致相应的进度奖金减少，总收益减少。承包商 B 的收益下降，说明其收益越来越受到延期罚金影响，设备租金难以补偿工期延误导致的成本增加以及进度罚金。

通过对上述结果进行比较，可以发现不管采用哪种进度激励，承包商 A 增加的收益都要优于承包商 B。这是由于承包商 A 在博弈过程中处于主导地位，具有先动优势。

6.2.2 业主参与的关键设备资源共享机制研究

1. 业主参与的关键设备资源共享问题

在重大工程施工阶段，承包商之间的设备共享考虑了各自的利益需求，能降低不确定因素对进度计划的影响，提高资源共享的效率。但各个承包商存在自治性，都努力在自己的决策范围内寻求自身利益的最大化，承包商之间对资源的竞争会降低工程整体效率。为了优化工程总工期，获得项目提前运营带来的收益，业主需要设计合理的激励机制，激励承包商在追求自身利益的同时，采取业主收益最优的设备共享方案。

6.2.1 小节的研究中，基于主从博弈模型的承包商之间的设备共享，目的在于实现双方承包商收益的最大化，激励系数（线性、非线性）只是作为环境变量分析了其对设备共享的影响。而在工程实际中，业主作为实施激励机制的主导方，需要通过合理设置对双方承包商的激励系数来优化总工期以及自身收益。具体来说，在业主—承包商 A—承包商 B 的三方决策模型的基础上，考虑项目运营收益和进度激励成本，给出实现业主收益最优的激励强度。业主参与的关键设备共享模型如图 6.14 所示，与上一节模型的区别在于激励强度是模型的决策变量。

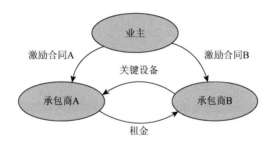

图 6.14　业主参与的关键设备共享模型

2. 业主最优激励模型

对于重大工程的业主，根本目标是实现工程项目的收益最大化。业主的收益涉及运营阶段的运营收入和建设阶段的合同支出。工程提前完工将会带来提前运营阶段的运营收入，包括通行收费和其他经营收益（如公路以及桥梁沿线广告收入、附属物业招商收入等）。建设阶段的合同支出是指业主支付给各个承包商的固定总价以及工期奖励。这样，考虑业主最优激励模型的目标收益函数为

$$U_o = U_r - P_{a+b} \tag{6.28}$$

式中，U_o 为业主的收益函数；P_{a+b} 为合同支出，跟进度的激励方式有关；U_r 为运营收入，跟工期有关。同时，假设业主和承包商都是理性的，业主知道承包商相关项目支出的费用情况（项目公司拥有承包商投标报价的工程量清单），与承包商签订的合同形式均为固定总价加工期激励。

下面分两种进度激励的方式，即线性激励和非线性激励，讨论业主的最优激励。

（1）线性激励下的业主最优激励

在线性激励下，业主的收益包括运营期收益和建设期合同支出两部分，业主的决策问题是确定对承包商的最优激励强度 I_a、I_b，使自身收益最大。业主最优激励的目标收益函数为

$$U_o(I_a, I_b) = U_r - P_{a+b} \tag{6.29}$$

业主的运营收入与工期有关，假设工程项目的投资模式以 BOT[①]为例，业主的运营收入与工期呈线性关系。U_r 可以表示为

$$U_r = Rt_r = R(t_c - t_a) \tag{6.30}$$

式中，t_c 为项目特许经营期；R 为单位时间收入。

业主的合同支出包括支付给各个承包商的固定总价和进度奖励，根据式（6.7）和式（6.11）可知：

$$P_{a+b} = C_a + I_a(t_{a1} - t_{a2}) + C_b + I_b(t_{b1} - t_{b2}) \tag{6.31}$$

这样，业主的最优激励问题可表示为如下的优化问题：

$$\begin{aligned}\text{Max } U_o(I_a, I_b) &= U_r - P_{a+b} \\ &= R(t_c - t_a) - [C_a + I_a(t_{a1} - t_{a2}) + C_b + I_b(t_{b1} - t_{b2})]\end{aligned} \tag{6.32}$$
$$\text{s.t. } I_a > 0, I_b > 0$$

性质 6.1 业主的目标收益函数 $U_o(I_a, I_b)$对激励强度(I_a, I_b)是严格凹的。

证明：将式（6.3）、式（6.4）、式（6.16）、式（6.17）代入式（6.32）得到：

$$U_o(I_a, I_b) = -\frac{1}{2}\frac{(2a_2 m_b t_{a1} - 2b_2 m_a t_{b1} + I_a m_b - I_b m_a + a_1 m_b - b_1 m_a)(I_a m_b - I_b m_a - Rm_b)}{a_2 m_b^2 + 2b_2 m_a^2},$$
$$+ R(t_c - t_{a1}) - C_a - C_b$$

因为 $\dfrac{\partial^2 U_o(I_a, I_b)}{\partial I_a^2} = -\dfrac{m_b^2}{a_2 m_b^2 + 2b_2 m_a^2} < 0$ ， $\dfrac{\partial^2 U_o(I_a, I_b)}{\partial I_b^2} = -\dfrac{m_a^2}{a_2 m_b^2 + 2b_2 m_a^2} < 0$ ，

$\dfrac{\partial^2 U_o(I_a, I_b)}{\partial I_a \partial I_b} = \dfrac{m_a m_b}{a_2 m_b^2 + 2b_2 m_a^2}$ ，有 $U_o(I_a, I_b)$的 Hessian 矩阵：

$$\begin{pmatrix} -\dfrac{m_b^2}{a_2 m_b^2 + 2b_2 m_a^2} & \dfrac{m_a m_b}{a_2 m_b^2 + 2b_2 m_a^2} \\ \dfrac{m_a m_b}{a_2 m_b^2 + 2b_2 m_a^2} & -\dfrac{m_a^2}{a_2 m_b^2 + 2b_2 m_a^2} \end{pmatrix}$$

该 Hessian 矩阵是负定矩阵，$U_o(I_a, I_b)$对(I_a, I_b)是严格凹，证毕。

当业主与承包商签订线性激励合同时，记业主的最优决策为 (I_a^*, I_b^*)，则由

---

① BOT（build-operate-transfer），表示建设-经营-转让。

业主决策函数的一阶条件 $\dfrac{\partial U_o(I_a, I_b)}{\partial I_a} = 0, \dfrac{\partial U_o(I_a, I_b)}{\partial I_b} = 0$，得到业主的最优激励强度：

$$I_a^* = \frac{-2a_2 m_b t_{a1} + 2b_2 m_a t_{b1} + 2I_b m_a + Rm_b - a_1 m_b + b_1 m_a}{2m_b} \tag{6.33}$$

$$I_b^* = \frac{2a_2 m_b t_{a1} - 2b_2 m_a t_{b1} + 2I_a m_b - Rm_b + a_1 m_b - b_1 m_a}{2m_a} \tag{6.34}$$

（2）非线性激励下的业主最优激励

在非线性激励下，业主的收益也包括运营期收益和建设期合同支出两部分，不同之处在于激励成本部分由线性形式变成二次形式。业主的决策问题同样是确定对承包商的最优激励强度 K_a、K_b，使自身收益最大。业主最优激励问题可表示为如下的最优化问题：

$$\begin{aligned} \text{Max } U_o(K_a, K_b) &= U_r - P_{a+b} \\ &= R(t_c - t_a) - [C_a + K_a(t_{a1} - t_{a2})^2 + C_b + K_b(t_{b1} - t_{b2})^2] \end{aligned} \tag{6.35}$$

$$\text{s.t. } K_a > 0, K_b > 0$$

将式（6.3）、式（6.4）、式（6.24）代入式（6.35），可得

$$\begin{aligned} U_o(K_a, K_b) &= \left(\frac{K_b}{m_b^2} - \frac{K_a}{m_a^2} \right) \left(\frac{m_a^2 m_b K_b}{2(K_a - a_2)m_b^2 - 4m_a^2 b_2} \right)^2 + \frac{R}{m_a} \left(\frac{m_a^2 m_b K_b}{2(K_a - a_2)m_b^2 - 4m_a^2 b_2} \right) \\ &\quad + R(t_c - t_{a1}) - C_a - C_b \end{aligned} \tag{6.36}$$

对业主收益函数 $U_o(K_a, K_b)$ 求偏导，可得

$$\begin{aligned} \frac{\partial U_o(K_a, K_b)}{\partial K_a} &= -\left(\frac{m_a^2 m_b K_b}{[2(K_a - a_2)m_b^2 - 4m_a^2 b_2]^2} \right) \left(4 \left(\frac{K_b}{m_b^2} - \frac{K_a}{m_a^2} \right) \left(\frac{m_a^2 m_b^3 K_b}{2(K_a - a_2)m_b^2 - 4m_a^2 b_2} \right) \right. \\ &\quad \left. + \frac{2Rm_b^2}{m_a} + m_b K_b \right) \end{aligned} \tag{6.37}$$

$$\frac{\partial U_o(K_a, K_b)}{\partial K_b} = \frac{3m_a^4 K_b^2 - 2m_a^2 m_b^2 K_a K_b}{[2(K_a - a_2)m_b^2 - 4m_a^2 b_2]^2} + \frac{Rm_a m_b}{2(K_a - a_2)m_b^2 - 4m_a^2 b_2} \tag{6.38}$$

$$\frac{\partial^2 U_o(K_a, K_b)}{\partial K_a^2} = \frac{K_b}{2(K_a - a_2)m_b^2 - 4m_a^2 b_2} \left(\frac{K_b}{2(K_a - a_2)m_b^2 - 4m_a^2 b_2} (m_a^4 K_b - m_a^2 m_b^2 K_a) + m_a m_b R \right) \tag{6.39}$$

$$\frac{\partial U_o^2(K_a, K_b)}{\partial K_b^2} = \frac{m_a^2 (3m_a^2 K_b - 2m_b^2 K_a)}{[2(K_a - a_2)m_b^2 - 4m_a^2 b_2]^2} \tag{6.40}$$

$$\frac{\partial U_o^2(K_a,\ K_b)}{\partial K_a \partial K_b} = -\left(\frac{m_a^2 m_b}{[2(K_a-a_2)m_b^2 - 4m_a^2 b_2]^2}\right)\left(\frac{-4m_b^3 K_a K_b + 6m_a^2 m_b K_b^2}{(K_a-a_2)m_b^2 - 2m_a^2 b_2} + 2m_b K_b + \frac{2Rm_b^2}{m_a}\right)$$

（6.41）

当 $U_o(K_a,\ K_b)$ 的 Hessian 矩阵 $\begin{pmatrix} \dfrac{\partial^2 U_o(K_a,\ K_b)}{\partial K_a^2} & \dfrac{\partial U_o^2(K_a,\ K_b)}{\partial K_a \partial K_b} \\ \dfrac{\partial U_o^2(K_a,\ K_b)}{\partial K_a \partial K_b} & \dfrac{\partial U_o^2(K_a,\ K_b)}{\partial K_b^2} \end{pmatrix}$ 为负定时，$U_o(K_a,\ K_b)$

对 (K_a, K_b) 严格凹。此时需满足以下不等式条件：

$$\frac{\partial^2 U_o(K_a,\ K_b)}{\partial K_a^2} < 0\ ,\quad \frac{\partial^2 U_o(K_a,\ K_b)}{\partial K_a^2} \times \frac{\partial^2 U_o(K_a,\ K_b)}{\partial K_b^2} - \left(\frac{\partial U_o^2(K_a,\ K_b)}{\partial K_a \partial K_b}\right)^2 > 0\ 。\ 对上$$

述不等式条件进行求解，可得 $U_o(K_a, K_b)$ 存在最优解 (K_a^*, K_b^*) 的条件为

$$K_a < \frac{2Ra_2 m_b^3 + 4Rb_2 m_a^2 m_b + 2a_2 K_b m_a m_b^2 + 4b_2 K_b m_a^3 - 3K_b^2 m_a^3}{m_b^2 (2Rm_b - K_b m_a)}$$

（6.42）

即当业主的二次激励强度满足上述条件时，收益函数 $U_o(K_a, K_b)$ 对激励强度 (K_a, K_b) 是严格凹的。

由业主决策函数的一阶条件 $\dfrac{\partial U_o(k_a,k_b)}{\partial k_a} = 0,\ \dfrac{\partial U_o(k_a,\ k_b)}{\partial k_b} = 0$ ，得到

$$K_a^* = \frac{3a_2 m_b^2 + 6b_2 m_a^2 - 2Rm_a m_b}{m_b^2}$$

（6.43）

$$K_b^* = \frac{2(a_2 m_b^2 + 2b_2 m_a^2 - Rm_a m_b)}{m_a^2}$$

（6.44）

把式（6.43）和式（6.44）代入（6.42），可得

$$-12m_a m_b^2 R^2 + \left(-2(-15a_2 m_b^3 - 30b_2 m_a^2 m_b) + 8\frac{(a_2 m_b^2 + 2b_2 m_a^2)^2}{m_a}\right)R$$

$$+ \left(-\frac{2(8a_2^2 m_b^4 + 32a_2 b_2 m_a^2 m_b^2 + 32b_2^2 m_a^4)}{m_a} + \frac{-3a_2 m_b^2 - 6b_2 m_a^2}{m_b}\left(\frac{2(a_2 m_b^2 + 2b_2 m_a^2)}{m_a}\right)^2\right) > 0$$

（6.45）

式（6.45）是关于 R 的二次不等式。把不等式转化成等式，它是关于 R 的一元二次方程。因为平方项的系数小于零，它是一个开口向下的抛物线。这样，可以求得方程的解，即 R_{inf} 和 R_{sup}。当 $R_{\text{inf}} < R < R_{\text{sup}}$ 时，不等式成立。

这就意味着，当项目单位运营收入 R 满足 $R_{\text{inf}} < R < R_{\text{sup}}$ 时，$U_o(K_a, K_b)$ 存在最优解。此时，业主选择最优激励强度 (K_a^*, K_b^*) 时，其收益可实现最优。当项目单位运营收入 $R < R_{\text{inf}}$ 或 $R > R_{\text{sup}}$ 时，业主无法通过选择激励强度 (K_a, K_b) 实现自身收益的最优。

6.3　多时间尺度下的关键设备资源配置与项目调度集成优化

6.3.1　问题背景

重大工程通常具有项目活动多、施工周期长、设备资源需求量大且具有波动性等特征（丁翔等，2015）。从设备资源成本的角度来看，设备租赁价格在整个工程项目建设过程中会有波动，不同时间尺度下的设备资源配置决策产生的成本有所不同。在长时间尺度下，设备租赁成本较低，但无法顾及设备需求波动，设备配置决策的结果往往会出现设备利用率低的情况。而在短时间尺度下，设备利用率可以达到较高水平，但设备租赁费用相对较高。因此，为了兼顾工期、设备资源配置成本以及设备资源利用率，需要研究多时间尺度下的设备资源配置决策问题。具体来说，本章建立了多时间尺度下的关键设备资源配置与项目调度集成优化的线性整数规划模型，并利用双层启发式粒子群算法进行求解，以获得项目工期-成本双目标优化下的关键设备资源配置与项目调度方案。

6.3.2　模型与算法设计

1. 问题描述与数学模型

多时间尺度下的关键设备资源配置与项目调度集成优化问题是指在满足项目活动的工序前提下，确定每个活动的开始时间并且制订相应的多时间尺度关键设备配置方案，即确定不同时间尺度下的各阶段的关键设备配置量，使得项目完工时间和关键设备配置成本达到最小。本节涉及符号见表 6.1。

表 6.1　符号定义表

符号	符号定义
集合和已知参数	
$N = \{0, 1, \cdots, |N|, |N|+1\}$	活动集合，项目包含 $N+2$ 个活动，其中活动 0 和活动 $|N|+1$ 分别为虚拟开始活动和虚拟结束活动
i, j	i, j 表示活动集合中的任意活动，$i, j \in N$
$T = \{1, \cdots, |T|\}$，t, τ	离散化计划时间范围 $[0, |T|]$ 产生的时间片（time slot）的集合。t, τ 表示计划时间范围中的任意时间片，$t, \tau \in T$
$R = \{1, \cdots, |R|\}$，k	关键设备类型集合，项目需要 $|R|$ 种关键设备。k 表示关键设备类型集中的任意类型，$k \in R$
$S = \{1, \cdots, |S|\}$，s	时间尺度集合。s 表示任意一个时间尺度，$s \in S$

符号	符号定义
集合和已知参数	
$\Phi_s = \{1,\cdots,|\Phi_s|\}$，$l$	尺度 s 下的阶段集合，时间范围可划分为多个阶段。l 表示任意一个阶段，$l \in \Phi_s$
L_s	尺度 s 的时间跨度或时间长度，即 Φ_s 中任一阶段的长度
$A = \{a_{ij}\}$	0/1 矩阵，表示活动工序关系。若 $a_{ij}=1$，则 i 是 j 的紧前活动；否则为 0
D_i	活动 i 的工期
Q_{ik}	执行活动 i 所需关键设备 k 的数量
CR_{slk}	时间尺度 s 上的第 l 阶段配置单位关键设备 k 所需的单位时间成本
DL	截止工期
CT	超过截止工期的单位时间延期成本
B_{slt}	若时间片 t 被尺度 s 下的阶段 l 包含，则 $B_{slt}=1$；否则为 0
决策变量	
x_{it}	$x_{it}=1$ 表示活动 i 在 t 时段结束；反之为 0。$x_{it} \in \{0,1\}$
y_{slk}	尺度 s 下的阶段 l 上配置 k 关键设备的数量，$y_{slk} \geq 0$
中间变量	
$\bar{R}_{kt}$	项目在 t 时间段上对 k 类关键设备的需求上限
Δ^T	项目完工的延期时间

多时间尺度下的关键设备资源配置与项目调度集成优化问题由多时间尺度下的关键设备配置和资源受限的项目调度两个子问题构成。

2. 项目调度子问题

经典的资源受限项目调度问题是指在满足项目活动的工序和资源量限制的前提下，制定每个活动的开始时间，使得项目完工时间达到最小。项目网络采用网络图（activity-on-node，AON）的表达方式，记为 $G = (N, A)$。假设项目活动一旦执行则不能中断，活动工期和资源需求是已知的常量，建立项目调度子问题的线性整数规划模型，记为[M1]（Weglarz et al.，2011；丁雪枫和尤建新，2012；张静文和单绘芳，2012）。

$$[\text{M1}] \text{ Min } f^T = \sum_{t \in T} t \cdot x_{|N|+1,t} \tag{6.46}$$

$$\text{s.t. } A_{t,j} \cdot \sum_{t \in T} t \cdot x_{it} \leq \sum_{t \in T} t \cdot x_{jt} - D_j, \quad \forall i,j \tag{6.47}$$

$$\sum_{i \in N} \sum_{\tau=t}^{t+D_i-1} Q_{ik} \cdot x_{it} \leq \bar{R}_{kt}, \quad \forall k,t \tag{6.48}$$

$$x_{it} \in \{0,1\}, \quad \forall i,t \tag{6.49}$$

在项目调度子模型中，目标式（6.46）表示最小化项目完工时间 f^T，即虚拟结束活动的完工时间。约束式（6.47）表示项目活动工序约束，活动的开始时间应晚于其紧前活动的结束时间。约束式（6.48）表示任意时间片 t 上的资源使用量不大于对应的资源可用量。约束式（6.49）定义了 0/1 决策变量。

3. 多时间尺度下的关键设备配置子问题

多时间尺度下的关键设备配置是指在整个计划时间范围内的长期、中期、短期等不同时间尺度上确定关键设备的购置或租赁方案。一般情况下，可把时间维度划分为多个阶段，而多时间尺度关键设备配置还强调时间的多尺度特征，既有满足战略目标层的大尺度长期决策，又有小尺度上的短期配置决策。这样的多时间尺度关键设备配置更具灵活性，可提高设备资源的利用率，并减少设备的闲置和浪费。

例如，图 6.15（a）是一个项目网络示例，图 6.15（b）是对应的调度方案。

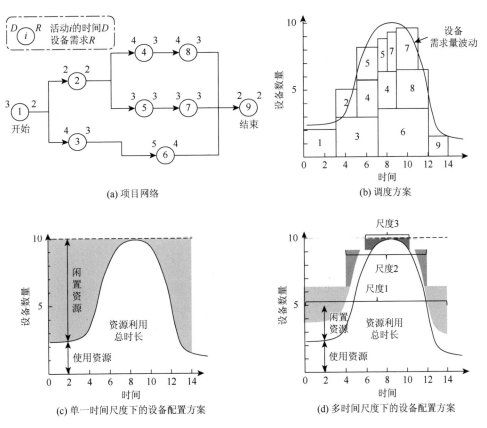

(a) 项目网络

(b) 调度方案

(c) 单一时间尺度下的设备配置方案

(d) 多时间尺度下的设备配置方案

图 6.15　设备需求波动与设备配置示例

可以看出，设备资源需求量在施工过程中具有波动性。图 6.15（c）和 6.15（d）分别是单一时间尺度下的设备配置和多时间尺度下的设备配置方案。图 6.15（c）表示在整体项目计划时期[0, 14]上配置 10 台设备，因为最大设备资源需求量是 10 台。但是，可以看出设备资源在低需求时段的设备资源闲置率很高，闲置总量为灰色区域面积；图 6.15（d）表示在三个时间尺度上分别配置一定的设备数量，在时段[0, 4]上配置 5 台，时段[4, 6]配置 9 台，时段[6, 10]上配置 10 台，时段[10, 12]上配置 9 台，时段[12, 14]上 5 台。相比于单一尺度下的设备资源配置，多时间尺度设备资源配置的设备闲置率更小，闲置总量更少（三种不同灰色的面积求和）。

需指出的是，不同的时间尺度 L_s 应不大于项目的整体计划范围$|T|$。尺度集合按尺度由大到小顺序编号。不同的时间尺度下，整体计划范围可划分为不同的阶段 Φ_s，每个阶段的长度即为该尺度大小 L_s。如图 6.16 所示，定义长期、中期、短期三个时间尺度，分别编号为尺度 1、尺度 2、尺度 3。在长期或中期的计划范围内、中期的较长时间阶段，采用购置或外包方案，在每个短期计划范围内采取临时租赁或采购方案。

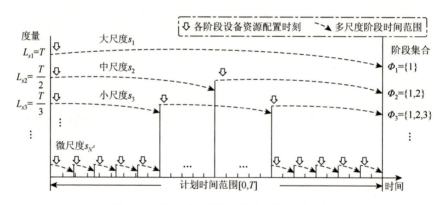

图 6.16　计划时间范围上的多时间尺度示例

尺度 s 下第 l 阶段的单位关键设备资源 k 在单位时间内所需成本 CR_{slk}。其中，阶段 l 作为下标，表示关键设备的配置成本在不同时间阶段有所不同，体现外部市场环境对成本的影响。假设每个阶段的设备配置只能在该阶段内有效，尺度 s 下的阶段 l 上的设备配置总成本为设备资源配置数$\times L_s \times \text{CR}_{slk}$。例如，某阶段 l 上租赁设备 10 台，则设备配置总成本为$10 \times L_s \times \text{CR}_{slk}$。假设某阶段配置的设备在该阶段可重复利用，且不考虑设备损坏故障等特殊情况。基于以上描述和假设，多时间尺度关键设备配置优化的线性整数规划模型记为[M2]。

$$[\text{M2}] \ \text{Min} \ f^C = \sum_{s \in S, k \in R}\left(\sum_{l \in \Phi_s} \text{CR}_{slk} \cdot y_{slk}\right) \qquad (6.50)$$

$$\text{s.t.}\ \overline{R}_{kt} \leqslant \sum_{s \in S, l \in \Phi_s} B_{slt} \cdot y_{slk}, \quad \forall_k, t \tag{6.51}$$

$$y_{slk} \geqslant 0, \quad \forall s \in S, l \in \Phi_s, k \in R \tag{6.52}$$

在多时间尺度关键设备配置子模型中，目标式（6.50）表示最小化设备配置总成本 f^C，即多时间尺度下各阶段设备配置成本的总和；式（6.51）表示 t 时间片上不同尺度的设备配置的总量应不小于时间 t 上的设备资源需求的上限 $\overline{R}_{kt}$；式（6.52）表示决策变量取值范围，尺度 s 下的阶段 l 上配置 k 设备的数量 y_{slk} 应大于等于 0。

从以上对两类子问题的描述和模型可以看出，项目调度和关键设备配置子模型不是相互独立的，而是由中间变量 $\overline{R}_{kt}$ 关联在一起的。在项目调度模型中，$\overline{R}_{kt}$ 作为设备资源容量上限约束活动进度安排。另外，在关键设备配置模型中，$\overline{R}_{kt}$ 作为项目调度的设备需求量下限约束。这样，将约束式（6.51）和约束式（6.52）合并，舍去中间变量 $\overline{R}_{kt}$，得到设备供需不等式约束式（6.54）。这样，就可建立多时间尺度关键设备配置与项目调度集成优化模型[M3]。

$$[\text{M3}]\ \text{Min}\ F = (f^T, f^C) \tag{6.53}$$

$$\text{s.t.}\ \sum_{i \in N} \sum_{\tau=t}^{t+D_i-1} Q_{it} \cdot x_{i\tau} \leqslant \sum_{s \in S, l \in \Phi_s} B_{slt} \cdot y_{slt}, \quad \forall k, t \tag{6.54}$$

显然，工期和成本是两个相冲突的目标（Ballestin and Blanco，2011）。目标式（6-53）表示目标向量 F 由工期和设备资源成本两个目标分量构成。为方便求解，将双目标模型[M3]转化为单目标模型[M4]，同时引入最晚工期 DL（DL $\in$ T），以及延期惩罚系数 CT。目标式（6.55）表示总成本，为延期成本 $\Delta^T \cdot C^P$ 和设备配置总成本的加和。约束式（6.56）和约束式（6.57）为项目的延期时间约束。

$$[\text{M4}]\ \text{Min}\ f = \Delta^T \cdot C^P + f^C \tag{6.55}$$

$$\text{s.t.}\ \Delta^T \geqslant f^T - \text{DL} \tag{6.56}$$

$$\Delta^T \geqslant 0 \tag{6.57}$$

多时间尺度下的关键设备配置与项目调度的集成优化问题是 NP-hard 问题。粒子群算法具有操作简单、快速收敛和稳定性较强的特点，被广泛应用于解决项目调度等 NP-hard 问题（Jin and Rahmat-Samii，2007；Chen，2011；张静文和单绘芳，2012；Koulinas et al.，2014）。为了快速有效求解该问题，本章将设计基于粒子群的双层启发式算法。

4. 基于粒子群的双层启发式算法

（1）算法框架

双层启发式算法由外层的粒子群算法和内层的整数规划模型构成，如图 6.17 所示。该算法的基本思路为外层基于粒子群算法搜索大量可行的调度计划方案

"粒子"，将每个调度方案对应的设备需求作为输入参数代入内层的多时间尺度设备配置优化模型[M2]，求解该调度计划对应的最优设备配置方案。随后将最优设备配置方案反馈给外层，将项目调度计划和设备配置方案合并为整体方案，进而计算总成本和适应度。根据粒子群的进化机制生成新粒子，以此不断迭代，收敛至满意解。设置粒子群算法的最大迭代次数为 G^{Max}。

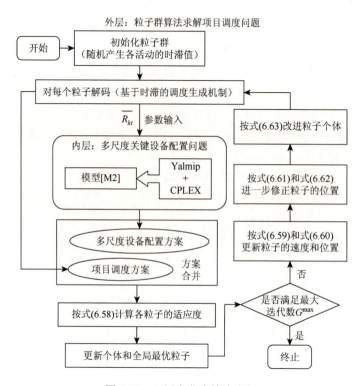

图 6.17　双层启发式算法流程

（2）编码与解码

本章根据问题特征，设计活动结束-开始时滞的编码方式。设粒子群算法每代有 pop 个粒子，每个粒子的位置向量为 $x_h = (x_{h1}, x_{h2}, \cdots, x_{hN}), h \in \{1, \cdots, \text{pop}\}$。其中 x_{hi} 表示活动 i 的时滞，即其实际开始时间相对于最早开始时间的延迟。元素 $x_{hj} \in \{0, 1, \cdots, \Pi_j\}$，其中 Π_j 表示最大延迟时间。

针对时滞编码方式，设计相应的解码方法，即调度生成机制。根据式（6.58）按活动的先后顺序逐个求解每个活动的开始时间。其中，t_{hj}^s 表示粒子 h 的活动 j 对应的开始时间，$P_r(j)$ 表示活动 j 的紧前活动集合。虚拟开始活动 0 的开始时间设置为 0，通过式 $\text{Max}(t_m^s + D_i)$ 计算活动 j 的最早开始时间（即其所有紧前活动的最晚结束时间)。基于时滞的调度生成机制容易操作实现,并且满足活动工序约束。

当所有活动的开始时间确定之后,项目的工期也就确定了,于是根据式(6.55)~式(6.57)可以计算延期成本。此外,将式(6.48)中的"≤"改为"=",可以计算出参数 $\bar{R}_{kt}$,从而各个时间片上的设备需求也随之确定。接着,将 $\bar{R}_{kt}$ 带入模型[M2],用规划求解器求解多时间尺度下的设备配置最优方案,并可计算设备配置总成本。需要注意的是,时滞编码对应的调度方案容易超出计划时间范围,这是因为活动时滞的累积容易产生巨大的时间跨度。针对该情况,引入一个足够大的惩罚值 M,当调度计划方案每超出计划时间范围一个单位时,则目标函数加 M。因此,总成本为 $CT \cdot \Delta^T + f^C + M \cdot Max(f^T - |T|, 0)$。算法的适应度设为总成本的倒数,见式(6.59)。

$$t_{hj}^S = \begin{cases} 0, & j = 0 \\ \{Max(t_m^S + D_i) + x_{hj} \mid i \in Pr(j)\}, \forall i \in N / \{0\} \end{cases} \tag{6.58}$$

$$Fitness = \frac{1}{CT \cdot \Delta^T + f^C + M \cdot Max(f^T - |T|, 0)} \tag{6.59}$$

(3)初始种群

对每个粒子个体,随机生成每个活动的时滞值。令任意第 h 个体的第 j 个元素 $x_{hj} = rand\,i(\{0,1,\cdots,\Pi_j\})$,其中函数 $rand\,i(\{0,1,\cdots,\Pi_j\})$ 表示随机选择集合 $\{0,1,\cdots,\Pi_j\}$ 中的一个元素。

(4)粒子进化策略

粒子 i 速度和位置的进化方程为式(6.60)和式(6.61)。根据本问题的特征和编码方案设计,粒子的新位置需按式(6.62)和式(6.63)进行修正,以确保粒子位置向量在可行范围之内。其中,变量 g 记录当前的迭代次数,p_i 为粒子自身经过的最好位置,p^g 为全局最优位置。加速因子 c_1、c_2 是指粒子飞向全局和局部最好位置的速度权重。惯性权重 w 控制粒子以前的速度对当前速度的影响,平衡全局和局部搜索两方面能力。

$$v_i(g+1) = w \cdot v_i(g) + c_1 \cdot rand1 \cdot [p_i - x_i(g)] + c_2 \cdot rand2 \cdot [p^g - x(g)] \tag{6.60}$$

$$x_i(g+1) = x_i(g) + v_i(g+1) \tag{6.61}$$

$$x_{hj}(g+1) = Min\{x_{hj}(g) + v_{hj}(g+1), \Pi_j\}, \forall_j \in P \tag{6.62}$$

$$x_{hj}(g+1) = Max\{x_{hj}(g) + v_{hj}(g+1), 0\}, \forall_j \in P \tag{6.63}$$

针对本问题的特征,活动较大的时滞值在一段时间上容易导致无活动执行(根据现实工程背景,不妨称为停工时期)。尤其是对于大规模算例,活动时滞的累积也会产生较长的停工期,与实际方案或最优方案并不相符。为了使启发式算法更加快速有效地搜索最优解，需设计活动正向平移策略来改进粒子个体。记可接受的最大停工时间为 λ，显然 $0 \leqslant \lambda \leqslant \Pi_j$。个体改进策略的步骤如下。

步骤 1：对任一粒子 h，按照上述解码过程进行解码获得相应的调度方案。

步骤 2：判断调度方案中是否存在超过 λ 的停工时间，若存在，将该停工时间后续执行的活动整体地正向平移到只有 λ 停工时间的位置，即按式（6.64）更新个体粒子的位置向量 x_h，产生新位置 $x'_h = (x'_{h1}, x'_{h2}, \cdots, x'_{hN})$；若不存在超过 λ 的停工时间，算法终止。

步骤 3：重复步骤 2 直至算法终止。

式（6.64）中，t_0 为停工的开始时刻，L 为停工时间。对于开始时间安排在停工时间后的活动，即 $j \in \{j \mid t_{hj}^S > t_0, j \in P\}$，正向的平移 $L - \lambda$ 个单位时间；其他活动保持不变。图 6.18 举例说明正向平移的个体改进策略。原调度方案引起活动 1 和活动 2、活动 3、活动 4 之间存在较长的停工时间，为了提高算法效率，改进粒子个体，将活动 2、活动 3、活动 4 的作业时间整体向前平移。

$$x'_{hj} = \begin{cases} x_{hj} - L + \lambda, \forall j \in \{j \mid t_{hj}^S > t_0, j \in P\} \\ x_{hj}, \text{其他} \end{cases} \tag{6.64}$$

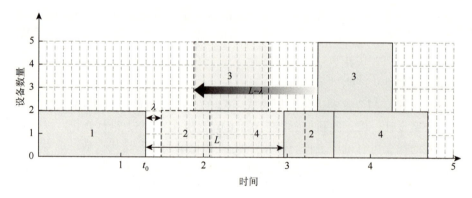

图 6.18　正向平移的个体改进策略示意图

6.3.3　实验分析

为了更好地说明计算结果，首先列举一个 15 个活动的简单算例进行分析。接着为了验证算法的有效性，设计 100 个不同规模的标准算例（不失一般性，这里只考虑一种关键设备资源），问题规模分别为 15、30、60、90、120（活动数量），每组包含 20 个算例。算例命名为 Pn_m，其中 n 表示算例规模，m 表示 n 规模算例集中的算例问题编号。例如，P15_01 表示规模 15 的算例集中的编号 01 的算例。

为了简化表示，将本章设计的基于粒子群的双层启发式算法（bi-level metaheuristic based on PSO）记为 BLM/PSO-λ，其中 λ 是个体改进策略中的参数。

1. 单个算例分析

选择规模为 15 的算例 P15_01 做示例。P15_01 的项目网络和数据如图 6.19 所示，该项目具有活动分布不均匀的特性，易引起设备资源需求波动。其他案例参数与粒子群算法（particle swarm optimization，PSO）算法参数见表 6.2。令最大时滞 $\prod_j = 50$。设置大尺度 s_1 时间范围为整个项目计划范围[0, 40]，计划范围被划分为 4 个中尺度 s_2（以 10 单位为一个时间阶段），20 个小尺度（以 2 单位为一个时间阶段），将三个尺度分别称为长期、中期、短期。设置迭代 100 次，每一代粒子数为 10。通过大量随机实验，发现当 PSO 权重参数设置为 $(w, c_1, c_2) = (0.99, 1.2, 2.0)$，可以较好地平衡算法收敛性和多样性，且最终收敛的满意解具有更高适应度。执行算法 BLM/PSO-50，迭代如图 6.20 所示，曲线表示粒子的全局最优位置的目标值随着迭代次数的变化。该次求解耗时 331 秒，得到的满意解目标为 1560，总工期为 35，设备配置成本为 1560，延期成本为 0。值得说明的是，用 CPLEX 求得的最优解也为 1560，这表明 PSO 算法最终收敛得到的解即是全局最优解。

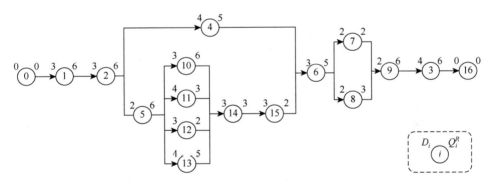

图 6.19　P15_01 项目网络图

表 6.2　P15_01 的参数设置

序号	参数	取值	序号	参数	取值
1	N^T	40	6	CT	500
2	DL	35	7	G^{Max}	100
3	s	{1, 2, 3}	8	pop	20
4	(L_{s1}, L_{s2}, L_{s3})	(40, 10, 2)	9	(w, c_1, c_2)	(0.99, 1.5, 2.0)
5	$(C_{s1}^R, C_{s2}^R, C_{s2}^R)$	(6, 8, 12)	10	Π_j	50

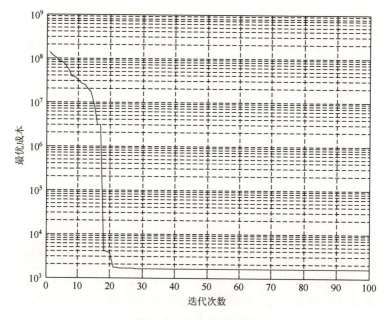

图 6.20　算法迭代收敛

具体来说，最优调度方案为 $t_i^s = (0,3,31,20,6,24,27,27,29,15,11,12,8,18,21)$，设备配置方案为长期阶段配置量为 6，短期的第 6 阶段、第 11 阶段和第 12 阶段上分别配置资源量为 2、2、1，设备资源配置成本为 1560。最优方案的设备供需情况如图 6.21 所示，单位时间上矩形表示正在执行的活动编号，矩形的长表示时间，

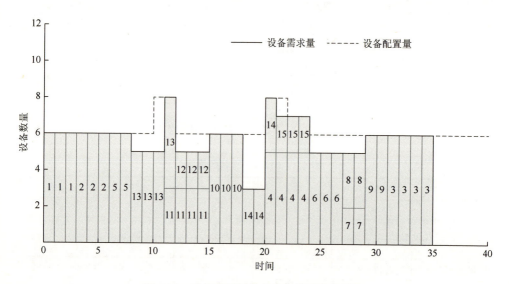

图 6.21　设备配置最优方案的供需变化情况

宽表示单位时间的设备需求量。从虚线可以看出设备配置和设备利用情况,虚线上升表示新的设备配置计划引起的可用设备量增加,虚线下降则表示设备租赁到期后被释放。因此,多时间尺度下的多阶段设备配置最优方案不仅避免了项目延期,还可减少设备资源成本。假如不考虑设备配置,用传统的调度方法对项目进行调度,最优工期为 29,但对应的设备配置方案的总成本高达 2264,增加了 45.13%。

2. 多时间尺度影响分析

选择规模为 15 的算例进行实验,执行算法 BLM/PSO-50,计算不同尺度组合下的最优调度方案和设备配置策略。图 6.22 表示不同尺度组合下的最优设备配置成本和设备资源效用。设备资源效用,即为设备资源实际使用总时长比可用的总时长,效用越高说明设备闲置时间越少。可以看出,短期设备租赁的资源效用最大,这是因为短期租赁可以灵活地根据短期设备需求进行配置。但是,由于设备临时租赁成本高,短期设备配置成本非常高。长、中、短期三尺度组合下设备配置的成本最低且具有较高设备资源效用。相比于中、短期二尺度组合,设备资源效用降低 0.5%,但成本降低 18.2%;相比于短期的单尺度,设备资源效用降低 20%,但成本大幅度降低 136.4%。

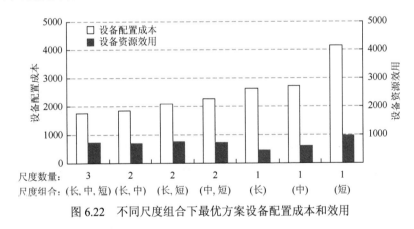

图 6.22　不同尺度组合下最优方案设备配置成本和效用

图 6.23 表示三尺度组合和中期单尺度设备配置下的项目调度和设备配置方案。两种情况下的活动调度发生细微的变化,但总工期均保持在截止工期 35。斜线区域表示每时段上的闲置设备资源量,斜线区域总面积表示闲置设备资源总量,斜线区域面积越大则设备资源效用越低。因此,三尺度组合下配置的设备资源效用更高。多时间尺度组合相比于单尺度设备配置更具灵活性,可以有效降低设备配置成本、提高设备资源效用。

3. 算法有效性分析

为了验证算法的有效性,本书对不同规模的算例进行计算实验。对于较小规

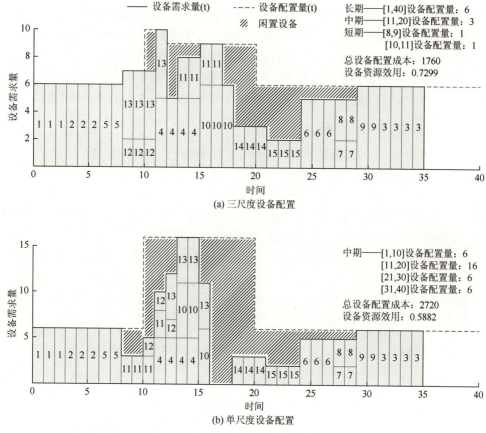

图 6.23　三尺度与中期单尺度下的项目调度和设备配置方案

模的算例（规模为 15 和 30），运用 CPLEX 求解的精确最优解作为基准解。对于较大规模的算例（规模为 60、90 和 120），CPLEX 难以求解最优解。因此，我们先采用传统的对齐技术（张松，2014）求解项目调度方案，接着求解模型[M2]得到相应的设备配置方案，最后将项目调度方案与设备配置方案合并，计算目标值。将上述流程求出的解作为基准解与双层启发式算法 BLM/PSO-50 的结果进行对比，结果见表 6.3 和图 6.24。此外，针对 60、90、120 较大规模算例，比较分析不同程度的个体改进策略的影响，如图 6.25 所示。

表 6.3　启发式算法结果与基准解对比

问题规模	15	30	60	90	120
CPLEX 耗时/s	82.183	380.259	—	—	—
BLM/PSO-50 耗时/s	472.257	457.902	512.762	576.988	548.727
Gap 值	0.081	0.125	−0.374	−0.404	−0.302

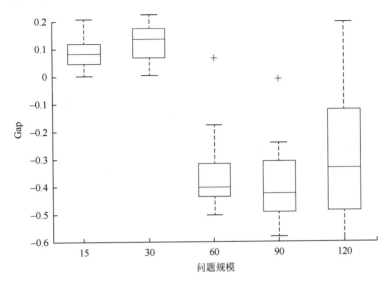

图 6.24　启发式算法相对于基准解的目标值 Gap 的统计箱线

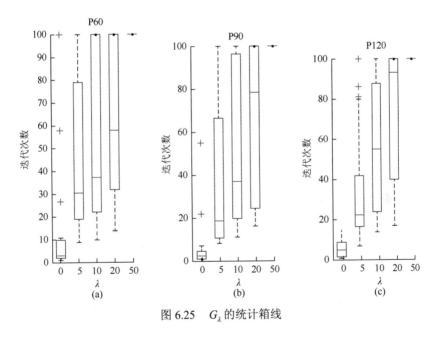

图 6.25　G_λ 的统计箱线

表 6.3 呈现不同规模的算例的平均耗时和 Gap 值, Gap =（启发式算法得到的满意解目标值–基准解目标值）/基准解目标值, 包括用 CPLEX 求解精确解的平均计算时间, 执行算法 BLM/PSO-50 的平均计算时间, 以及启发式算法相比于基准解目标值的 Gap。可以看出, 用 CPLEX 求解最优解所需的时间随着问题规模的增长而大幅度增加。当问题规模为 15 时, 平均耗时 82.183s; 当问题规模为 30 时,

平均耗时 380.259s；而当应对 60、90 以及 120 规模的问题时，CPLEX 难以求出精确解。相比之下，双层启发式算法的计算时间并不是随着问题规模而增长的，对于各个规模的算例，算法求解时间保持在 450～550s。因此，双层启发式算法在应对较大规模问题时更加有效，可以大大节省计算时间。箱线图 6.24 统计了启发式算法求解所有算例的 Gap 值，表 6.3 的最后一行也列出了不同规模下的平均 Gap 值。可以看出，对于 15 和 30 规模的算例，启发式算法求解的满意解可以逼近最优目标，平均 Gap 值分别为 0.081 和 0.125；对于 60、90 以及 120 规模算例，平均 Gap 分别为−0.374，−0.404 和−0.302，说明启发式算法求解的方案相比于基于对齐技术的准则得到的方案要好得多。

选取 P60、P90、P120 三个较大规模算例集，将算法 BLM/PSO-0、BLM/PSO-5、BLM/PSO-10、BLM/PSO-20 与无改进的 BLM/PSO-50 进行对比实验。以 BLM/PSO-50 找到的满意解为基准（BLM/PSO-50 的迭代数为最大迭代数 $G^{\text{Max}}=100$），对其他带有个体改进策略的算法找到更优解所需的迭代次数进行统计，记为 G_λ。G_λ 的统计结果如图 6.25 所示。可以看出，对于所有选取的算例集，随着 λ 值的不断减少，算法搜索到满意解的迭代次数越来越少，这说明算法效率得到了明显的提升。事实上，针对 60 规模算例，随着 λ 增大的平均迭代次数分别是 12.5、46.6、54.85、62.9 和 100；针对 90 规模算例，随着 λ 增大的平均迭代次数分别是 6.4、38.4、49.9、64.3 和 100；针对 120 规模算例，随着 λ 增大的平均迭代次数分别是 5.9、35.2、57.3、72.6 和 100。从平均意义上讲，随着问题规模的增加，λ 取值越小，算法效率提升越明显。可见，个体改进策略对提高算法搜索效率是有效的。

参 考 文 献

程鸿群, 张玉峰, 李文斌. 2001. 建筑施工设备租赁价格分析. 建筑机械化, 22（6）：49-51.

丁翔, 盛昭瀚, 李真. 2015. 基于计算实验的重大工程决策分析. 系统管理学报, 24（4）：545-551.

丁雪枫, 尤建新. 2012. 多模式资源受限项目调度问题的混合优化算法研究. 中国管理科学, 20（SI）：154-159.

何立华, 张连营. 2015. 基于设备资源波动成本的工程项目设备资源均衡优化. 管理工程学报, 2：167-174.

马英, 左春荣, 杨善林. 2010. 带不可用时间段和恶化加工时间的单机调度. 系统工程学报, 25（3）：371-378.

饶卫振, 刘锋, 金淳, 等. 2016. 基于 SDVRPTW 模型的项目设备优化调度方法. 系统管理学报,（4）：604-612, 623.

王磊, 战德臣, 聂兰顺. 2014. 基于市场机制的多项目分散式调度问题. 计算机集成制造系统, 20（8）：1969-1979.

应瑛, 寿涌毅, 李敏. 2009. 资源受限多项目调度的混合遗传算法. 浙江大学学报（工学版）, 43（1）：23-27.

张静文, 单绘芳. 2012. 可更新资源受限的工期–费用权衡问题及粒子群算法. 系统管理学报, 2：186-191, 200.

张静文, 徐渝, 何正文. 2007. 项目调度中的时间–费用权衡问题研究综述. 管理工程学报, 21（1）：92-97.

张松. 2014. 资源受限项目调度若干问题研究. 中国科学技术大学博士学位论文.

Afshar-Nadjafi B. 2014. Multi-mode resource availability cost problem with recruitment and release dates for resources. Applied Mathematical Modelling, 38（21/22）：5347-5355.

Amirian H, Sahraeian R. 2017. Solving a grey project selection scheduling using a simulated shuffled frog leaping algorithm. Computers & Industrial Engineering，107：141-149.

Asgari S，Afshar A，Madani K. 2013. Cooperative game theoretic framework for joint resource management in construction. Journal of Construction Engineering and Management，140（3）：04013066.

Ashuri B，Tavakolan M. 2013. Shuffled frog-leaping model for solving time-cost-resource optimization problems in construction project planning. Journal of Computing in Civil Engineering，29（1）：04014026.

Ballestin F，Blanco R. 2011. Theoretical and practical fundamentals for multi-objective optimisation in resource-constrained project scheduling problems. Computers & Operations Research，38（1）：51-62.

Bettemir Ö H，Sonmez R. 2014. Hybrid genetic algorithm with simulated annealing for resource-constrained project scheduling. Journal of Management in Engineering，31（5）：04014082.

Bianco L，Caramia M，Giordani S. 2016. Resource levelling in project scheduling with generalized precedence relationships and variable execution intensities. Or Spectrum，38（2）：405-425.

Callahan M T，Quackenbush D G，Rowings J E. 1992. Construction Project Scheduling. New York：McGraw-Hill.

Chen R M. 2011. Particle swarm optimization with justification and designed mechanisms for resource-constrained project scheduling problem. Expert Systems with Applications，38（6）：7102-7111.

Chen S M，Chen P H，Chang L M. 2012. Simulation and analytical techniques for construction resource planning and scheduling. Automation in Construction，21：99-113.

Confessore G，Giordani S，Rismondo S. 2007. A market-based multi-agent system model for decentralized multi-project scheduling. Annals of Operations Research，150（1）：115-135.

Coughlan E T，Lubbecke M E，Schulz J. 2015. A branch-price-and-cut algorithm for multi-mode resource leveling. European Journal of Operational Research，245（1）：70-80.

El-Kholy A M. 2015. New aspects in time-cost tradeoff analysis. Journal of Management in Engineering，31（4）：04014051.

Fernandez-Viagas V，Framinan J M. 2015. Controllable processing times in project and production management：analysing the trade-off between processing times and the amount of resources. Mathematical Problems in Engineering：1-19.

Gagnon M，d'Avignon G，Aouni B. 2012. Resource-constrained project scheduling through the goal programming model：integration of the manager's preferences. International Transactions in Operational Research，19（4）：547-565.

Gomes H C，das Neves F D A，Souza M J F. 2014. Multi-objective metaheuristic algorithms for the resource-constrained project scheduling problem with precedence relations. Computers & Operations Research，44：92-104.

Guillén-Burguete S，Sánchez-Larios H，Vázquez-Vázquez J G. 2012. An optimal transportation schedule of mobile equipment. Journal of Applied Research and Technology，10（5）：713-723.

Hafezalkotob A，Hosseinpour E，Moradi M，et al. 2018. Multi-resource trade-off problem of the project contractors in a cooperative environment：highway construction case study. International Journal of Management Science and Engineering Management，13（2）：129-138.

Hartmann S，Briskorn D. 2010. A survey of variants and extensions of the resource-constrained project scheduling problem. European Journal of Operational Research，207（1）：1-14.

Hattab M A，Zankoul E，Hamzeh F R. 2017. Near-real-time optimization of overlapping tower crane operations：a model and case study. Journal of Computing in Civil Engineering，31（4）：05017001.

Homberger J. 2007. A multi-agent system for the decentralized resource-constrained multi-project scheduling problem. International Transactions in Operational Research，14（6）：565-589.

Homberger J. 2012. A coordination mechanism for agent-based multi-project scheduling. OR Spectrum，34（1）：107-132.

Jin N B，Rahmat-Samii Y. 2007. Advances in particle swarm optimization for antenna designs：real-number，binary， single-objective and multiobjective implementations. IEEE Transactions on Antennas and Propagation, 55 (3): 556-567.

Jun D H, Han C H, Kim D J. 2016. Optimizing the utilization of shareable equipment in multiple shifts for construction projects. Journal of Asian Architecture and Building Engineering, 15 (3): 597-604.

Kim B S, Kim Y W. 2016. Configuration of earthwork equipment considering environmental impacts, cost and schedule. Journal of Civil Engineering and Management, 22 (1): 73-85.

Kim K J, Kim K. 2010. Case study on the evaluation of equipment flow at a construction site. Journal of Computing in Civil Engineering, 24 (6): 570-575.

Koulinas G, Kotsikas L, Anagnostopoulos K A. 2014. Particle swarm optimization based hyper-heuristic algorithm for the classic resource constrained project scheduling problem. Information Sciences, 277: 680-693.

Lau J S K, Huang G Q, Mak K L, et al. 2006. Agent-based modeling of supply chains for distributed scheduling. IEEE Transactions on Systems, Man & Cybernetics Part A Systems and Humans, 36 (5): 847-861.

Lee Y H, Kumara S R T, Chatterjee K. 2003. Multiagent based dynamic resource scheduling for distributed multiple projects using a market mechanism. Journal of Intelligent Manufacturing, 14 (5): 471-484.

Li H B, Demeulemeester E. 2016. A genetic algorithm for the robust resource leveling problem. Journal of Scheduling, 19 (1): 43-60.

Qi J J, Liu Y J, Jiang P, et al. 2015. Schedule generation scheme for solving multi-mode resource availability cost problem by modified particle swarm optimization. Journal of Scheduling, 18 (3): 285-298.

Samaddar S, Nargundkar S, Daley M. 2006. Inter-organizational information sharing: the role of supply network configuration and partner goal congruence. European Journal of Operational Research, 174 (2): 744-765.

Shen L Y, Li H, Li Q M. 2002. Alternative concession model for build operate transfer contract projects. Journal of Construction Engineering and Management, 128 (4): 326-330.

Shr J F, Chen W T. 2003. A method to determine minimum contract bids for incentive highway projects. International Journal of Project Management, 21 (8): 601-615.

Simatupang T M, Sridharan R. 2016. A critical analysis of supply chain issues in construction heavy equipment. International Journal of Construction Management, 16 (4): 326-338.

Tran D H, Cheng M Y, Prayogo D. 2016. A novel multiple objective symbiotic organisms search (MOSOS) for time-cost-labor utilization tradeoff problem. Knowledge-Based Systems, 94: 132-145.

van Peteghem V, Vanhoucke M. 2014. An experimental investigation of metaheuristics for the multi-mode resource-constrained project scheduling problem on new dataset instances. European Journal of Operational Research, 235 (1): 62-72.

Villahoz J J L, Martínez R D O, Arauzo A A, et al. 2010. Price updating in combinatorial auctions for coordination of manufacturing multiagent systems//Kacprzyk J. Advances in Intelligent and Soft Computing. Berlin: Springer: 201-207.

Wang L, Zhan D C, Nie L S, et al. 2012. Multiagent based dynamic resource control for decentralized multi-project using combinatorial exchange. Advanced Materials Research, 532/533: 566-570.

Weglarz J, Józefowskaj, Mika M, et al. 2011. Project scheduling with finite or infinite number of activity processing modes-a survey. European Journal of Operational Research, 208 (3): 177-205.

Yeoh J K W, Chua D K H. 2017. Optimizing crane selection and location for multistage construction using a four-dimensional set cover approach. Journal of Construction Engineering and Management, 143 (8): 04017029.

第7章　考虑空间资源约束的工程调度优化

7.1　引　　言

工程建造是人类造物的实践活动，工程建造成果的核心是构筑一个新的、具有一定物理结构的存在物。空间是物质的存在方式。工程建造涉及的许多要素（材料、人、设备等）以及工程构件本身都需要占据一定的空间。工程活动的正常执行离不开对原材料、人力、设备等各类资源的利用或消耗（Gomes et al.，2014；Zhang et al.，2007）。为了加快工程施工进度，缩短交付工期，工程管理者常常安排多个活动并行执行，从而导致单位时间的空间需求总量增加。由于许多工程现场空间是有限的，并行活动的空间需求很可能重叠，产生活动空间干涉，如空间冲突、拥挤，从而影响工程的进度、质量以及安全（Akinci et al.，2002）。因此，在制订工程调度方案时需要减少活动之间的空间干涉，保证活动具有充足的空间（Bragadin and Kähkönen，2015）。

空间资源是一类有限的可更新资源（renewable resource），可以视为一般性可更新资源的特例。空间资源受限的工程调度问题，是一类资源具体化的资源受限项目调度问题（resource-constrained project scheduling problem，RCPSP）。RCPSP 是指在满足项目活动的工序、资源供给量限制的前提下，制定每个活动的开始时间以实现工期最短、成本最低、资源利用率最大等目标（Hartmann and Briskorn，2010；Ballestin and Blanco，2011）。目前，少有学者将 RCPSP 与空间干涉相结合。de Frene 等（2008）针对建筑工程领域，研究空间资源约束下的项目调度问题。为了描述活动执行中多种资源的空间利用情况，设计空间资源的请求活动（call activity）、中间活动（interval activity）、释放活动（release activity）三类活动，以及基于串行调度方案（serial scheduling scheme，SSS）生成机制的启发式算法。

许多学者利用可视化仿真技术模拟、发现和解决了工程现场的空间干涉问题，如 3D/4D 计算机辅助设计（computer aided design，CAD）（Cho et al.，2013；Kassem et al.，2015）、BIM（Choi et al.，2014；Moon et al.，2014；Said and El-Rayes，2014；Kumar and Cheng，2015；Zhang et al.，2015）。可视化仿真技术通过数字信息，在计算机虚拟平台上模拟施工人员和设备的现实作业过程，设计活动空间干涉识别与应对的流程和方法，在虚拟平台上解决空间干涉问题。Choi 等（2014）设计了一种作业空间规划的流程框架，包括生成 4D BIM、识别作业空间、表征空间占用、识别空间干涉、解决空间干涉问题五个阶段，以避免施工中的空间干涉及其不良影响。Zhang 等（2015）在 BIM 中融入遥感技术，利用 GPS 定位系统跟踪施工人员位置，基于 BIM 实时判断其作业空间，进而识别潜在的空间干涉并及时采取防范措施。这类研究主要是在已知调度计划方案的前提之下，实时地、局部地识别空间干涉并调整调度方案，但缺乏考虑空间干涉的总体调度方案设计的理论研究。

除了上述基于计算机可视化技术/仿真技术的方法，一些学者也尝试基于数学方法对考虑空间资源约束的工程计划问题建立数学模型（Yeoh and Chua，2012；Semenov et al.，2014；Lucko et al.，2014）。Lucko 等（2014）采用奇异函数，在笛卡儿坐标系中建立二维区域加时间维的工程空间模型。Roofigari-Esfahan 和 Razavi（2016）在研究线性调度问题时，结合空间和时间约束，提出了一种考虑不确定性的优化流程，达到项目完工时间和空间干涉程度最小化的目标。Isaac 等（2017）采用时间-空间图描述员工的动态运动，将员工工作路径表示成为奇异函数，建立模型对并行的活动进行时间和空间资源的分配。

综上所述，当前的研究在设计考虑空间干涉特征的总体工程调度方案、建立考虑空间干涉约束的工程调度优化理论模型等方面尚未深入开展。为此，我们对工程现场涉及的空间资源与空间干涉进行系统分类，考虑安全威胁、物理冲突、破坏冲突以及空间拥堵等空间资源约束，研究了相关工程调度优化问题。

7.2　空间资源量化及干涉度量

7.2.1　空间资源量化表示方法

空间是指物体的位置、规模和体积。任何一个物体都具有一定的长度、宽度和高度，并且它同周围物体也总是存在着前后、左右和上下的关系。任意连续凸空间 Ω 可以表示为空间直角坐标系 $O\text{-}xyz$ 中的连续凸域，见式（7.1）。

$$\Omega(x,y,z) = \begin{cases} a \leqslant x \leqslant b \\ f_{y_1}(x) \leqslant y \leqslant f_{y_2}(x) \\ f_{z_1}(x,y) \leqslant z \leqslant f_{z_2}(x,y) \end{cases} \tag{7.1}$$

式中，x、y、z 分别为横轴、纵轴及竖轴上的位置变量；a、b 为常数；$f_*(x), f_*(x,y)$ 分别为关于变量 x 和变向量 (x,y) 的连续函数。

空间 Ω 有两个特征量：位置 P 和体积 V。空间的位置可以用空间表面或内部的一个点来表示，这里用 x 轴上的最小值点 a 及其对应的 y 轴和 z 轴上的最

小值点 $f_{y_1}(a)$ 和 $f_{z_1}[a, f_{y_1}(a)]$ ，见式（7.2）。空间 Ω 的体积可以用三重积分计算，见式（7.3）。

$$P(\Omega) = \{a, f_{y_1}(a), f_{z_1}[a, f_{y_1}(a)]\} \tag{7.2}$$

$$V(\Omega) = \iiint\limits_{\Omega} \mathrm{d}V = \int_a^b \int_{f_{y_1}(x)}^{f_{y_2}(x)} \int_{f_{z_1}(x,y)}^{f_{z_2}(x,y)} \mathrm{d}X\mathrm{d}Y\mathrm{d}Z \tag{7.3}$$

例如，某长方体空间可以表示为 $\Omega = \begin{cases} a \leqslant x \leqslant b \\ c \leqslant y \leqslant d \\ e \leqslant z \leqslant f \end{cases}$ ，其中 a、b、c、d、e 及 f 为常数。空间的位置为 $P(\Omega) = (a, c, e)$ ，即长方体的最小直角点的坐标；空间的体积为长×宽×高，即 $V(\Omega) = (b-a) \cdot (d-c) \cdot (f-e)$ 。

为方便计算处理，可对连续空间 Ω 进行近似的离散化处理，表示为众多单位网格空间的集合。空间的离散化是指在某粒度下对空间进行网格划分，其具体步骤如下。

1. 整体三维空间网格化

三维坐标分别被均匀地划分为小段，构成各个维度上的线段集合 $\Delta X = \{1, \cdots, N_X\}$、$\Delta Y = \{1, \cdots, N_Y\}$、$\Delta Z = \{1, \cdots, N_Z\}$ ，整体空间被分割成大小相同的 $N_X \cdot N_Y \cdot N_Z$ 个细小网格空间的集合。网格映射到各个坐标轴上的长度，即长、宽、高，分别记为 δ_X、δ_Y、δ_Z ，网格体积为 $\delta_X \cdot \delta_Y \cdot \delta_Z$ 。不妨定义网格粒度为 $\Delta = (\delta_X, \delta_Y, \delta_Z)$ ，它直观地反映了三维空间网格化的细密程度。

2. 单位网格编号

由于每个网格空间体积相同，网格由其位置特征量决定（同上述长方体的最小直角点）。按网格空间位置不同，给网格空间编号，设网格空间集合 $K = \{1, \cdots, N_X \cdot N_Y \cdot N_Z\}, k \in K$ 。任意空间位置为 (x, y, z) ，其对应的网格位置坐标为 (L_X, L_Y, L_Z) ，对应编号 k 可通过式（7.4）得到。

$$k = \left(\frac{L_X}{\delta_X} + 1\right) + \frac{L_Y}{\delta_Y} \cdot N_X + \frac{L_Z}{\delta_Z} \cdot N_X \cdot N_Y \tag{7.4}$$

3. 空间占用变量设置

设空间占用变量 $o_k \in \{0, 1\}, k \in K$ 。如果连续空间 Ω 占用网格 k ，则 $o_k = 1$ ；否则，$o_k = 0$ 。连续空间 Ω 和 o_k 之间的关系见式（7.5）。空间的离散化表示只是连续空间的近似，但随着网格不断细化，离散空间集合可逼近真实的连续空间，见式（7.6）。

$$\Omega \approx \cup \{k \mid o_k = 1, k \in K\} \tag{7.5}$$

$$\Omega = \lim_{\Delta \to 0} (\cup \{k \mid o_k = 1, k \in K\}) \tag{7.6}$$

7.2.2　空间资源干涉的度量

空间干涉的度量是量化计算空间干涉的程度大小，用于衡量空间干涉对活动作业的影响。下面介绍 Semenov 等（2014）提出的空间干涉度量方法，该方法的核心思想是用重叠空间资源的密度与活动的总空间密度之比来度量空间干涉程度，重叠空间体积越大，资源密度越高，空间干涉程度就越大。

假设执行活动 i 需要的作业空间是定义在空间直角坐标系 O-xyz 中的三维欧式空间，记为 Ω_i。函数 $v(\Omega_i)$ 用来计算该空间的体积。对于任意两作业空间 Ω_i 和 Ω_j，用交集运算 $\Omega_i \cap \Omega_j$ 计算两个空间的重叠部分。假设活动 i 需要的第 k 类资源量为 R_{ik}，其中 $k \in K$，$K = \{1, 2, \cdots, |K|\}$，$|K|$ 表示可更新资源数量。这样，活动 i 所需的第 k 类资源的密度为

$$\rho_{ik} = \frac{R_{ik} \cdot \upsilon_k}{v(\Omega_i)} \tag{7.7}$$

式中，υ_k 为单位资源 k 占用的作业空间体积；$R_{ik} \cdot \upsilon_k$ 为计算活动 i 使用第 k 类资源时所占用的总空间大小。

基于资源密度的定义，在 t 时段上，其他活动对于任意活动 i、作业资源 k 的空间干涉，是所有其他活动对活动 i 空间干涉的加和，定义见式（7.7）。其中，y_{it} 为 0/1 决策变量，当选择活动 i 在 t 时段上执行时，$y_{it} = 1$；否则，$y_{it} = 0$。$\lambda_{kk'}$ 为资源类型 k 和 k' 之间空间影响系数。

$$S_{ik}(t) = \sum_{i' \in N/i, k' \in K} [\lambda_{kk'} \cdot \rho_{i'k'} \cdot v(\Omega_{ik} \cap \Omega_{i'k'}) \cdot y_{it} \cdot y_{i't}], \quad \forall i, k \tag{7.8}$$

由式（7.8）可知，任意一对活动 i, i'，如果 $v(\Omega_{ik} \cap \Omega_{i'k}) = 0$（作业空间不重叠）或者 $\forall t, y_{it} \cdot y_{i't} = 0$，则表示没有并行作业，作业时间不重叠，空间干涉为 0，符合空间干涉发生的充要条件的描述。

7.3　考虑多重空间资源约束的工程调度优化

工程调度是工程现场协调控制的重要任务，其本质上是对一组相互关联的活动进行资源分配（Faghihi et al.，2014；Gomes et al.，2014）。空间作为一类重要的工程资源，已经被越来越多的工程实践者予以高度重视，并且视为工程项目计划（设计）研究中的重要因素（Thabet and Beliveau，1994；Winch and North，2006；Wu and Guo，2014；Roofigari-Esfahan and Razavi，2016）。考虑空间资源约束的工程

调度问题的目标是确保在施工现场并行开展多种作业活动时，最大限度地规避空间干涉，确保作业空间充足、有效（Bragadin and Kähkönen, 2015）。本节建立考虑多重空间资源约束的工程调度模型，设计禁忌模拟退火（tabu simulated annealing, TSA）算法，以获得最优工程调度计划方案，为工程管理者提供决策支持。

7.3.1　问题描述与模型建立

考虑多重空间资源约束的工程调度问题是：已知活动先后工序、活动工期以及每个活动的各类空间需求的条件下，如何合理安排各个活动的执行时间，使得满足活动先后顺序的要求，有效避免安全威胁、物理冲突、破坏冲突的发生，将拥堵对活动质量的影响控制在一定范围内，最终使项目总完工时间最短。该问题的假设如下。

1）对于活动的临时性空间占用，其空间需求已知，且不随时间改变，即为非动态的空间需求。

2）执行活动所需的其他资源供应充足。

3）安全威胁、物理冲突、破坏冲突是杜绝的。

4）弹性空间干涉在一定程度上是允许的，但活动的质量用值为 0~1 的质量因子表示，与空间拥堵程度成负线性相关。假设无空间干涉时，活动质量因子为 1。工程质量表示为所有活动质量因子的平均值。

5）空间拥堵不影响活动工期。

采用 AON 的形式来表示工程活动网络，记为项目 $G = \{N, A\}$。该网络中节点集合为 $N = \{1, \cdots, |N|\}$，其中 $|N|$ 表示活动数，矩阵 $\{A_{ij}\}, i, j \in N$ 表示活动之间的工序关系。若 i 是 j 的紧前活动，则 $a_{ij} = 1$；否则 $a_{ij} = 0$。不失一般性，活动 1 和 $|N|$ 分别为虚拟的开始和结束活动。工程项目计划期（plan horizon）$[0, T]$ 可离散化为时间隙（time slot）集合 $T = \{1, \cdots, |T|\}$，建立工程现场空间的三维坐标系，活动的各类空间均定义在该坐标系下，空间定义参照 7.2.1 小节的连续空间量化表示。模型主要符号说明见表 7.1。

表 7.1　主要符号列表

参数符号	符号定义
d_i	活动 i 的工期
$\Omega_i^{\text{实}}$	活动 i 需要的实空间
$\Omega_i^{\text{刚}}$	活动 i 需要的刚性空间
$\Omega_i^{\text{弹}}$	活动 i 需要的弹性空间

参数符号	符号定义
$\Omega_i^{危}$	活动 i 产生的危害空间
$\Omega_i^{人}$	活动 i 需要的人力空间
$\Omega_i^{保}$	活动 i 需要的保护空间
w_{ij}	活动 i 的弹性空间对被活动 j 的弹性空间占用的敏感性
$\underline{Q}_i \in [0,1]$	可接受的活动 i 质量下限
λ_i^Q	活动 i 的质量对空间拥堵的敏感性
$x_{it} \in \{0,1\}$	若 $x_{it}=1$，活动 i 在第 t 个时段上开始；反之，$x_{it}=0$
$y_{it} \in \{0,1\}$	若 $y_{it}=1$，活动 i 在第 t 个时段上执行；反之，$y_{it}=0$
$z_{ijt} \in \{0,1\}$	用来描述不同活动的时间重叠情况。若 $z_{ijt}=1$，活动 i 和活动 $j(\,j \neq i)$ 在第 t 个时段上同时被执行；反之，$z_{ijt}=0$
$I_i^{congestion} \in [0,1]$	活动 i 完成的拥堵因子，越大表明越拥堵（弹性空间被其他活动占用的越多）
$Q_i \in [0,1]$	活动 i 完成的质量因子，越大表明活动的质量越高
f^{MS}	项目总完工时间

基于表 7.1，考虑空间干涉的工程调度优化模型可以表述为

$$\text{Min } f^{MS} = \sum_t t \cdot x_{\Theta,t} \tag{7.9}$$

$$\text{s.t.} \sum_t x_{it} = 1, \forall i \in N \tag{7.10}$$

$$A_{ij} \cdot \left(\sum_t t \cdot x_{jt} - d_j - \sum_t t \cdot x_{it} \right) \geqslant 0, \forall i,j \in N \tag{7.11}$$

$$\sum_{q=t}^{t+d_i-1} x_{iq} = y_{it}, \forall i \in N, t \in T \tag{7.12}$$

$$z_{ijt} \geqslant y_{it} + y_{jt} - 1, \forall i \neq j, i,j \in N, t \in T \tag{7.13}$$

$$z_{ijt} \leqslant (y_{it} + y_{jt})/\varsigma, \forall i \neq j, i,j \in N, t \in T, \varsigma \in (1,2] \tag{7.14}$$

$$z_{ijt} \equiv 0, \forall i \in N, t \in T \tag{7.15}$$

$$\sum_j \left(z_{ijt} \cdot \iiint\limits_{\Omega_i^{危} \cap \Omega_j^{人}} \mathrm{d}x\mathrm{d}y\mathrm{d}z \right) \leqslant 0, \forall i,t \tag{7.16}$$

$$\sum_j \left(z_{ijt} \cdot \iiint\limits_{\Omega_i^{刚} \cap \Omega_j^{实}} \mathrm{d}x\mathrm{d}y\mathrm{d}z \right) \leqslant 0, \forall i,t \tag{7.17}$$

$$\sum_j \left(z_{ijt} \cdot \iiint_{\Omega_i^{\text{保}} \cap (\Omega_j^{\text{实}} \cup \Omega_j^{\text{危}})} dx dy dz \right) \leqslant 0, \quad \forall i, t \tag{7.18}$$

$$I_i^{\text{congestion}} = \frac{\sum_t \sum_j \left(w_{ij} \cdot z_{ijt} \cdot \iiint_{\Omega_i^{\text{弹}} \cap \Omega_j^{\text{弹}}} dx dy dz \right)}{d_i \cdot \iiint_{\Omega_i^{\text{弹}}} dx dy dz}, \quad \forall i \tag{7.19}$$

$$Q_i = 1 - \lambda_i^Q \cdot I_i^{\text{congestion}}, \quad \forall i \tag{7.20}$$

$$Q_i \geqslant \underline{Q}_i, \quad \forall i \tag{7.21}$$

式（7.9）表示最小化项目完工时间 f^{MS}，即虚拟结束节点的开始时间。式（7.10）表示项目活动在计划期内的开始时间。式（7.11）表示项目活动工序约束，活动的开始时间应晚于其紧前活动的结束时间。式（7.12）描述了决策变量 x_{it} 和 y_{it} 之间的关系。式（7.13）～式（7.15）定义了决策变量 z_{ijt}，即当 $i \neq j$ 且 $y_{it} = y_{it} = 1$ 时，则 $z_{ijt} = 1$；否则，$z_{ijt} = 0$。式（7.16）～式（7.18）分别表示不允许发生危害冲突、物理冲突和破坏冲突的约束。这些约束中的三重积分是用于计算重叠空间的体积，以式（7.16）为例，$\iiint_{\Omega_i^{\text{危}} \cap \Omega_j^{\text{人}}} dx dy dz$ 计算活动 i 的危害空间和活动 j 的人力空间重叠的空间体积，$\iiint_{\Omega_i^{\text{危}} \cap \Omega_j^{\text{人}}} dx dy dz = 0$ 表示两个活动对应的空间无重叠，否则空间存在重叠。若活动空间和时间均有重叠，即 $z_{ijt} \cdot \iiint_{\Omega_i^{\text{危}} \cap \Omega_j^{\text{人}}} dx dy dz > 0$，则活动 i 和活动 j 发生安全冲突。式（7.19）表示活动 i 的拥堵因子的计算方法，即活动 i 的总体弹性空间被其他活动占用总空间比例的加权平均，其中 w_{ij} 表示活动 i 对活动 j 弹性空间占用的敏感性。式（7.20）表示拥堵对各活动质量的影响。式（7.21）表示活动质量因子不得低于 $\underline{Q}_i$。

7.3.2　TSA 算法

SA 算法在求解许多 NP-hard 优化问题，尤其在求解项目调度问题方面具有操作简单和快速收敛的优点（Bouleimen and Lecocq，2003；Mika et al.，2005）。定义 SA 算法中的有关参数：起始温度为 T_{MAX}；终止温度为 T_{MIN}；衰减因子为 α；邻点生成的最大迭代数为 S_{MAX}。为避免算法搜索陷入局部极值，提高收敛速度，本章将禁忌表引入到传统的 SA 算法中，设计 TSA。TSA 的一般流程如图 7.1 所示。

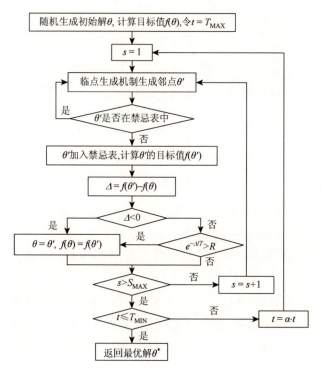

图 7.1　TSA 的一般流程

1. 初始解生成

问题的编码方式是满足工序条件的一个活动编号的排列（activity list，AL）。满足工序约束是指对于任意活动 i 在活动编号排列 AL 中的位置 $p(i)$，活动 i 的所有前序活动均在 $p(i)$ 之前，活动 i 的所有后序活动均在 $p(i)$ 之后。显然，活动1和 N 始终分别保持在活动编号排列 AL 的第一和最后的位置。按表 7.2 所示的初始解生成算法随机生成满足工序约束的活动编号排列。具体而言，首先将虚拟开始活动排列在第一个位置，并赋值已完成排列的活动集合 E 与可进行排列的候选活动集合 C；其次，从 C 中随机选择一个活动 i^* 赋在排列列表的下一个位置，并更新集合 E 与 C，直至所有活动均排列完成。

表 7.2　初始解生成算法

步骤	内容
步骤 1	初始化：令 $l = 1$，$a_1 = 1$，$E = \{1\}$，$C = \{i \mid A_{1i} = 1, i \in N / E\}$。转到步骤2
步骤 2	判断 $l = \mid N \mid$，若成立；算法终止，输出 $AL = (a_1, a_2, \cdots, a_{\mid N \mid})$；否则，转到步骤3
步骤 3	$l = l + 1$，在 C 中随机选择一个活动 i^*，$i^* \in C$。令 $a_l = i^*$，$E = E \cup \{i^*\}$，$C = C \cup \{j \mid A_{ij} = 0, i \in N / E\} / i^*$。转到步骤2

　2. 调度方案生成机制

　　调度方案生成机制（schedule generation scheme，SGS）指将活动编号排列 AL 解码成一个满足时间和空间约束的调度方案，即确定每个活动的开始执行时间。SGS 根据 AL 中的活动顺序，在满足各约束条件（工序约束、空间冲突约束、质量约束）下，依次安排每个活动的最早开始时间。具体的时间安排操作是从最早可开始时间开始（紧前活动的最晚完成时间），判断空间冲突约束和活动质量约束是否都满足。若条件满足，则分配该时间为活动的开始作业时间；否则，执行时间顺延操作，使活动开始时间往后延一个单位，继续判断约束满足情况，以此进行下去直至满足约束为止。显然，由于 SGS 的优先原则和编码本身需要满足工序顺序，SGS 必然生成满足工序约束的可行解。此外，由于有限的时间顺延操作能减少甚至避免活动时间重叠，SGS 在有限的迭代循环内必然能产生满足空间冲突约束的调度方案。因此，针对任意一个满足工序约束的活动排列，SGS 可以生成相应的可行调度方案，即确定任意活动 i 的开始时间 t_i^S。

　　需要说明的是，调度方案生成机制是基于离散化空间表达方式。因此，连续空间需要转化为 0/1 参数表达的离散化空间。设在网格粒度 $\Delta = (\delta_x, \delta_y, \delta_z)$ 下，各类离散化空间需求参数分别记为 $s_{i,k}^{实}, s_{i,k}^{刚}, s_{i,k}^{弹}, s_{i,k}^{危}, s_{i,k}^{人}, s_{i,k}^{保}, \forall i \in N, k \in K$。$s_{i,k}^g = 1$ 表示活动 i 在其工期范围内的 g 类需求空间包含空间网格 k；反之为 0。定义变量 $o_{k,t}^{实}, o_{k,t}^{刚}, o_{k,t}^{弹}, o_{k,t}^{危}, o_{k,t}^{人}, o_{k,t}^{保}, \forall k \in K, t \in T$ 分别记录各类空间在第 t 时间段的占用情况。$o_{k,t}^g = 1$ 表示空间网格 k 在第 t 时段被 g 类需求空间占用；反之为 0。调度方案生成流程的伪代码具体如图 7.2 所示，其中，布尔变量 flag 表示是否存在空间冲突；Temp_Q_i 表示临时的活动质量因子；t_i^E 表示活动 i 满足工序约束的最早开始时间。其他符号第 7.3.1 小节已介绍，不再赘述。

　3. 邻点生成机制

　　邻点生成机制是基于当前解生成一个新解。采用顺序轮换算子（cyclical shift operator），在当前活动编号排列 AL 的基础上随机生成新的活动编号排列 AL′。顺序轮换算子算法流程如表 7.3 所示，其核心思想是随机选择一个活动 i^*，在该活动的最晚紧前活动和最早紧后活动之间任意选择一个位置 v，对活动 i^* 所在位置和位置 v 之间的所有活动的位置进行轮换操作。顺序轮换算子可以保证随机生成的活动编号排列 AL′ 始终满足工序约束。

Initialization: $t_O^S = 0; Q_i = \text{Temp}Q_i = 1, \forall i;$
$o_{k,t}^{实} = o_{k,t}^{刚} = o_{k,t}^{弹} = o_{k,t}^{危} = o_{k,t}^{人} = o_{k,t}^{保} = 0, \forall k,t$

For $l = 1:1:|N|$ Do
  $i = a_l;$
  $t_i^E = \max\{t_j^S + D_j \mid j \in P_i\};$
  $i = t_i^E;$
  While $t \leq |T|$ Do
    If $\begin{cases} \sum_k(o_{k,\tau}^{刚} + s_{i,k}^{实}) > 1 \text{ or} \sum_k(o_{k,\tau}^{危} + s_{i,k}^{人}) > 1, \sum_k(o_{k,\tau}^{保} + (s_{i,k}^{危} + s_{i,k}^{实})) > 1 \text{ or} \\ \sum_k(o_{k,\tau}^{实} + s_{i,k}^{刚}) > 1 \text{ or} \sum_k(o_{k,\tau}^{人} + s_{i,k}^{危}) > 1, \sum_k((o_{k,\tau}^{危} + o_{k,\tau}^{实}) + s_{i,k}^{保}) > 1, \\ \forall \tau \in \{t, t+1, \cdots, t+d_i-1\} \end{cases}$
      For $l' = 1:1:l-1$ Do
        $i' = a_{l'};$
        $\text{Temp } Q_{i'} = \text{Temp } Q_{i'} - \lambda_i^Q \cdot \dfrac{w_{i'i} \cdot \sum_t \sum_k s_{ik}^{弹} s_{i'k}^{弹}}{d_{i'} \sum_k s_{i'k}^{弹}} s_{i,k}^{弹},$
        $\text{Temp } Q_i = \text{Temp } Q_i - \lambda_i^Q \cdot \dfrac{w_{ii'} \cdot \sum_t \sum_k s_{ik}^{弹} s_{i'k}^{弹}}{d_i \sum_k s_{i,k}^{弹}} s_{i,k}^{弹},$
      End
      If $\text{Temp } Q_{i''} > Q_{i''}, i'' = a_{l''}, \forall l'' \in \{1, \cdots, l\}$
      $t_{i''}^S = t;$
      $Q_i = \text{Temp } Q_i = 1;$
      $o_{k,\tau}' = o_{k,\tau}' + s_{i,k}', \cdot = \{实, 刚, 弹, 危, 人, 保\},$
      $\forall k \in K, \tau \in \{t_i^S + 1, \cdots, t_i^S + d_i\}$
      Else
        $t = t+1;$
        Continue
      End
    Else
      $t = t+1;$
      Continue
    End
  End
End

图 7.2　调度方案生成算法伪代码

表 7.3　邻点生成算法

步骤	内容
步骤 1	初始化: 当前活动排列 $AL = (a_1, a_2, \cdots, a_{|N|})$, 令新的活动排列 $AL' = (a_1', a_2', \cdots, a_{|N|}') = AL$。转到步骤 2
步骤 2	随机选择当前解 $AL = (a_1, a_2, \cdots, a_{|N|})$ 的一个位置 l^*, 不妨设 $a_{l^*} = i^*$。转到步骤 3
步骤 3	i^* 的紧前活动和紧后集合分别记为 Pro_{i^*} 和 Suc_{i^*}。随机选择位置 v 满足 $\text{Max}\{p(i) \mid i \in \text{Pro}_{i^*}\} < v < \text{Min}\{p(i) \mid i \in \text{Suc}_{i^*}\}$。转到步骤 4
步骤 4	若 $l^* < v$, $\forall l^* \leq l < v$, $a_l' = a_{l+1}'$; 否则, $\forall v < l \leq l^*$, $a_l' = a_{l-1}$。令 $a_v' = i*$。返回新的 AL', 算法终止

7.4　算例实验与结果分析

模型和算法在软件 Matlab R2013a 上编译。算例实验在中央处理器（central processing unit，CPU）主频 2.53G 赫兹、内存 2GB、32 位操作系统配置的个人计算机上运行实现。

实验的算例选择和目的包括：①实际案例，算法有效性分析；②50 规模虚拟算例，研究质量因子的影响；③不同规模虚拟算例组，研究问题规模的影响。

7.4.1　实际案例分析

本节改编 Akinci 等（2002）研究文献中的工程案例，该工程项目由 9 个活动构成，各活动基本信息见表 7.4。根据表 7.4，加上虚拟开始节点 0 和结束节点 10，项目的 AON 项目网络如图 7.3 所示。其他案例参数与 TSA 算法参数如表 7.5 所示。其中，参数 L^{Tabu} 表示禁忌长度，$\left\lfloor \sqrt{|N|} \right\rfloor$ 中的 $\lfloor \ \rfloor$ 表示向下取整。

表 7.4　活动信息

活动编号	活动描述	紧前活动	工期/天
1	安装窗户 1，2，A 侧	—	5
2	安装窗户 3，4，A 侧	—	5
3	建立脚手架，A 侧	—	3
4	安装 C 形槽钢，A 侧	3	2
5	拆除脚手架，A 侧	4	1
6	悬挂墙面板，A 侧	—	4
7	悬挂墙面板，B 侧	—	4
8	屋面保温层铺设，A 区	—	6
9	屋面保温层防治，A 区	8	6

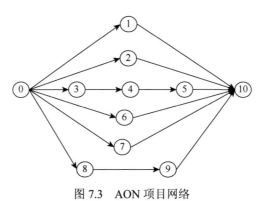

图 7.3　AON 项目网络

表 7.5　参数设置

序号	参数	序号	参数
1	$Q_i = 0.92$	5	$T_{MIN} = 20$
2	$w_{ij} = 1$	6	$\alpha = 0.9$
3	$\lambda_i^Q = 0.1$	7	$S_{MAX} = 10$
4	$T_{MAX} = 100$	8	$L^{Tabu} = \left\lfloor \sqrt{|N|} \right\rfloor = 3$

　　执行 TSA 算法求解算例，仅耗时 164.73s，得到的最优调度方案的总工期 f^{MS}
为 15。最优调度方案具体表示为甘特图，如图 7.4 所示。可以看出，该调度方案
避免了活动 6 产生的安全威胁以及活动 3、4、5 与其他活动可能发生的物理冲突。
活动 7 和活动 8 的弹性空间在时间段（2，4]上相互干涉，但只产生轻度拥堵。质
量因子分别是 0.9833 和 0.9997，均大于 0.98，拥堵对活动质量的影响被控制在了
小于 0.02 的范围内。该方案不仅满足活动工序约束，还避免了空间冲突的发生并
把拥堵控制在可接受的范围内。

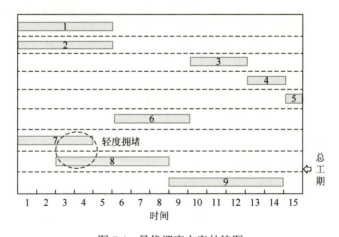

图 7.4　最优调度方案甘特图

7.4.2　随机算例分析

　　随机生成一个具有 50 个活动规模（包括虚拟开始和结束节点）的项目计划网
络及每个活动的各类空间需求。
　　其他案例参数以及 TSA 算法参数按表 7.6 的规则生成或赋值。表 7.6 中，参
数 d_i, w_{ij}, λ_i^Q 随机生成，其中函数 U 表示均匀分布。

表7.6　参数设置及生成规则

序号	参数	生成规则	序号	参数	生成规则
1	d_i	$U[1,6]$	6	T_{MAX}	100
2	N^T	$\sum_i d_i + 20$	7	T_{MIN}	20
3	$\underline{Q}_i$	0.95	8	α	0.9
4	w_{ij}	$U[1,5]$	9	S_{MAX}	10
5	λ_i^Q	$U[0,1]$	10	L^{Tabu}	$\lfloor \sqrt{|N|} \rfloor$

执行 TSA 算法求解算例，耗时 1020.5s，得到最优调度方案的总工期 f^{MS} 为 76。每个活动开始时间为 $t_i^S =$（0，0，76，20，3，3，18，23，23，23，71，32，27，27，33，68，47，30，28，43，26，26，66，7，7，13，54，32，32，63，31，31，34，39，62，30，30，35，30，38，37，43，37，58，35，44，40，50，54，60）。该调度方案能够避免安全威胁、物理冲突、破坏冲突三类空间冲突的发生，并把弹性空间干涉造成的拥堵对活动质量的影响控制在特定范围（0.05）内。

下面分析活动质量下限约束对最优解的影响。保持其他参数不变，设置不同参数 $\underline{Q}_i$ 值，每组参数做三次实验，取三次实验中的最优结果，见表 7.7。可以看出，随着质量因子下限的不断降低，最优调度方案的总工期逐渐缩短（从 79 逐渐降至 66）。这是因为可接受的最低活动质量标准降低，允许活动空间的拥挤程度变大，并行活动时间重叠增加。但是，总工期对质量因子的灵敏度不同。例如，在[0.8，1]内，$\underline{Q}_i$ 每降低 0.1，总工期减少 3～4 个时间单位；在[0.1，0.7]内，$\underline{Q}_i$ 每降低 0.1，总工期只减少 1 个时间单位。总工期的压缩幅度随 $\underline{Q}_i$ 下降呈现逐渐减缓的趋势。此外，随着质量因子下降，算法耗时也逐渐减少。这是因为 $\underline{Q}_i$ 越低，质量约束越容易满足，解码算子中的时间顺延操作次数减少，从而解码速度提高。

表7.7　不同质量下限约束下的结果参数

$\underline{Q}_i$	总工期	平均质量因子	最低质量因子	耗时/s
1.00	79	1.0000	1.0000	747.4
0.90	75	0.9753	0.9028	722.6
0.80	72	0.9605	0.8144	611.4
0.70	70	0.9223	0.7006	606.8

续表

Q_i	总工期	平均质量因子	最低质量因子	耗时/s
0.60	69	0.9142	0.6049	601.9
0.50	68	0.9055	0.5018	584.9
0.40	68	0.8869	0.4300	583.5
0.30	67	0.8700	0.3294	580.5
0.20	66	0.8575	0.2115	571.1
0.10	66	0.8564	0.1611	590.7

7.4.3　不同规模算例对比实验分析

随机生成 25 个算例，分成 5 组，每组 5 个。这 5 组算例的规模分别为 10、20、30、40、50。不妨将算例命名为 Js_n，其中 s 表示规模，n 表示第几个算例。例如，$J30\_2$ 表示规模 30 的第 2 个算例。其他已知参数随机生成的规则为：$d_i = U[1,6], w_{ij} = U[1,5], \lambda_i^Q = U[0,1]$。TSA 算法的参数如表 7.7 所示，令 $Q_i = 0.95$。

利用本章提出的方法（考虑空间干涉）和传统调度方法（不考虑空间干涉），图 7.5 分别比较了不同算例规模下的平均总工期和平均质量。可以看出两种方法的总工期几乎相同。事实上，除了算例 $J40\_4$ 之外的其他所有算例，两方法得到的最优总工期均一样。对于算例 $J40\_4$，不考虑空间干涉的最优总工期为 38，考虑空间干涉的最优总工期为 39，仅仅延长了一个单位时间。另外，考虑空间干涉的平均质量更高一些，其调度方案的拥堵程度更低。

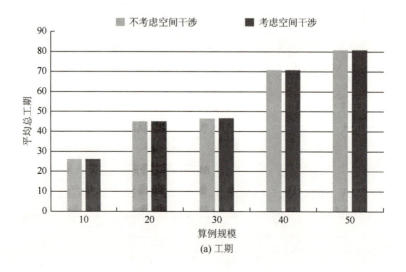

(a) 工期

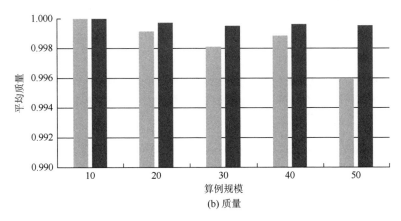

图 7.5　不考虑空间干涉与考虑空间干涉的工程调度工期和质量对比

参 考 文 献

Akinci B，Fischen M，Levitt R，et al. 2002. Formalization and automation of time-space conflict analysis. Journal of Computing in Civil Engineering，16（2）：124-134.

Ballestin F，Blanco R. 2011. Theoretical and practical fundamentals for multi-objective optimisation in resource-constrained project scheduling problems. Computers & Operations Research，38（1）：51-62.

Bouleimen K，Lecocq H. 2003. A new efficient simulated annealing algorithm for the resource-constrained project scheduling problem and its multiple mode version. European Journal of Operational Research，149（2）：268-281.

Bragadin M A，Kähkönen K. 2015. Safety，space and structure quality requirements in construction scheduling. 8th Nordic Conference on Construction Economics and Organization：407-414.

Cho K，Hong T，Hyun C T. 2013. Space zoning concept-based scheduling model for repetitive construction process. Journal of Civil Engineering and Management，19（3）：409-421.

Choi B，Lee H S，Park M，et al. 2014. Framework for work-space planning using four-dimensional BIM in construction projects. Journal of Construction Engineering & Management，140（9）：04014041.

de Frene E，Schatteman D，Herroelen W，et al. 2008. A heuristic methodology for solving spatial a resource-constrained project scheduling problems. Social Science Electronic Publishing：1-33.

Faghihi V，Reinschmidt K F，Kang J H. 2014. Construction scheduling using genetic algorithm based on building information model. Expert Systems with Applications，41（16）：7565-7578.

Gomes H C，Neves F D A D，Souza M J F. 2014. Multi-objective metaheuristic algorithms for the resource-constrained project scheduling problem with precedence relations. Computers & Operations Research，44：92-104.

Hartmann S，Briskorn D. 2010. A survey of variants and extensions of the resource-constrained project scheduling problem. European Journal of Operational Research，207（1）：1-14.

Isaac S，Su Y，Lucko G，et al. 2017. Work-path modeling and spatial scheduling with singularity functions. Journal of Computing in Civil Engineering，31（4）：04017008.

Kassem M，Dawood N，Chavada R. 2015. Construction workspace management within an industry foundation class-compliant 4D tool. Automation in Construction，52：42-58.

Kumar S S，Cheng J C P. 2015. A BIM-based automated site layout planning framework for congested construction sites.

Automation in Construction, 59: 24-37.

Lucko G, Said H M M, Bouferguene A. 2014. Construction spatial modeling and scheduling with three-dimensional singularity functions. Automation in Construction, 43 (7): 132-143.

Mika M, Waligóra G, Węglarz J. 2005. Simulated annealing and tabu search for multi-mode resource-constrained project scheduling with positive discounted cash flows and different payment models. European Journal of Operational Research, 164 (3): 639-668.

Moon H S, Kim H S, Kim C H, et al. 2014. Development of a schedule-workspace interference management system simultaneously considering the overlap level of parallel schedules and workspaces. Automation in Construction, 39: 93-105.

Roofigari-Esfahan N, Razavi S. 2016. Uncertainty-aware linear schedule optimization: a space-time constraint-satisfaction approach. Journal of Construction Engineering & Management, 143 (5): 04016132.

Said H, El-Rayes K. 2014. Automated multi-objective construction logistics optimization system. Automation in Construction, 43: 110-122.

Semenov V, Anichkin A, Morozov S, et al. 2014. Effective project scheduling under workspace congestion and workflow disturbance factors. Proceedings of the 13th International Conference on Construction Applications of Virtual Reality: 239-252.

Thabet W Y, Beliveau Y J. 1994. Modeling work space to schedule repetitive floors in multistory buildings. Journal of Construction Engineering & Management, 120 (1): 96-116.

Winch G M, North S. 2006. Critical space analysis. Journal of Construction Engineering & Management, 132 (5): 473-481.

Wu L W, Guo S J. 2014. An application of space syntax to critical working space analysis: the case of building construction. Journal of Marine Science & Technology, 22 (5): 572-582.

Yeoh K W, Chua D K H. 2012. Mitigating workspace congestion: a genetic algorithm approach. EPPM 2012 Conference: 107-118.

Zhang C, Hammad A, Zayed T M, et al. 2007. Representation and analysis of spatial resources in construction simulation. Automation in Construction, 16 (4): 436-448.

Zhang S, Teizer J, Pradhananga N, et al. 2015. Workforce location tracking to model, visualize and analyze workspace requirements in building information models for construction safety planning. Automation in Construction, 60(682): 74-86.